The Unique World

方
寸

方寸之间　别有天地

大部头之所以难搞，是因为它"大"。

——塞缪尔·约翰逊《英语词典》（1755）前言

从很多角度来看，书都是有用的。例如，我早年曾用《大英百科全书》来压平裤子，如果家里没有这套书，那肯定很难办。

——福特·马多克斯·福特写给《费城问询报》的信，1929 年 9 月

这部关于人类知识的巨著所涉范围如此之广，以至于就连编辑都没办法读完整部作品。

——BBC 对第 14 版《大英百科全书》的报道，1951 年

谨以此书献给拉尔夫·坎特

当他不再需要百科全书时，他把它们送给了我

All the Knowledge World
in the

从《自然史》
到维基百科

The
Extraordinary
History
of the
Encyclopaedia

为什么会有
百科全书

〔英〕西蒙·加菲尔德
Simon Garfield
———— 著

社会科学文献出版社
SOCIAL SCIENCES ACADEMIC PRESS (CHINA)

李旭 ———— 译

目　录

CONTENTS

导　言

2021 年 6 月 4 日，星期五，我向用户名为 peterhodgson1959
的卖家发出了一份要约，想要出价购买他的百科全书。在 eBay
上的商品介绍一栏中，他写道，自己所卖的百科全书是《大
英百科全书》预装增补本（*Encyclopedia Britannica* pre-assembly
suppliment）的第 4、第 5、第 6 版，共 7 卷，品相"尚可"。这
几卷书的出版年份从 1815 年起，到 1824 年止，其中包括有关
声学、航空学和西班牙的条目。我对其中篇幅长达 29 页的"骑
士制度"（Chivalry）条目很感兴趣，也惊讶于有关"方程式"
（Equations）的条目篇幅竟长达 40 页。我希望了解 1819 年的
人是如何看待"埃及"（Egypt）的，也希望得知 1824 年的人对
"詹姆斯·瓦特"（James Watt）的看法。

我本人很喜欢拍卖这种形式，因为其具有很强的随机性，
peterhodgson1959 将这套百科全书的起拍价定为 44 英镑。我提

出以 50 英镑的价格让他提前几天结束拍卖，他同意了，这让我非常高兴。这位"彼得"告诉我，大约在 12 年前，他购得了这套书。"出于某些原因"，当时的他打算集齐自 1768 年到 2010 年出版的全套共 15 版《大英百科全书》，共计数百卷，字数达数亿字。但现在，他打算清理自己的房子，在考虑了自己先前的购买理由之后，他决定出售这些藏品。

　　四天后，UPS 就将这 7 卷增补本寄到了我家。我很难将这些书的品相形容为"尚可"，也许用"散架的"甚至是"糟糕透顶的"来形容都不为过。因为这几卷书上有污点、水渍，很多书页也都散落出来，还散发着一股狐臭味。不过其中的内容仍然清晰可读，引人入胜。对我来说，这就已经足够了。

　　此外，这几卷书之所以称得上"尚可"，也是因为除了其中一卷外，其他每一卷的扉页上都有彼得·马克·罗杰特（P. M. Roget）的精美签名。他是一位享有盛誉的医生，同时也是英国皇家学会（Royal Society）的活跃分子，他不仅在教学与手术的间隙购买了他那个时代最伟大的百科全书，还从 30 多岁时起就定期为《大英百科全书》供稿。在第一卷的开头处，他写下了自己负责撰写的条目清单："蚂蚁"（Ant）、"蜂房"（Apiary）、"蜜蜂"（Bee）、"颅相学"（Cranioscopy）、"聋哑人"（Deaf & Dumb）、"万花筒"（Kaleidoscope）、"生理学"（Physiology）。

　　当然，他还抽出时间做了很多其他事情，在撰写《大英百科全书》条目的同时，他还在编写自己的《分类辞典》（*Thesaurus*）。

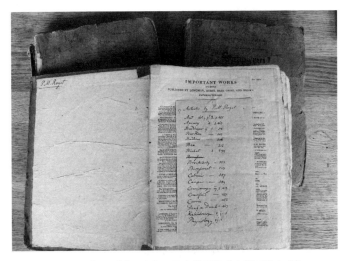

从"蚂蚁"到"生理学"：罗杰特所藏《大英百科全书》
以及他负责撰写的条目清单

这两套伟大工具书的交集令我着迷，我一生都在查阅这两套
书。但也许我不该如此：在我购得的这几卷增补本中，还有其
他几位撰稿人负责撰写条目，其中包括沃尔特·司各特（Walter
Scott）、威廉·赫兹利特（William Hazlitt）和罗伯特·史蒂文森
（Robert Stevenson）。[*]

　　几周后，我在查令十字街亨利·波德斯书店（Henry Pordes
Books）的地下室里发现了另外一套《大英百科全书》。地下室

---

[*]　其中还包括由大卫·李嘉图（David Ricardo）负责撰写的"货币"（Money）条
　　目。李嘉图是《大英百科全书》撰稿人中少数几位以自己所撰写的条目不够好
　　为由拒收报酬者之一。

里的书被一排排地摆放在地板之上,一不小心就会被人踢到。我费了些功夫才蹲了下来,在一厚摞工具书 [《澳大利亚百科全书》(*Australian Encyclopaedia*)、《王政复辟时期喜剧百科全书》(*Encyclopaedia of Restoration Comedy*)等] 下抽出了一卷,拿起之后,我发现这本是 1951 年在伦敦印刷的第 14 版《大英百科全书》中的第 11 卷(第 14 版共 25 卷,3800 万字,17000 幅插图,外面是光滑的黑色人造皮革封皮,金色压印浮凸字样,九孔平订,混着一股烟草味加鱼腥味)。当我重新站直身子之后,就很难捧起这本书了——它又大又沉,相当笨重,所有这些都满足了人们对一部百科全书的期待,且总让人联想到丰富的知识。

第 11 卷 [条目从 "耿氏效应"(Gunn)到 "氢氧化物"(Hydrox)] 用非常小的字体记录了关于鲱鱼、人字纹和同性恋的重要信息。这一版最早出版于 1929 年,每隔几年更新一次。这一版的《大英百科全书》有四项基本宗旨:促进各国之间的相互理解;加强英语国家人民之间的联系;激发民众对科学的兴趣与支持;为后代总结这个时代的主要思想。这一版百科全书的供稿人包括阿尔弗雷德·希区柯克(Alfred Hitchcock)["电影"(Motion Picture)]、莱纳斯·鲍林(Linus Pauling)["冰"(Ice)、"共振理论"(the Theory of Resonance)]、爱德华·韦斯顿(Edward Weston)["摄影艺术"(Photographic Art)]、玛格丽特·米德(Margaret Mead)["儿童心理学"(Child

Psychology）］、约翰·博因顿·普里斯特利（J. B. Priestley）［"英语文学"（English Literature）］、乔纳斯·索尔克（Jonas Salk）［"小儿麻痹症"（Infantile Paralysis）］、J. 埃德加·胡佛（J. Edgar Hoover）［"联邦调查局"（FBI）］、哈罗德·拉斯基（Harold Laski）［"布尔什维克主义"（Bolshevism）］、康斯坦丁·斯坦尼斯拉夫斯基（Konstantin Stanislavsky）［"戏剧导演与表演"（Theatre Directing and Acting）］、海伦·威尔斯（Helen Wills）［"草地网球"（Lawn Tennis）］以及奥维尔·莱特（Orville Wright）［"威尔伯·莱特"（Wilbur Wright）］。真可谓阵容豪华！当然，在现在看来，这一版中有关飞行以及同性恋的条目至少可以说是不够准确的。

在从 peterhodgson1959 那里买来 19 世纪增补本的一周后，我又登录了 eBay。我迷上了这些陈年的知识，同时还发现，其价格一般来说会相当便宜。一位名叫 2011123okay、来自海沃斯希思（Haywards Heath）的卖家愿意以 99 便士的价格出售 1993 年出版的 19 卷本《儿童版大英百科全书》（*Children's Britannica*）。来自巴克法斯特利（Buckfastleigh）的 Davidf7327 则在以 1 英镑的价格出售一套 1968 年出版的 26 卷本《大英百科全书》（含年鉴与地图集）。家住拉姆尼谷（Rhymney Valley）的 cosmic-manallan 开价 3 英镑，出售一套品相不错的第 14 版 24 卷本《大英百科全书》。在当时那个时间点，人们都在讨论要如何在自己的生活中寻找确定性：在新冠疫情以及一系列极具破坏性的社会变革当中，我们渴望寻找一些值得人们信赖又真实存在的东西来获得一种稳定感，一种自己仍能掌控自身命运的感觉，我们希望能够借助这些实物去回望新冠疫情之前的那个世界。但百科全书似乎没法胜任这一职责；eBay 上的情况更加证实了这一点。

　　当时，一位自称为 thelittleradish 的人正在出售第 15 版《大英百科全书》全集，这是《大英百科全书》的最新一版，最初出版于 1974 年，包括年鉴在内，共有 34 卷。这套书最后一次更新是在 1988 年，而卖家手中的这套书品相几乎完美。这位卖家设置的起拍价为 15 英镑。我原本以为最后的成交价可能会达到 30 英镑或 40 英镑。但实际上，除了我，没有买家想要这套书，所以我成功地以 15 英镑的价格将其收入囊中。考虑到这套书里包含了来自 100 多个国家的约 4000 位作者撰写的条目，这就显得相当不可思议了。需要注意的是，并不是随便什么人都能为《大英百科全书》供稿。他们都是各自领域的专家，其中很多人还拥有博士学位，他们不仅在自己的专业领域取得了卓越的成就，而且能与其他人，比如我，分享他们掌握的知识。根据《大英百科全书》的官方说法，编辑这套巨著共花费了 3200 万美元，其中还不包括印刷成本，可以说，这是出版史上最大的一笔私人投资。而目前这套丛书的价格——平均 44 便士一卷，比一根玛氏（Mars）巧克力棒还要便宜——使其成为人们能够买到的最有价值的教育资源，同时也是有史

以来贬值速度最快的工具书。如果说市场决定一件商品的真正
价值，那么百科全书的价值已经跌到了土里，甚至可以说是跌
进了地下室。

　　不过，我还是愿意为了取到这些书而额外花些汽油钱。我
开着我的丰田前往剑桥——剑桥！——去取这套书（在 20 世
纪初，《大英百科全书》正处于鼎盛之时，剑桥大学出版社曾
负责过这套书的出版工作）。卖家 thelittleradish 名叫艾米丽
（Emily），32 岁，个子不算矮，住在离市中心大约 7 英里（1
英里约合 1.6 公里）远的索斯顿（Sawston），她开玩笑地说道，
将这些大部头搬进车里是个轻松活儿，因为她刚才可是要把所
有书都搬下楼。她将书放在了前厅，6 摞书整整铺满了一面墙。
我每次只能搬 4 本，起初，后备厢的空间还算够，但到后面，
前后座的空间都被占满了。艾米丽还为书里散落的猫毛向我道
了歉。

　　艾米丽告诉我，她自己从来没真正查阅过这些书。在开车
去她家的路上，我以为这套书是她从刚去世的父母或祖父母那
里继承的，可能对她来说，这些书价值不高，太占地方了，所
以只好将其出售。不过，她的损失就是我的收获。但事实并非
如此。实际上，她在 eBay 上做些小买卖，靠着低买高卖赚钱。
但这次，她没挣到什么钱。3 个月前，她从一个人手里买下了这
套书。那个人说他的孩子们之前上学时一直都在用这套书，但
现在，他们都长大成人了，所以这套书就没什么用了。她没打

算告诉我是花了多少钱买下这套书的，但可以肯定的是，她不打算再进一套。就像上文所说的那样，旧的百科全书简直如同垃圾一般，没人想要。此时，艾米丽的小女儿从厨房里摇摇摆摆地走了出来。我问道："你不打算把这些书留给她吗？"但实际上，我已经知道她会怎么回答我了。

　　在我的书房里，我从 thelittleradish 手里买来的这套《大英百科全书》和另外 3 套摆在了一起。其中两套是我的童年读物。第一套是我和我哥哥共有的《大众百科全书》（*Everyman Encyclopedia*）（这是他在受诫礼上收到的礼物）。这套书由 J. M. 登特父子有限公司（J. M. Dent & Sons）于 1913 年出版，我拥有的这套 1967 年出版的第 5 版中包含 4000 幅插图和 800 万字。在套装的封面上，出版商宣称这套书中有近 5 万个条目，"文字通俗易懂……整个出版过程认真细致……是理想的百科全书……美观而又不笨重……既详细又全面，同时篇幅还不长……是价格最低的大型英语百科全书。对于眼光独到的买家来说，这套书的价值简直无与伦比"。人们只需花费 28 英镑就能买到全部 12 卷，而这套相当廉价的百科全书却让我有机会了解周围的一切。对于一个时年 8 岁，甚至还不能独自坐公交车上学的孩子来说，外面的世界充满了让人难以理解的事物，而自己一不小心就会陷入无尽的困惑当中。但如今，这个世界已经以 12 卷按字母顺序排列的书籍的形式呈现在我的面前。我根本不需要其他书；甚至对于我来说，除了体育课外，学校的其他所有课程也都没有意义了。只可惜我还必须得上学，不过，百科全书也有用处：老师和考官总是能一眼看出一个人的作业是不是从《大英百科全书》里抄来的，但当时的我相信，只要选一本更小众一点的百科全书，就不会被他们轻易发现。可惜，正如这套丛书的书名所示，《大众百科全书》比我想象的更受读者欢迎。

在我小的时候，我特别喜欢看那些书脊上的"密码"。或者说，至少我把那些文字当成了密码。每一卷书的书脊上都刻着字母指南，"从突然的巨响到繁殖"（Bang to Breed），"从苍头燕雀到颜色"（Chaffinch to Colour），"从腊肠犬到水肿"（Dachshund to Dropsy），"从薛西斯到齐夫利希"（Xerxes to Zyfflich）。尽管百科全书的编纂者称其为"标题"，但这并不能够说明这些词语就不是密码了。它们肯定是某种密码，在其背后一定有某种重大的、终极性的东西。外星人？考试的关键答案？也许在遥远的未来，来自"神奇国度"、拥有硕大额头的女人会解释这一切，不过到那时，我们大概已经成为她们的俘虏了。如果说百科全书是知识的终极合流，那么书脊上的密码就是知识的终极提炼，是深度学习的纯粹精华。换句话说，这就是启蒙，是超越，是终极真理。"从腊肠犬到水肿"的真理。*

007

---

* 　有时，密码揭示的联系更明显，也更自然，对小读者而言尤其是这样。例如，1976 年版《青少年版大英百科全书》（*Britannica Junior*）第 2 卷的标题就是"从动物到培根"（Animal to Bacon）。

尽管已经过去了很多年，但我偶尔还是会想起在学校查阅过的那套书（"查阅"这个词可能显得有些温和了；对于7岁到13岁的孩子来说，学校图书馆里的藏书大多是用来描摹和找乐子的。毫无疑问，当时的我们想从这些书里找到些"下流"的生物学知识和亚马孙部落的图片）。那是一套《儿童版大英百科全书》，共有10卷，相当厚重，彩色平版印刷，其中似乎有数不尽的关于骑士的文字。这套书的编辑是一个叫阿瑟·米（Arthur Mee）的人，他笔下深藏的三位一体信仰——上帝、英国、帝国——在我们的心中留下了深刻的印记。

20世纪70年代初，我的父母出资购买了整套的《犹太百科全书》（*Encyclopaedia Judaica*），在接下来的30年里，这套书占据了我父亲书房中的很大一部分空间。现如今，我已经将这套书搬到了我岳父母位于汉普郡（Hampshire）的家中。尽管我和我的家人很少会翻阅这套书，但其蓝色配金色的装帧仍然十分吸引眼球。

还有一套1973年印刷的《大英百科全书》，这是第14版的更新版，大约10年前，这套书出现在我那年逾古稀的岳父的车上。在他看来，现如今，这套书一点价值都没有，因为只要上网搜索一下，他就能获得自己所需的信息。当然，他说的也有道理：对于任何有关事实的问题，人们只需要上网一搜就能轻松获得答案。如此一来，往好了说，印刷品里只有过时的信息，往坏了说，其中的部分内容没准还会冒犯到他人。而且，书中

有关慕尼黑奥运会和平克·弗洛伊德（Pink Floyd）的内容少得
可怜。但我还是舍不得这些书：任何时代的学术研究都是学术
研究。因此，有一段时间，这些书就放在我摆 iMac 的桌子下，
这些书也从未对这种讽刺发出过一声叹息。对于一个一生都在
积累和阐释信息的人来说，一套好的百科全书永远都是广博知
识的历史支柱——熟悉、不花哨、忠实、准确。是的，这些书没
有得到充分的利用，而我之所以会对这些书感兴趣，是由于某
种陈腐的怀旧情结。如今我也不太会像以前那样经常查阅这些
书，但只要知道还能查阅这些书，我就会感到相当开心。

　　一生当中，我拥有过许多百科全书。尽管我收藏的百科全
书数量越来越多，但我不知道，收集到何种程度才算得上"足
够多"。

　　之后，又一件事情发生了。Cambridgebaglady 这位卖家上架
了一套完整的 1997 年版《大英百科全书》，售价 1 便士。我又
看了看屏幕：真的是 0.01 英镑。卖家称这套书是"全新"的。
卖家甚至还附赠一本《科学与未来》（Science and the Future），这
本书预测了未来可能会发生的各种各样的事情，唯独没有预测
到百科全书的消亡。这套书"只支持买家亲自取货"，而且全套
35 卷书都在康沃尔（Cornwall）东南部［对于我花 1 便士就能买
到的东西来说，我居然需要自己开车到卢港（Looe）去取，这
真是有些不可思议］。往返 500 英里值得吗？我能不能利用在康
沃尔度假的时间去取这套书？我真的需要这些既便宜又崭新的

书吗？答案是：值得，能，需要也不需要。

009

这个世界究竟发生了什么？内容如此丰富、价值无法估量的东西怎么会变得如此多余？为什么这么多人把这些百科全书白白送给别人？我当然知道答案：数字化、搜索引擎、社交媒体、维基百科。这个世界在向前发展，获取知识的速度越来越快，成本越来越低。但我也知道，信息不等于知识，就像半导体不等于涡轮机一样。而且，我相当肯定，如此轻率地放弃这么多的知识积累，不可能是什么好兆头。麻省理工学院（MIT）的研究人员发现，假新闻在社交媒体上的传播速度是真实新闻（不管其内容如何）的 6 倍，而且，虚假信息给科技公司带来的收益远高于真实信息（不管其内容如何）。在这种情况下，我们必然要问，我们能够相信谁。尽管百科全书当中也不可避免地存在着大量的错误，但我始终相信印刷出版的百科全书及其编辑的诚意。我们的家中（以及越来越多的图书馆里）都没有足够的空间容纳这样一大套图书，这说明，在我们心目当中，有比这套书更重要的东西；深度知识让位给了浅显的东西。百科全书严谨的编纂过程证明了我们对其内容的重视程度，而忽视这一历史的做法毫无疑问昭示着一种文化健忘症。

本书既讨论了百科全书本身，也探讨了有关深度学习的价值的问题。本书记述了编写这些图书所需的巨大投入（可以说相当惊人），以及这样做是值得的理由。那些购买百科全书的人希望买到的是永恒的价值。百科全书是一项前所未有的出版成就，其中的几乎每个方面都值得人们庆贺。

当我在伦敦图书馆（London Library）花时间阅读这些旧书，并在 eBay 上"淘金"之时，我对这个集合名词产生了疑问。一种百科全书式的学院？一种智慧？一种勤奋？可惜，人们越来越将其视为一种负担。本书的任务就是纠正这种观点。

010

这些古老的百科全书就像古地图册，能够告诉我们当时的人们知道些什么。就在不久之前——实际上就是在我们拥有电脑之前——百科全书还是最能够塑造人们对世界的理解的物品。从牛顿（Newton）和巴贝奇（Babbage）到史文朋（Swinburne）和肖（Shaw），从亚历山大·弗莱明（Alexander Fleming）和欧内斯特·卢瑟福（Ernest Rutherford）到尼尔斯·玻尔（Niels Bohr）和玛丽·居里（Marie Curie），许多顶尖的思想家都曾为百科全书做出过贡献，这一点也不奇怪。其中包括撰写过与列宁（Lenin）相关内容的列昂·托洛茨基（Leon Trotsky）、拍过电影的丽莲·吉许（Lillian Gish）、倾慕于蓬帕杜夫人（Madame de Pompadour）的南希·米特福德（Nancy Mitford）、总结了"黑人文学"（Negro Literature）的杜波依斯（W. E. B. Du Bois），以及登上了珠穆朗玛峰的丹增·诺尔盖（Tenzing Norgay）。

此外，在这本书中，我们还能看到杰弗雷·乔叟（Geoffrey Chaucer）、威廉·莎士比亚（William Shakespeare）、弗朗西斯·培根（Francis Bacon）、塞缪尔·泰勒·柯勒律治（Samuel

Taylor Coleridge）、伏尔泰（Voltaire）、让－雅克·卢梭（Jean-Jacques Rousseau）、居斯塔夫·福楼拜（Gustave Flaubert）和美国开国元勋的身影。在 1910 年第 11 版《大英百科全书》出版之前，女性在其中发挥的作用一直没有受到足够的重视；而在维基百科的引领之下，这一情况得到了明显的改善。

　　在我决定提笔写作这部有关百科全书的著作之后，我再次被它们深深吸引住了。我发现，百科全书几乎无处不在。在《犬之力》（The Power of the Dog）这部电影上映之时，我阅读了托马斯·萨维奇（Thomas Savage）的原著，我发现，恶毒的菲尔·伯班克（Phil Burbank）在一个世纪前从一本百科全书的"C"卷中学会了如何下国际象棋；我还读了爱丽丝·门罗（Alice Munro）90 岁生日时的贺词，所有的贺词都提到了《女孩与女人们的生活》（Lives of Girls and Women）这本书，在这部小说中，门罗罕见地塑造了一位向当地农民出售百科全书的母亲；此外，我也读了科尔森·怀特海德（Colson Whitehead）的《镍币男孩》（The Nickel Boys），在这部小说里，年轻的埃尔伍德·柯蒂斯（Elwood Curtis）在一次比赛中赢得了他以为是全套的《费舍尔世界百科全书》（Fisher's Universal Encyclopedia），却发现除了第一卷外，其他所有部分都是空白页［不过，当他带着《爱琴海至阿基米德》（Aegean and Archimedes）的那一卷出现在学校里时，周围的人还是对他报以钦佩之情］。

电视里也到处都能见到百科全书的身影。在苹果的 Apple TV+ 上，我看到了根据艾萨克·阿西莫夫（Isaac Asimov）的科幻作品《基地》（*Foundation*）三部曲改编的系列剧，其中有这样一个桥段：近 15 万名"科学家"在遥远的银河系辛勤工作了半个多世纪，只为撰写《银河百科全书》（*Encyclopedia Galactica*），以收录这个世界和其他已知世界的所有知识（直到后面我们才得知，这个项目实际上是个骗局，其目的是让最聪明的那一批人忙于工作，借此机会，新的法西斯政权就可以大胆地压迫其他公民了。不过，你有可能早就预料到了这一切）。这个故事可能包含着一层寓意，或者也可以说是三层寓意：如果一个人在象牙塔里待得太久，就有可能看不到这个世界的真正可怕之处；耗费 55 年的时间编写任何一部书的第一卷都有可能是不值当的；试图以一个时间点为基点，网罗人类所有知识——永远回顾过去，很少展望未来——的事业很可能会毫无结果。早些时候，就有人指出，编写百科全书"是一件非常有趣的事情……但对于成年人来说，这似乎是一个很奇怪的职业"。*

当然，百科全书无处不在是有其原因的：它曾经像汽车一

---

* 这让我想起道格拉斯·亚当斯（Douglas Adams），他曾经指出，《银河系漫游指南》（*The Hitchhiker's Guide to the Galaxy*）已经取代了阿西莫夫的《银河百科全书》，成为所有知识的标准信息库，因为尽管其存在许多漏洞，还包含不少天方夜谭，或者至少是非常不准确的内容，但在两个重要方面，《银河系漫游指南》胜过了那部更古老也更乏味的作品。首先，《银河系漫游指南》的价格更低；其次，其封面上刻有"不要害怕"（DON'T PANIC）这几个亲切的大字。

样普遍。百科全书既受人尊崇，又遭人嘲讽，百科全书之所以能在文学当中占据一席之地，是因为其在人们的生活中占据了一席之地——它们是思想交流的厚重背景，是书架上的身份象征，是屹立不倒的讽刺对象。在《巨蟒剧团》（*Monty Python*）系列喜剧的第一部里，有这样一个桥段：一个男人站在一个女人的家门口，对她说："我是来盗窃的。"她回答道："好吧，只要你不是来推销百科全书的就行。"

012

　　印刷版的《大英百科全书》已不再版，但它依旧是一个神话，是小学生们写作业的参考资料，是心怀歉疚的父母买给孩子的礼物，是推销员动用花言巧语销售的对象，是出版界勃勃野心的证明，是映照文明发展的一面明镜。

　　本书并非一部关于百科全书的百科全书，也并非关于世界上所有百科全书的整理目录或分析，我只会挑选那些在我看来最重要、最有趣或最能体现我们如何看待世界的转折点的那些百科全书。例如，我只提到了一次《美国教育家百科全书》（*American Educator Encyclopaedia*）和《邓洛普事实图解百科全书》（*Dunlop's Illustrated Encyclopaedia of Facts*）。如果你喜欢的是约翰·海因里希·阿尔斯特德（Johann Heinrich Alsted）1630年出版的《七卷本简明百科全书》（*Encyclopaedia Septem Tomis Distincta*），我只能对本书中它的缺失表示歉意。同样，我也没有将专业指南纳入本书，比如《领养百科全书》（*Encyclopaedia of*

Adoption）和《克里斯托弗·哥伦布百科全书》（*Christopher Columbus Encyclopaedia*）——尽管这两部书可能都很出色。6 卷本《世界犯罪百科全书》（*Encyclopaedia of World Crime*，Marshall Cavendish，1990）和《简明交通运输系统百科全书》（*Concise Encyclopaedia of Traffic and Transport Systems*，Pergamon Press，1991，售价 410 美元）也没有被收录在内。如果你住在荷兰，我希望你已经很了解 26 卷本《温克勒·普林斯大百科全书》（*Grote Winkler Prins Encyclopedie*，Elsevier，1985-1993）。年鉴、目录书、占星图、首都名单、季节性园艺小贴士等也不包括。我曾想收录《语用学百科全书》（*Pragmatics Encyclopedia*，Routledge，2010，售价 125 英镑），但我自己采用了语用学的方法，认为只要能编纂出"蕴涵（implicative）、指示语（deixis）、预设（presupposition）、形态语用学（morphopragmatics）、句法 - 语义 - 语用学（the semantics-pragmatics, syntax-pragmatics and prosody-pragmatics interfaces）和语篇 - 语用学"等条目，就已经足够了。

013

　　不过，我很高兴能在本书中收录部分相对罕见的百科全书，其中包括 3 卷本《北极百科全书》（*Encyclopedia of the Arctic*，Routledge，2005）、19 卷本《新天主教百科全书》（*New Catholic Encyclopedia*，Catholic University of America，1995）和 32 卷本《苏联大百科全书》（*Great Soviet Encyclopedia*，Moscow，1970；New York，1975），后者因其主题选择而特别引人关注，其中许多主题在从西里尔字母翻译过来后，虽存在一定的损失，但也让人收获颇丰。*

　　本书所涉及的历史侧重于西方，侧重于欧美传统。中国和南美洲的百科全书也会被纳入进来，但只是个例，因为我不仅要记录百科全书作为一件物品所取得的巨大成就，以及编纂者令人钦佩的（尽管有时是狂热的）雄心壮志，还要将其置于西方知识建设的框架之中。百科全书既是启蒙运动的一部分，也是数字革命的一部分。如果这本书的内容不按字母顺序排列，那就大错特错了；此外，除了字母 A 外，我的书将大致按照时间顺序排列。我认为自己很幸运，因为在本书的开头部分，《大英百科全书》的第 1 版刚刚出版，而在临近本书结尾之时，维基百科应运而生。

014　　　我没有买那套位于卢港的书。这不仅是因为卢港离我住的地方太远，还因为花 1 便士买 35 卷书的做法简直是暴殄天物，是对知识不可饶恕的侮辱。

————————————

*　谁不想看看"附加刑罚措施"（Additional Penal Measures）、"公寓楼"（Apartment House）、"辅助变速装置"（Auxiliary Gearbox）、"贝特曼"（Batman）、"儿童游览站"（Childrens' Excursion Tour Station）、"卵裂"（Cleavage）、"每日挤奶区"（Daily Milking Block）、"净化（核物理词语）"（Decontamination）、"多瑙河畔的哥萨克人"（Danube Cossack Host），以及"劳动人民和被剥削人民权利宣言"（Declaration of the Rights of the Toiling Masses and Exploited People）？令人吃惊的是，这些都在第 8 卷的前 1/3 部分中。对于那些想知道"卵裂"和"每日挤奶区"之间是否有联系的人，我很乐意告诉他们，这两个条目之间没有联系。"卵裂"的定义是"卵细胞连续分裂成一系列越来越小的细胞"，"盘状卵裂"（Discoidal Cleavage）也一样，但特指蝎子与某些类型的软体动物的卵裂，它们产下的卵拥有比例更大的卵黄。

　　我开始思考，一套比木柴还便宜的、没什么人想要的百科全书说明了什么？也许，它说明了我们对信息及其历史的重视程度，尤其是在这个日益被谴责为无根化、不稳定的时代，我们对其态度如何。也许，本书所讲述的故事能帮助我们更好地了解自己，尤其是我们该如何评价那些生活中值得了解的事物和值得保留的事物。[*]

---

[*]　我还需要面对双元音的困境。除非在书名中特别注明，否则我会一直沿用"encyclopaedia"这一原始拼写，而非"encyclopedia"。同样，针对"encyclopaedist"一词也是如此。但为了不显得过于迂腐，我决定不采用"encyclopaedia"这一拼写方式。

A

啊，安德鲁·贝尔来了

AAH, HERE COMES ANDREW BELL

当他朝着大家走来之时，所有人都会这么说。

安德鲁·贝尔（Andrew Bell），一个让人感到惊奇的男子。1726 年，他出生在爱丁堡，他的一生成就斐然。不过，最让人印象深刻的还是他的那个大鼻子。

他的鼻子不是一般的大，甚至不能简单地用"非常大"来形容。他的鼻子曾获得花环奖，也就是说，你可以在他发现不了的情况下把花环别在他的鼻子上，这是因为他的鼻头坑坑洼洼，很有肉感，又特别宽阔。他的鼻子有鳄梨那么大，可以说，和他比起来，长鼻猴都更像奥黛丽·赫本。当人们见到他时，他们根本无法将视线挪向别的地方，这简直太不可思议了。

在安德鲁·贝尔去世很久之后，当历史学家们写到他时，还是会称他为"一个有着不寻常外貌，精力又很充沛的家伙"。1958年，美国学者赫尔曼·科根（Herman Kogan）写道："他身高四英尺半（1英尺约合0.3米），鼻子巨大，双腿弯曲。"他的鼻子实在是太大了，以至于他自己都会拿自己的鼻子开玩笑。根据科根的说法，在宴会上，当客人们盯着或指着他的鼻子时，贝尔就会起身离开宴会大厅，当他再次出现时，会戴着一个用纸糊的更大的鼻子。他的鼻子甚至引起了学术界的兴趣。2009年，弗兰克·A.卡夫克（Frank A. Kafker）和杰夫·洛夫兰（Jeff Loveland）在牛津大学伏尔泰基金会（Voltaire Foundation）的一份刊物上撰文指出，贝尔的鼻子让他显得"颇为怪诞"。安·冈恩（Ann Gunn）在《苏格兰艺术史学会期刊》（*Journal of the Scottish Society for Art History*, Vol. 22, 2017–2018）上发表的一篇文章表达了他对贝尔的雕刻事业的赞赏。在这篇文章当中，冈恩不仅提到了贝尔的鼻子，还提到了他在漫画家约翰·凯（John Kay）的蚀刻版画中的形象。在其中一幅画里，他扭头与一位同事交谈，两腿内弯，膝盖以下形成了一个三角形，而他在画中的鼻子看着仿佛一个烤土豆。

　　但在《大英百科全书》当中，有关安德鲁·贝尔的条目对这一内容只字未提。这大概是出于礼貌的考量，因为除了引人注目的外貌外，贝尔还有其他许多值得后人称道的地方，其中之一就是他在《大英百科全书》的编纂过程中发挥的关键作用。他为前四版贡献了500多幅版画，在他生命的最后16年里，可以说他

A

这是个精神饱满、相貌奇特的人：安德鲁·贝尔和他的同事

是那个时代百科全书这一伟大成就的唯一拥有人。贝尔和他的朋友策划了这部内容广泛、意义深远的知识汇聚之作，以至于《大英百科全书》成了大多数人对"百科全书"（encyclopaedia）一词的第一印象。《大英百科全书》最初出版于 1768 年，它不是第一部百科全书，显然也不是最后一部。它诞生于百科全书的黄金时代：18 世纪，英国、法国、德国、低地国家和意大利至少出版了 50 套不同的百科全书。50 套！

在英语世界里，《大英百科全书》是风向标，是分水岭，同时也是黄金标准。诸多版本、数百次印刷和数十万个条目向世人证明了《大英百科全书》的地位，同时也说明《大英百科全书》在不断地完善着其中的内容。《大英百科全书》的撰稿人往往都十分受人尊敬，其中的文字也值得人们信赖，以至于2001 年维基百科刚推出时，便将第 11 版《大英百科全书》（版权已过期）的大量内容作为其核心知识库。目前，维基百科当中有关贝尔的条目不仅指出他为百科全书做出的贡献以及他拥有的大鼻子，还放上了一幅素描，在这幅画中，一个瘦小的男人骑着一匹大马在爱丁堡四处游荡，他自带梯子，每次上下马都需要借助梯子，而四周的人群总是会为他无畏的雄心欢呼雀跃。

积 累
ACCUMULATION

在《大英百科全书》的编纂过程中，安德鲁·贝尔的工作既具艺术性，也相当具有启发性；相比之下，他的同事、邻近爱丁堡大学的尼科尔森街（Nicolson Street）上的印刷商科林·麦克法夸尔（Colin Macfarquhar）的工作则更具有商业性与实用性。他们都意识到，这个具有开创性的新出版项目可能会给自己带来巨大的收益。在下文当中，我们将会看到，古代中国或希腊的百科全书编纂原则与贝尔等人的考量并不相同：更关注哲学问题，通常需要依靠特权阶层的大力支持才能获得成功。但在 18 世纪 50 年代的人眼中，知识，或者至少是信息的积

A

累，已经算是一种可销售的商品，就像棉花和锡一样。这一原则直到 200 多年后（也就是互联网兴起时）才受到了巨大的挑战，也因此被扭转。对贝尔和麦克法夸尔来说，将世界上的实用思想整理归纳成几本能够让消费者轻松获取的书，是一个不错的商机。当然，如果再激进一些的话，人们还可以将知识的积累视为资产阶级的商品积累——知识财产，资产阶级可以获取、规定并重新排列知识的内容，然后再以营利为目的将其卖给消费者。

贝尔算不上一位富人；当他不为书籍制作版画的时候，还需要靠雕刻狗项圈来挣些钱。麦克法夸尔的父亲是一位假发制造商，他自己的印刷厂也面临激烈的竞争，以致他常常会出一些盗版书，这一点让他声名狼藉。他曾因擅自印刷《圣经》和切斯特菲尔德勋爵（Lord Chesterfield）的《给儿子的信》（*Letters to His Son*）而被罚款。1767 年，他与格拉斯哥一位会计师的女儿结了婚，同年，他被授予"印刷大师"的称号，直到这一时期，麦克法夸尔的财务状况才有所好转。

贝尔和麦克法夸尔共同宣布了他们的计划：每周出版一册，共 100 册，最初由麦克法夸尔的印刷厂负责销售，每册（也可以说是期、号）24 页，普通纸版本售价 6 便士，精制纸版本售价 8 便士。册子里的内容每周按照字母表的顺序推出，一段时间之后，这些小册子就被汇编成了三卷，而这三卷又被汇编成了一套丛书。第一卷从 Aa 开始，到 Bzo（布佐，"非洲摩洛哥王国的一个小镇")结束;第二卷从 Caaba（卡巴圣堂）开始，到 Lythrum（千屈菜）结束；第三卷从 Macao（澳门）开始，到 Zyglophyllum（驼蹄瓣属）结束。*第二卷和第三卷中的条目明显篇幅较短，至少长条目数量明显较少。页面大小为四开，字体较小。内部采用双栏文字排版，行距有时为 8 磅，有时为 6 磅，读者需要使用放大镜才能看清其中的文字（出版方不附赠放大镜），如果读者希望把这 2391 页的书全部读完，就更需要借助放大镜了。第一套完整的皮面装订本于 1771 年 8 月出版，普通纸版本售价 2 英镑 10 先令，精制纸版本售价 3 英镑 7 先令。该书出版前的订购数量不详，但其销售工作转移到伦敦的书店后，在不到几个月的时间里，3000 册的印数就已全部售出。

是谁负责撰写并编纂了这部伟大的作品呢？几乎可以肯定的是，该书的作者与读者同属一个群体。这个群体被称为"苏格兰绅士协会"（A Society of Gentlemen in Scotland），这些人的名字也出现在第 1 版的开篇之处。这是一份由 100 多位专家与作者组成的名单，其中一小部分人直接参与了撰稿，大部分人则只是参考了其作品，编辑出于新的目的，将这些人的著作内容

---

* 卡巴圣堂"本义是方形建筑，但穆斯林用这个词特别指代麦加的神庙……无论身在世界的哪个角落，当穆斯林祈祷时总是面向这座寺庙"。千屈菜是一种紫色开花植物，"属于雌雄同体植物"。澳门是"中国的一座岛屿，位于广州以南 50 英里处"。驼蹄瓣属植物是另一种开花植物，"共有 8 个品种，但其中没有一个是英国本土品种"。

A

进行了筛选和浓缩。至少对今天的我们来说，其中所列举的书名都很神秘：《毕尔菲德百科全书》（*Bielfield's Universal Erudition*）、《卡尔梅特版圣经词典》（*Calmet's Dictionary of the Bible*）、《科茨水文学讲义》（*Cotes's Hydrostatical Lectures*）和《斯隆版牙买加自然史》（*Sloane's Natural History of Jamaica*）。此外，还包括《普里斯特利电学史》（*Priestley's History of Electricity*）和《马奎尔化学书》（*Macquer's Chemistry*）。*罗列作者姓氏的做法表明，该书的编辑相当熟悉那些在各领域充当标准读本的著作，就像《格雷解剖学》（*Gray's Anatomy*）这样；皮埃尔－约瑟夫·马奎尔（Pierre-Joseph Macquer）的教科书（5 年前从法文译成英文，并在爱丁堡出版）实际上的全名是《化学理论与实践要素》（*Elements of the Theory and Practice of Chymistry*）（作者是一位巴黎的化学家）。这些著作突出表现了《大英百科全书》的核心目标之一：在一份出版物中汇集人们在大学图书馆中可能找到的核心书目。

不过，第 1 版《大英百科全书》的实际内容最终是由一个人负责的，他就是这部书的主编威廉·斯梅利（William Smellie）。也许，天注定一个拥有巨大鼻子的人要与一个拥有这样姓氏的人展开合作，但是，斯梅利还拥有其他方面的特质。要是没有受过足够的教育，拥有丰厚的报酬，他很可能就会过上放荡又酗酒的生活。他是一名长老会教徒，拥有丰富的校对、编辑和

020

---

*   此处列举的书名与原始书名不全部一致，且其中的作者名并非书名的一部分。——译者注

出版经验，而定期在爱丁堡大学参加的各项课程则让他变成了一名博物学家，对蜜蜂、植物繁殖、望远镜、显微镜和植物学等方面都很了解。他为《大英百科全书》项目工作了 4 年，贝尔和麦克法夸尔为其支付了 200 英镑的报酬，双方签订的合同要求斯梅利监督整个出版过程，并撰写 15 篇关于基础科学的条目，其中仅第一卷就包括了关于解剖学和天文学的长篇条目。

在第 1 版的序言中，威廉·斯梅利声称他的"主要目标"在于"普及科学知识"。为此，他和其他编辑从众多书籍中"摘录了有用的部分"，同时"删除了那些琐碎或不那么有趣的内容"。换句话说，他们是一群相当精明的编辑，只为读者呈现那些最重要的内容。

历史学家赫尔曼·科根认为斯梅利是个"嗜酒如命的人"，"对威士忌的热爱不亚于对学术的热爱"。他喜欢用拉丁语朗诵他父亲那些"无聊"的诗歌。28 岁时，他就结识了许多文人朋友，这使他成为一个爱好卖弄学问的人。在整个不列颠群岛，可能没有人比他更适合出面组织这样一个既庄严又影响深远的出版工程了。

尽管斯梅利本人的社会地位并不算高（他的父亲是一名建筑工人），但他还是秉持着精英主义的观点。在他撰写的"神话"（Mythology）条目中，他认为"普通人容易迷信"，"天生就容易上当受骗"。他还无视自己身处苏格兰的事实，认为"有

A

身份的人"往往住在伦敦。最初，这份工作只是一份兼职，却消耗了他几乎全部的精力。

第 1 版中有多少内容是斯梅利自己写的，有多少内容是那群绅士学者重新创作的，这一点并不确定。所有条目都没有署名。斯梅利在晚年时曾诙谐地说道："我的孩子，其中大部分内容都是我写的，我从其他书里剪下足够的材料，然后再寄给印刷商。我是用糨糊和剪刀写成这部书的！"

"农业"（Agriculture）这个条目长达 30 页（"农业是一门对人类意义重大的技艺，人类的生存，尤其是在社会状态下的生存，全都依赖于农业"）。"代数"（Algebra）条目占了 38 页（"用某些符号进行计算的一般方法，这些符号都是为此目的而设计的，而且很方便"）。"医学"（Medicine）条目长达 110 页，其中有许多关于痛风、扁桃体炎和其他疾病的内容，但并不包括助产术，因为在该书当中，"助产术"（Midwifery）条目有 46 页，为那些没有接受过培训，也缺乏经验的人提供了一份循序渐进的指南。随书附赠的 3 页非常详细的解剖图激怒了许多人，尤其是那些教会人士，他们敦促读者撕掉这 3 页内容，并将其烧掉。

023   几 乎 可 以 肯 定，斯 梅 利 本 人 撰 写 了 题 为"节 选"（Abridgement）的条目，因为在该条目中，他阐述了自己关于百科全书出版事业的意图。该条目的篇幅比前后那些条目［Abrax，一种古老的石头；Abrobania，特兰西瓦尼亚（Transylvania）的一个城镇］要长得多，其中，斯梅利宣称："用很少的文字传达

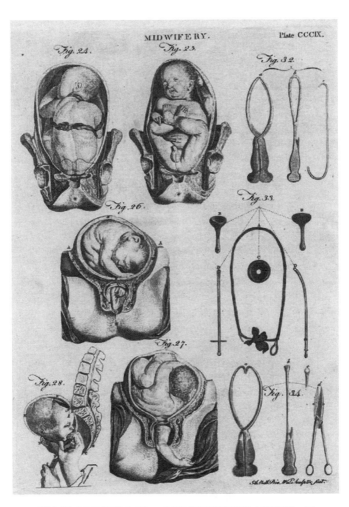

第 1 版《大英百科全书》：1771 年出版的该书中有这样一幅
有关助产术的解剖图，激怒了教会人士

A

丰富情感的技艺是作家所能拥有的最让人感到幸福的才能。而在当前的文学创作过程中，这一才能尤为重要。"在该条目中，斯梅利还强调，"因为许多作家都习惯于用几百页的篇幅来呈现一些批判性的思考……当作者写到自己喜欢的思想时，总是容易喋喋不休……虽然这可能让作者自己感到十分开心，但会让读者心生厌倦和烦恼"。

斯梅利的结论在一定程度上算是对学术的侮辱。他写道："节选对于提取教授演讲的实质内容而言特别有用。每个公开演讲者都会绕弯子，也都会说些废话，这些都不值得被记录下来。"他建议，编辑最好能用简洁、精练的文字阐述那些知识与思想。这样做"更能维护教授们的荣誉；因为这至少能避免大量杂乱无章、难以理解的垃圾以教授的名义流传开来"。

斯梅利的建议清晰明了。《大英百科全书》是一所另类大学，是知识的现代传播方式。他似乎想要告诉读者，只要买了这几卷书，你就不需要再买其他东西；这套书会让你终身受益。在未来的岁月里，那些负责向各个家庭推销《大英百科全书》和其他百科全书的人，很少会修改这套宣传词。

准确的定义与解释
ACCURATE DEFINITIONS AND EXPLANATIONS

但是，在 18 世纪末那个还没有上门推销员的时代，在那个还没有火车的时代，如何才能向消费者解释，并让他们掏钱购买这样一套厚重、前所未有又极富野心的图书呢？这时主要依靠报纸进行推销。1768 年 12 月，《苏格兰信使报》（*Caledonian Mercury*）发布了该书第一卷的出版公告，这则广告宣称该书包含了"按字母顺序排列的所有术语的准确定义与解释"。

这让这套书看上去更像是词典，而且，人们有充分的理由这样认为。我们今天所理解的百科全书——一部关于各种主题的参考书，一部汇集信息和指导性条目、旨在总结当代人类所有知识的百科全书——最初的定位实际上是一部条目定义书。

例如，在"农业"和"代数"这两个篇幅极长的条目之间，有许多十分简短的条目，其中不少内容都无关紧要。这些条目包括（注意，我对其进行了全文摘录）：

援助（Aid）：在一般意义上，指一个人给予另一个人的帮助。

艾亨戴尔（Aighendale）：兰开郡（Lancashire）使用的一种液体量器的名称，容量为 7 夸脱（1 夸脱约合 1 升）。

警钟（Alarm-Bell）：在火灾、叛乱等紧急情况下敲响的钟。

其他一些条目读起来则像是地图册上的索引：

阿伯里斯维斯（Aberyswith）：威尔士的一个集镇，位于伦敦西南偏西 199 英里处，北纬 52.30 度，西经 40.15 度。

安格曼尼亚（Angermannia）：瑞典的一个沿海省份，位于博特尼克湾西岸。

还有不少条目要么是道听途说的奇闻逸事，要么是自相矛盾与主观臆断的胡扯。有些内容完全就是子虚乌有。还有一些主题的条目，在现在的我们看来可能是无须多言、众所周知的内容，但当时的编辑还是选择对其进行了过于详细的解释。*

Abeston：Abestus 的一种错误写法。见 Abestus。[不过根本没有 Abestus 这个条目。]

食蝗虫者（Acridophagi）：吃蝗虫的人。当埃及缺少玉米时，麦加经常会发生饥荒，因此当地的居民不得不以其他食物为食。阿拉伯人会用手磨或石臼磨碎蝗虫，然后将其烤成饼，用来代替面包。即使在玉米并不缺乏的时候……他们也会把蝗虫煮熟，加黄油炖，做成一种白汁肉块……不

---

*　出于篇幅和理解上的原因，我没有收录那些篇幅较长、内容较详细的条目样本，而是选择用这些较短的条目来表达一下我的情感。不过，《大英百科全书》中的定义与先前出版的基础词典中的定义有一个非常重要且有意塑造的区别。百科全书意在打通知识之间的壁垒：不同的条目之间经常交叉索引，当两个或两个以上的定义放在一起阅读之时，读者就会获得更多的知识。如需进一步了解，请访问：https://digital.nls.uk/encyclopaedia-britannica/archive。

A

算难吃。

年金（Annuities）：每年、每半年或每季度支付的一笔钱，可持续一定年数，或可为子孙后代一直继承，或直到本人去世。*

犰狳（Armadillo）：动物学名词，dasypus 的同义词。见 026 Dasypus。

犰狳（Dasypus）：布鲁塔目四足动物的一属。犰狳既没有前牙，也没有犬牙；全身覆盖着坚硬的、呈片状或带状的骨质外壳，这些外壳能够很明显地进行移动。犰狳的外壳覆盖着自身的头部、颈部、背部和侧腹，甚至一直延伸到尾巴的末端；少数没有覆盖外壳的部位包括喉咙、胸部和腹部，这些部位覆盖着一层纹理粗糙的白色皮肤，就像拔掉羽毛后的母鸡一样。

林奈（Linnaeus）列举了犰狳的 6 个种类，其分类标准主要依据的是可移动外壳带的数量。

1. 九带犰狳（novemcinctus），拥有 9 条可移动的骨质外壳带。

2. 十八带犰狳（unicinctus），拥有 18 条可移动的骨质外壳带。

---

* 这个条目长达 5 页，读起来相当无聊："一个特定年龄的人活到一定岁数的概率，是生活在特定年龄段的人数与生活在给定年龄段的人数之差的比例。"

3. 三带犰狳（trichinous），拥有 3 条可移动的骨质外壳带。

4. 四带犰狳（quadricinctus），拥有 4 条可移动的骨质外壳带。林奈弄错了这种动物的名称及其具体特征；它应当被称为六带犰狳（sexcinctus），因为其拥有 6 条可移动的骨质外壳带；根据布里福尼厄斯（Briffonius）、布冯（Bouffon）和其他大多数博物学家的研究，该属的所有物种都没有 4 条可移动的骨质外壳带。

5. 七带犰狳（septemcinctus），拥有 7 条可移动的骨质外壳带。

6. 十二带犰狳。这是犰狳当中体型最大的一种，长约两英尺。

如果人们质疑这些信息对普通读者而言到底有多大用处，那就忽略了一点：这些信息是根据相关领域的专业知识编写出来的内容，而且编辑认为其足够准确，所以才将其收录到百科全书当中。由此引发的更宽泛的一个问题在于："百科全书"究竟是什么？

027   17 世纪，"百科全书"这个词开始被人们广泛应用，其源自希腊语 enkyklios paideia 的概念，即"循环学习"（learning within

A

the circle）或"全面教育"（all-round education）。如此便能塑造一个全面发展的人，一个精通所有通识科学和实用技艺的人。以前，这种知识的积累是经验性的，或者至少需要师傅亲自传授。不过，到了这一时期，随着具有启发性的《大英百科全书》以及其他一系列百科全书的问世，"encyclopaedia"一词才被用来指代一本书或一套书。人们只要阅读这么一套书，就能从中获取所有领域的知识。这样，一个完整的图书馆就得到了充分的筛选、压缩，只要一个人拥有扎实的理解能力（或者像威廉·斯梅利所说的那样，"是个普通人"），并有足够的财力扩大知识面，他就能够获得专家级别的智慧（颇具讽刺意味的是，这类将图书馆浓缩起来的大部头的主要购买方是图书馆：因此，即使是那些经济能力有限的人，也能以这样一种简明直接的方式获取信息）。

　　尽管第 1 版《大英百科全书》中收录了很多奇怪的内容，也存在不少遗漏，但至少，这套书向读者传递了两个明确的信息：只要购买这些书，你就能成为我们中的一员；只要阅读这些书，你就能在现代社会中占有一席之地。书中条目之间的交叉索引同样可以让读者获益：这些文字之间的相互联系伴随着个体之间的相互联系，将读者团结在一个共同的目标之下，即收录所有已知的、人们可以达成共识的内容。

　　爱丁堡是开展此类项目的理想之地。这里的大学在不断进步，吸引了在各自领域处于领先地位的研究者和教师；如此一来，爱丁堡的大学进一步推动专业知识的生产。苏格兰启蒙运动催生了一大批人文主义者［其中包括经济学家亚当·斯密（Adam Smith）、建筑师罗伯特·亚当（Robert Adam）、律师兼作家詹姆斯·博斯韦尔（James Boswell）、外科医生约翰·亨特（John Hunter）、哲学家大卫·休谟（David Hume）、植物学家伊拉斯谟斯·达尔文（Erasmus Darwin）和工程师詹姆斯·瓦特（James Watt）］，在智识问题上，这些人提出了基于理性主义且极富前瞻性的观点；对这些人来说，在蒸汽时代来临之际，教会在教育方面的主导既没有吸引力，也不可行，新的教育模式必须满足社会进步的需求，同时具有逻辑推理的严谨性。

　　从智识层面看，甚至从精神层面看，1768 年是一个令人兴奋的时间节点。一切可能性都在不断提升。工业革命的早期重大突破已经实现，尤其是瓦特在蒸汽机方面的推进以及詹姆斯·哈格里夫斯（James Hargreaves）在布匹贸易领域推动的革命。在其他领域，让-雅克·卢梭、大卫·休谟和约翰·洛克（John Locke）的哲学思想正在改变人们对待科学论证和道德判断的方式。但最值得关注的仍然是库克船长（Captain James Cook）的行动，他在《大英百科全书》第一部分付梓前几周开始了自己第一次横跨太平洋前往新西兰和澳大利亚的航行，并在 3 年后，也就是最后一卷出版之时抵达了那里。

　　当库克船长的消息传到爱丁堡时，《大英百科全书》的创始人清楚地意识到，他们的城市还拥有一项宝贵的财富，那就是大量渴求知识的读者，尤其是学术机构内的读者。《大英百科全

A

书》的诞生，归根结底源自市场需求，这个市场需要一个不断更新的理解世界的方式。1771 年，当出版商宣称所有的《大英百科全书》要么已经售出，要么已被预订，因此需要推出第 2 版时，这个项目已经成为一个生生不息的有机体了。

字母顺序
ALPHABETICAL ORDER

029

在编纂《大英百科全书》之前，威廉·斯梅利和这部书的出版商都面临一个我们现在并不会感到困扰的难题——如何排列规模如此庞大的信息，进而做到不光编纂严谨，而且能让读者阅读顺畅。

他们选择的方法是按字母顺序排列，但这一方法远未得到人们的普遍认可；这种按字符进行整理的简单方法可能确实算不上智能。以第 1 版第 1 页中的"A"为例：Aabam 是"炼金术士对铅的称呼"，Aarseo 是"非洲的一个城镇，位于米纳（Mina）河口附近"，Abactores 是"对偷运或赶走整群牛的人的称呼"，Abactus 是"先前医生对采取某种手段使患者流产的方式的称呼"*，难道我们能指望读者从这些互相没有丝毫联系的知识中获得对这个世界的全面认知吗？

---

* 指的是采取某些干预性措施让人流产。

A

这难道不正是我们如今蔑视的那种将事实毫无规律地堆砌在一起的做法吗？在实践当中，只要有任何建设性的替代方案，这种随机排列的做法都会让人嗤之以鼻。例如，工厂的管理者会把熟练工人按姓氏字母顺序安排在流水线上，而丝毫不管他们自身的角色吗？或者说，这种排列方法会不会在无意中反映出《大英百科全书》以及之前与之后的大多数百科全书的真实性质——对地理、哲学和其他科学知识的零散堆积？这是不是相当于堂而皇之地承认，人们知识的有机积累根本无法实现，甚至可能是徒劳的努力？

030

字母表是一个概念，一个抽象概念。其中的字母一开始是起代表作用的符号，就像硬币是货币的代表一样：其价值不在于该物品本身，而在于其所承载的指示性价值，对货币而言，其指代的就是可供交换的财富。西方世界最早出现的语言符号类似于埃及的象形文字，其诞生于公元前 1800 年至公元前 1700 年，是一种由 22 个字母组成的辅音音素文字（abjad）——一种完全由辅音组成的语言系统。这种北闪米特字母与古希伯来文相似，我们知道，在公元前 6 世纪与公元前 2 世纪之间创作《旧约·诗篇》中的 9 首诗歌之时，这些字母的顺序就已经确定下来了。

这种原始的字母表很快就为中东的工匠和商人所采用，他们发现，这些符号比以前成千上万的楔形文字或象形文字符号更容易记忆与记录（这也许是最早的由商业推动的通信技术变革的例子）。公元前1000年至公元前900年，这套字母表从埃及、以色列传播到了希腊。之后的拉丁字母表去掉了其中的"zeta"，加上了"G"，而后加入了"Y"和"Z"。西方世界普遍使用的罗马字母表主要源自伊特鲁里亚字母，在中世纪，这套字母表扩展到26个字母，其中"I"分化为"I"和"J"，"V"分化为"U""V""W"。*

亚里士多德在公元前4世纪就认识到了字母顺序的魅力，有证据表明，亚历山大图书馆在对卷轴（按作者）进行分类时也采用了字母顺序。但直到15世纪，随着印刷术的出现以及之后纸张作为一种流行的存储和交易记录工具的广泛使用，人们才开始逐渐利用字母表作为排序和检索的方法。活字印刷术的发展使得每个字母都必须拥有一个单独且固定的物理位置，这是以前从未出现过的需求。印刷文本的准确度和速度取决于工人对字母固定顺序的了解程度，就像我们知道键盘的QWERTY布局一样；如果每次坐下来打字之时，字母的排列顺序都会发生

---

* 这里的描述显然非常简略。例如，我没有提到在佩特拉（Petra）出现的并行阿拉伯文字，也没有提到腓尼基商人在公元前2000年至公元前1000年所扮演的角色。有关字母表发展的全面而又富有启发性的历史叙事，参见Judith Flanders, *A Place for Everything* (Picador, 2020)。弗兰德斯注意到，事实上，"字母表"（alphabet）一词本身直到很晚的时候才出现。罗马人更喜欢用"字母"（leterae）或"元素"（elementae）这两种表述，直到公元前200年左右，罗马的希波吕托斯（Hippolytus of Rome）创造出"ex Graecorum alphabeto"的表达，意思是"来自希腊字母表"（这个词源于希腊语的前两个字母alpha和beta），大概自此之后，这个词才进入了人们的常规表达当中。

A

变化，那么我们可能就没法开始工作了。在古腾堡时代，印刷工人只能在金属条的顶端看到那些雕刻好的金属字母，因此，严格排列字母顺序就显得十分必要；记住或找到 P 和 Q 的最佳方法就是事先仔细给它们分配好位置。

按字母顺序进行的印刷工作起源于词汇表或术语表的需求：这些表格通常位于文章或书籍的末尾，作者会给那些普通读者不熟悉的单词下个定义［或如第 1 版《大英百科全书》中所说的那样："词汇表（Glossary），一种词典，用来解释晦涩或古老的术语"］。通常情况下，词汇表会出现在医学教科书当中，如公元前 2 世纪的罗马医生盖伦（Galen）编写的著作，显然，在医学教科书当中，这些术语按字母顺序排列似乎非常自然。但直到 16 世纪对双语字典的需求出现之后，教学参考书中从 A 到 Z 排列的逻辑传统才得以确立。

但这一切似乎都与《大英百科全书》所宣称的创建人类知识圈的目标背道而驰（毕竟，字母表是线性的一连串字符，而非一个圈）。对于《大英百科全书》的创始人和编辑来说，字母表毫无疑问方便了读者的查阅工作。借助字母表，编辑得以在没有秩序的地方建立秩序，对于一部近千页的作品而言，情况更是如此。字母顺序还有助于读者进行检索，进而让他们能够更容易地找到自己所需要查找的事实、定义或解释。但这顺序并不能帮助解释更为详细的概念，也不能帮助展示《大英百科全书》引以为豪的实用技艺或科学条目。

要想了解威廉·斯梅利和出版商是如何解决这一难题的，只需查阅扉页即可。

大英百科全书

或称

一部根据新的计划编纂的

艺术与科学

词典

本书将不同的科学与艺术内容分别归入了

不同的主题或体系当中

此外

还按照字母顺序解释了各种技术术语

这是一个折中方案，编辑试图利用字母顺序编写出一部既具普遍实用性，又在学术上足够详尽的作品，其中按字母顺序排列的数千个简短定义与"骑术"（Horsemanship，8 页）、"流体力学"（Hydrostatics，19 页）和"法律"（Law，75 页）等由专家编写的长篇条目相结合。这些较长的条目（每个条目本身都可以作为一本具有指导意义的小册子出版）被分成若干章节，而这些章节只是偶尔会采用字母顺序进行排列。

虽然威廉·斯梅利在排列主要资料来源和撰稿人时也利用了字母顺序（从"Albini tabulae anatomicae" 到"Young on

Composition"），但这位编辑也在序言中明确指出，我们无法利用字母顺序处理更为复杂的条目。试图用按字母顺序排列的各种专业术语来传播科学知识的做法"愚蠢至极"。他认为，这一做法"与科学的理念相抵触，因为科学的理念是人们从不言而喻的或先前发现的原理中推导出的一系列相关联的结论"。令读者理解这些原理的关键在于将其"一环扣一环地展现在他们面前"。

他采用的双重排序系统或许表明，出版商意识到了两类不同的潜在读者群体。那些既贡献了第 1 版的实质内容，又是主要订购群体的"苏格兰绅士协会"很可能会将重点放在那些颇具深度的长篇条目之上，而那些非专业人士的关注点却不一定在这些内容上，他们可能是被报纸广告或书店宣传所诱惑，想着在这套书的帮助下，自己能过上更好的日子。

但这也可能是《大英百科全书》的出版商发明的绝妙营销手段。很少有人会只购买按字母顺序排列的百科全书中的一个部分；一旦花钱以每本 1 先令的价格购买了字母 A 和 B 的部分，读者只有在对内容深感失望，或是因经济拮据而无法购齐的情况下才会不购买后续部分。

在英语中，有一个十分恰当的词来表达这一概念：abecedarianism。虽然，其中性的含义是按字母顺序排列的东西、学习字母表的过程，或实际上按字母顺序购买东西，但这个词也略带居高临下的语气，尤其是在科技界，它可能指代的是相当简单的东西，例如以不间断或明显的方式运行的一段程序。因此，这个词也可能意味着缺乏想象力，指代一种严格的教学法。此外，这个词还有一层贴切的含义：Abecedarianist，指拒绝一切正规学习的人。这个词最常被用于指代 16 世纪德国的再洗礼派（Anabaptists，当然其中也存在一些争议），表示一个人的生活完全依赖于精神、本能和宗教的指引。因此，这样的人完全不会购买任何种类、按任何顺序排列的百科全书。

古代水手

ANCIENT MARINER

塞缪尔·泰勒·柯勒律治对斯梅利和他主持的这一项目评价很低。现如今，他作为杰出浪漫主义诗人的名声往往掩盖了他作为文学批评家的一面，但在 18 世纪晚期的伦敦，他的影响力相当大。他对《大英百科全书》的批评几乎相当于一场文学上的炮舰外交。

首先，他认为按照字母顺序排列的做法既荒唐，又随意，完全没有意义。与之相反，他为知识的排列组合提供了一种更为优越的方案（实际上，这种方案无法获得市场的普遍认可）。他提倡"合理安排条目"，遵循严格的"科学方法"，在百科全书的所有主题之间建立起一种环环相扣、最终形成闭环的哲学关系，从而打造"一个和谐的知识圈"，将过去和现在有机

A

035

地联系到一起。历史学家理查德·杨（Richard Yeo）认为，柯勒律治希望能将所有科学和艺术分支按照类、目、属、种进行编排，其中每个层次都"具有科学价值，因为这是通向普遍知识的一个上升台阶"。* 相比之下，任何以字母顺序编排的百科全书都是"机械式编排"的，如果说柯勒律治宣传的方案是个野生动物园，那么这些百科全书就只是被关在笼子里的动物。

尽管《大英百科全书》严格遵守字母顺序，但柯勒律治仍然认为其主题排列"混乱不堪"。1803 年，柯勒律治在写给诗人罗伯特·骚塞（Robert Southey）的信中提到："'百科全书'一词如今已经被滥用了！"他发现，《大英百科全书》中经常会出现"编辑任意排布的""大量无关联的杂录"。因此，柯勒律治抱怨说，知识被分割得支离破碎，几乎毫无用处。

这一抱怨很常见，威廉·斯梅利也不是第一次听到。读者可能不得不来回翻阅几卷书中的几个条目，才能透彻了解工业发展或气象学等方面的知识；这就好比故意采取某种章节排列方式，好让读者很难理解自己所读的那本小说一样。此外，为了应对印刷期限和资金方面的限制，《大英百科全书》中字母表靠后位置出现的条目内容往往会被压缩（在第 1 版中，字母

---

*　Richard Yeo, *Encyclopaedic Visions: Scientific Dictionaries and Enlightenment Culture* (Cambridge University Press, 2001).

A

A 和 B 占了 697 页，其余的 24 个字母一共才有 2000 页的篇幅）。柯勒律治是如何解决这些难题的呢？他主持出版了《大都会百科全书》（*Encyclopaedia Metropolitana*），这是一本像信天翁一样庞大、沉重，同时注定会失败的出版物。我们将在按照时间和字母顺序排列的本书稍后章节中介绍这部百科全书的兴衰。

反常与歉意

ANOMALIES AND APOLOGIES

036

　　按照今天的标准，《大英百科全书》并不完全算得上"开明"。这部书是由男性编纂的，也是为男性编纂的，其中最典型的例子便是"女性"（Woman）的条目，其全文如下："人类中的雌性。参见'人类'（Homo）条目。"*

＊　30 年后，随着第 4 版《大英百科全书》（1801~1809）的出版，这套书对女性和男性关系的思考进入了一个新阶段。"男性更强壮，适合从事繁重的劳动和野外活动；女性更娇弱，适合从事久坐的职业，尤其适合养育孩子。男性果敢、精力充沛，适合做保护者；女性娇弱、胆小，需要被保护……男性作为保护者，天生就注定要管理他人；女性自知低人一等，所以会顺从。"说到这里，也许有人会认为这是在戏仿，但事实并非如此。该条目还没有结束："男性有适合治理国家的洞察力和可靠的判断力，女性有足够的理解力，可以在好的治理之下表现出好的形象；如果男性和女性没有合适的分工，就会引发相当危险的竞争，而大自然赋予了两者不同的才能，从而有效避免了这种竞争。女性比男性拥有更多的想象力和感受力，这使得她们的感受更为敏锐细微；同时，她们也能更好地传达自己的感受……而关于爱情的最终目的，男性作为上位者和保护者，有权做出选择；而女性则不享受特权，只能勉强同意或是拒绝。"

A

在宗教事务方面，女性的情况要稍好一些。在第 1 版当中，"上帝"（God）条目的全文如下："至高存在的众多名字之一。"而"女神"（Goddess）条目至少在篇幅上更长一点：

异教徒信奉的女性神灵。古人信奉的女神几乎和男神一样多，如天后朱诺（Juno）、森林女神戴安娜（Diana）等。这些女神分别代表着德性、恩惠和生活中涉及的主要美德：真理、正义、虔诚、自由、财富、胜利等。只有女神才能够以裸体的形象出现在奖章之上。

037 其他地方存在类似的反常现象，编辑们也会做出许多特立独行的选择。例如，"伊斯兰教徒"［Mahometans，"穆斯林"（Muhammad）的旧称］的条目长达 17 页，涵盖了各种形式的文化历史和宗教仪式。相比之下，关于犹太人（Jews）和犹太教（Judaism）的条目只有一段："指的是那些宣称遵守摩西律法和宗教信仰的人……他们尤其强调要经常进行清洁……每个犹太人都有结婚的义务，一个人如果活到 20 岁还没有结婚，就会被认为实际上生活在罪孽之中。"

在书中其他地方，阴茎放血是治疗一切疑难杂症的万灵药，斜视是一种传染病（其成因可能是护士把孩子的摇篮错误地放在了对光的位置）。如果你听力不好，那么你不一定想买第 1 版。因为其中的有关条目说道："有人认为，将蚂蚁的卵捣碎，放入耳中，再加上洋葱汁，就能治好最顽固的耳聋。"

　　威廉·斯梅利在序言中提前为自己进行了开脱。他解释道，尽管《大英百科全书》的宣发工作极尽造势之能，在编辑过程中也耗费了参与者的大量心血，但在他看来，这套书仍然完成得有些仓促。他说，编辑们"没有预料到完成工作所需的时间，因此最初设定的出版时间有些早了"。尽管出版时间已经推迟了一年，但"时间还是不够"。

　　然后，斯梅利也请求读者能够谅解。他认为，这套书篇幅过长，因此必然会有不少错误，"无论是编辑上的疏忽、排版错误还是意外"。他指出，那些熟悉这种大部头作品的人"会适当地容忍其中的错误"。

　　任何读者——实际上是任何作者——肯定都会对此表示同情。如此庞杂的作品当然会有错误。其中大部分是显而易见的："圣安德鲁日"（St Andrew's Day）印成了 13 号，但实际上应该是 30 号；"对话者"（Interlocutor）条目中的"extacted"应为"extracted"；"法律"条目中的"1972"应为"1672"。随着时间的推移，有一些条目的内容也显得不那么正确。

　　石棉（Asbestos）：一种化石，可分成丝状和线状，长度从 1 英寸到 10 英寸（1 英寸约合 2.54 厘米），非常细、脆，但有一定的牵引性，柔软，呈灰色，与威尼斯的滑石

A

不一样。它几乎没什么味道，不溶于水，而且有一种奇妙的特性，那就是在火中不会燃烧，火焰只会使石棉变白……普林尼（Pliny）说，他曾见过用石棉制成的餐巾，弄脏的餐巾被从餐桌上取下后扔进火里，比在水里洗过的还要干净。这种石头在亚洲和欧洲的许多地方都被发现，尤其在威尔士的安格尔西（Anglesey）岛和苏格兰的阿伯丁郡（Aberdeenshire）等地相当常见。

到 18 世纪 70 年代，3000 套第 1 版《大英百科全书》中的最后一套售出时，这套极富野心的多卷本出版物试图将所有人类知识囊括进来的理念已经成为一项运动，一项经久不衰的、引人瞩目的运动。《大英百科全书》是 18 世纪最经久不衰的品牌之一。虽然起初并没有迹象表明，在第 1 版之后，《大英百科全书》还会出版后续版本，但人们下意识地认为，就像"狄徐"一样，今后的《大英百科全书》会有许多不同尺寸的开本，并不断更新、印刷和增补。

但第 2 版《大英百科全书》需要一位新的主编。威廉·斯梅利拒绝继续担任这一职务，因为他有了其他计划，不过，酗酒也是一个重要原因。距离他最初参与这一项目已经过去了 20 年，作为包括爱丁堡皇家学会在内的多个哲学和博物学会有影响力的创始成员，斯梅利同时也是爱丁堡皇家英里大道上一家名为"凡西勃俱乐部"（Crochallan Fencibles）的饮酒俱乐部的名人老板。他的传记作者罗伯特·克尔（Robert Kerr）发现，在此期间，他的衣着越来越邋遢，财务状况也越来越混乱。而俱乐部的一位成员、诗人罗伯特·彭斯（Robert Burns）却十分满意于斯梅利的这一状况，认为他是"天才、机智和干练的老手"。据克尔引用的一个消息来源，斯梅利曾经"相当暴力地殴打过这位诗人"。

尽管如此，伯恩斯还是为他写了一首诗：

> 他银白的发丝如带电云絮，
>
> 在头颅的荒原肆意翻涌；
>
> 其智慧如明灯般刺破混沌，
>
> 暴露出每一粒尘埃的棱角；
>
> 舌尖淬着尖刀般的讥诮，
>
> 而胸腔里奔涌的岩浆，
>
> 始终为迷途者预留了
>
> 通往春天的甬道。

科林·麦克法夸尔于 1793 年去世，威廉·斯梅利于 1795 年去世，安德鲁·贝尔于 1809 年去世。他们为人世间带来的这一非凡作品一直存活于世，历经争议、诽谤、背叛、破产、模仿、羞辱，直到 2012 年，出版商才宣布不再继续印刷《大英百科全书》。

B

背景故事

BACKSTORY

1964 年，历史学家罗伯特·科里森（Robert Collison）编制了一份年表，其中收录了 40 多部在《大英百科全书》之前出版的百科全书。这些百科全书并没有全部留存于世，也并不都是我们所认为的那种百科全书。许多拉丁文作品尽管包含了各种各样的知识与技艺，但编者并没有按照一定的顺序将其整合起来，而其他一部分作品的野心则有点过大。例如，1245年，法国牧师麦茨的高提耶（Gautier de Metz）创作了《天下镜览》（*L'Image du Monde*）一书，并宣称这是第一部用诗歌写成的百科全书（该书当中的部分内容是事实，部分内容是宗教幻想，其中提到了天使、龙，还声称天空是由某种早期的混凝土制成的）。*

　　科里森在这一年表中尤其收录了那些达成"第一次"成就的百科全书——第一部德文百科全书、第一部女性百科全书、第一部拥有明确天主教世界观的百科全书——但这些百科全书与《大英百科全书》一样，都有一个大家早已熟知的意图，"在这么多代人面前浮现的海市蜃楼，就是编纂出一部取代其他所有书籍，让它们变得没有存在必要的作品"。

　　科里森声称，第一部百科全书式的著作是公元前 370 年左右由柏拉图的侄子、希腊哲学家斯彪西波（Speusippus）写成的，但后来的学者对此提出了怀疑。† 也许，从涉猎范围来讲，这位哲学家的著作应被视为百科全书式的，因为其涵盖了数学、立法和诸神等主题，而且斯彪西波认为，知识源于一种理解的能力，即不是单独理解一件事，而是理解一个主题与其他主题之间的关系。也许亚里士多德是最有资格的人，他研究的问题如此广泛，以至于其作品不论在形式上多么不够系统，但仍可以名正言顺地被称为百科全书。亚里士多德的百科全书肯定是值得好好阅读的作品。他的作品或许可以按照形而上学、伦理学和诗学等这些严格的学科分类进行排列；可惜，如今我们所

---

*　Robert Collison, *Encyclopaedias: Their History Throughout the Ages* (Hafner, New York, 1964).

†　如 Jason König and Greg Woolf (eds), *Encyclopaedism from Antiquity to the Renaissance* (Cambridge University Press, 2013)。

熟知的他的思想主要是由其创办的吕西昂（Lyceum）学园（除了不叫大学外，这个地方与大学没有任何区别）的学生们写下来的。

一部分人认为，罗马的第一部百科全书是老加图（Cato the Elder）的《示儿篇》（*Praecepta ad Filium*），这部书约成书于公元前 185 年，是一部从他的演讲中提炼出来的教义集，但很可惜，这部书的原稿没有流传下来。但他的另外一部百科全书《农业志》（*De Agri Cultura*）同样值得称道，这是一本结构松散但相当详尽的农业和畜牧业指南，其中既包括最新的科学实践，也包括人们的迷信，例如对芦笋和卷心菜的崇敬之情。*

现存最古老的百科全书式著作出自老普林尼之手。这部《自然史》（*Naturalis Historia*）是老普林尼（Pliny the Elder）在公元 77 年，即维苏威火山爆发前不久开始写的，很可惜，老普林尼死在了这次火山爆发之中。之后，这部作品由他的儿子继续推进，最终得以完成。全书共 37 卷，涵盖了从天文学到动物学的诸多主题，堪称不朽之作。该书的作者宣称，先前从未有人尝试撰写如此级别的作品，不过，他也确实提到了一些野心没那么大的前人之作，特别是凯尔苏斯（Aulus Cornelius Celsus）

---

* 我们从普林尼那里得知了加图的那些教诲，那是一份教导他儿子那些希腊对手一点都不可信的文字记录。"他们毫无价值，又难以控制。把下面这句话当成预言吧：如果他们把自己的那些著作交给我们，那么我们所拥有的一切都会遭到侵蚀……当然，他们也叫我们野蛮人……"

的医学参考书和马库斯·特伦提乌斯·瓦罗（Marcus Terentius Varro）（公元前116~公元前27）的9卷本图文并茂的人文指南《学科要义》（*Disciplinarum*），其中涉及语法、修辞、几何、占星术和音乐方面的知识。最为关键的一点在于，与瓦罗的著作不同，普林尼的著作成功地流传了下来：这是我们现在所知的最有影响力，也是最早印刷的多卷本著作之一，于1469年首次在威尼斯被人发现。

　　《自然史》这部书既没有按字母顺序排列，也没有交叉索引，但其中确实有我们在现代教科书中经常看到的那种清晰的目录页（summarium）。在这部著作当中，普林尼的语气始终热情洋溢：他似乎爱上了整个世界。书中涵盖了地理学、人类学、植物学、矿物学、宇宙、"地球母亲"、橄榄和葡萄种植、哺乳动物、昆虫、宝石、染料、雕塑、肖像画等主题——普林尼写道："这是自然的世界，或者换句话说，这就是生活。"从某种意义上说，这部书相当于将亚历山大图书馆排列在一个书架上。

　　在序言当中，普林尼阐明了自己的写作意图，这是他给未来皇帝提图斯（Titus）的献礼。

　　　　对于大多数学者来说，这并不是一条康庄大道，也并非人们渴望踏上的道路。在我们当中，还没有人尝试过在一部书中涉猎全部的知识，也没有一个希腊人如此尝试过。我们大多数人都会寻找有趣的研究领域，但也有人研究非常复杂

B

的课题，这些课题可能会把人击倒，而且看不到任何成果。我肯定是第一个，也是最早研究这些课题的，这些课题也是希腊人所谓"全面教育"（enkuklios paideia）的组成部分。然而目前，这些内容还不为人所知，或令人感到扑朔迷离，而另外一些内容则已经被过度讨论，以至于成了令人厌烦的东西。要使熟悉的事物具有新颖性，使全新的事物具有权威性，使过时的事物重放光彩，使晦涩的事物变得清晰，使枯燥的事物具有魅力，使受人质疑的事物变得可信，发现一切事物的本质，是一件相当困难的事情。正因如此，即使我没有成功，这也是一项辉煌而又高尚的事业。

普林尼自称研读了 100 位作家的约 2000 本著作，其中包括卡图卢斯、西塞罗、李维和维吉尔，并总结出了约 2 万个可被读者理解的事实与观察结果（现代学者普遍认为这一数字有些保守；他要么是在谦虚，要么是自己也记不清了）。他的侄子小普林尼（Pliny the Younger）称他为典型的工作狂。在罗马旅行时，他会花钱请一位同伴边走边给他读书。洗完澡后（不止一个人将他描述为一个狂热的洗澡爱好者），他会口述自己的最新成果，包括下面这份关于植物和水果疗效的"B"字母清单，以显示其对人类的效用。

045   **椰豆木（Brya）**：捣烂的树皮可用于治疗吐血和月经过

B

多，也可用于治疗腹腔疾病。叶子……加蜂蜜后可涂在坏疽的疮上。煎煮后可治疗牙痛和耳痛。其叶子可以和薏米一起涂抹在溃疡上……还可以和鸡油一起涂抹在疖子上。它也能解蛇毒，但角蝰的毒除外。据说，如果把它和阉牛的尿混合在一起，放在饮料或食物中服用，可以催情。

黑莓灌木（Brambles）：大自然不单单是为了害人才创造这些灌木的，因此，大自然让这些灌木长出了黑莓，甚至男性都可以以其为食。其具有促进干燥、止血的特性，对牙龈、扁桃体和生殖器非常有益。黑莓灌木能够解最毒的蛇毒，例如蚺蛇和蝮蛇的毒液；灌木上开的花或结的浆果能解蝎毒。还可以用来缝合伤口，人们无须担心病情会进一步恶化。其嫩芽既可以像卷心菜芽一样单独食用，也可以用干葡萄酒煎煮，用来让松动的牙齿变得坚固。将其放在阴凉处晾干，然后焚烧，这样得来的灰烬可以缓解悬雍垂的松弛。

黑藜芦（Black Hellebore）：可治疗瘫痪、精神失常、无热水肿、慢性痛风和关节病；它还能使人排出腹中的胆汁、痰液和那些导致人患病的液体。如果想要温和通便，最大的服用剂量为1德拉克马（drachma）*；中等剂量为4奥波尔（obol）†。它能促使瘰疬性溃疡与脓包成熟，并将其清

---

* 1 德拉克马约重 4.37 克。——译者注

† 1 奥波尔等于 1/6 德拉马克。——译者注

除；如果服用三天，还能清除瘘管。[*]

　　普林尼希望所有受过教育的罗马人都能从他的这部书中受益。他认为学习之路是一场道德历险；同样，我们可以看到一部百科全书是如何反映出其编写时代和编纂者所持的道德标准的。借助《自然史》一书，普林尼表达了自己的观念，即人应当与自然和谐共存，他关注的是我们现在所说的生态平衡：任何一方都不应忽视或伤害另一方。他还称赞罗马是全世界的学问中心（注意是罗马，而不是雅典）。他所处的时代是一个文化和科学自信心极强的时代；无论是采矿业的实践进展，还是行星的轨道运行时间，知识的积累都与帝国的对外征服同步进行。事实上，这也是百科全书的一个目标：一种世界大同的感觉，一种秩序与静止的安排，甚至可能是一种一切尽在掌握的观念。如果你这么写，那么事情就会是这样的；在这座永恒的城市里，没有什么能像雕刻或书面文字一样让人感觉自己是一切的主宰了。有了这份长长的手稿，一切似乎都尽在掌控之中，太阳周而复始地绕着地球运动，远处的维苏威火山也毫无威胁。[†]

---

[*]　这里只列举了一小部分：an edited summary from books 24 and 25, Loeb Classical Library edition, Harvard University Press, translated by H. Rackham, first published 1952。

[†]　普林尼的手稿被多次抄录，现存 200 多份手抄本。到了印刷术出现的时代，这部书的受欢迎程度也丝毫不减：到 15 世纪末，《自然史》共有 15 个不同的印刷版本。

塞维利亚主教
BISHOP OF SEVILLE

如果普林尼曾想过如何才能让世人记住他的文字，那么他一定会感谢塞维利亚的伊西多尔（Isidore of Seville）。大约 7 个世纪后，普林尼的《自然史》成为中世纪早期欧洲学术的基石，而在伊西多尔的《词源学》（*Etymologiae*）（600~625）一书的推广下，这部书在整个文艺复兴时期都具有影响力。

这并非我们对塞维利亚的伊西多尔主教心存感激的唯一理

既关注人事，也关注神事：伊西多尔《词源学》的目标

B

由。2018 年，《英国历史评论》（*English Historical Review*）上的一篇文章称他为"互联网的主保圣人"（the patron saint of the Internet）。伊西多尔于 636 年去世后不久，他的学生萨拉戈萨的布劳利奥（Braulio of Saragossa）就称赞他为"一个优秀的人……精通各种不同层次的表达，因此，他的演讲既适合那些无知的听众，也适合有学问的人"。

048

伊西多尔出版了大量的参考书，他对圣人进行了编目，分析了不少经文，还仔细讲解了教会中的每个职位，并列出了那个时代对基本元素的所有解释。因此，布劳利奥宣称，我们可以恰当地引用西塞罗的评论：

> 当我们像陌生人一样在自己的城市里流浪时，你的书让我们回到了自己的家，让我们能够明白自己是谁，身在何处。你揭开了我们国家的历史，描述了历史上的各个时代，那些有关神圣事务和教士的法律，家庭与公共事务的学识，各个定居点与地区的名称、所属种类、主要功能和建设的原因，以及所有人类事务与神圣事务。

我们对他的生平了解不多。他出生于 6 世纪中叶，当时西班牙正处于日耳曼西哥特人的统治之下。他于公元 600 年开始担任天主教主教，与西塞普特国王（King Sisebut）的亲密关系使他既能在政治事务上享有一定的影响力，又有能力推进人文主义的宗教事业。他在自己的写作室中完成了《词源学》一书的创作，他的目标在于"完成一场遍览文明的旅行，从古代课堂的正式课程大纲开始，一路游览到罗马花园或马厩中常见物品的繁枝细节"。这就是标准的百科全书——对整个世界所有已知知识的大汇编。但伊西多尔从来没有把这部书当作一本参考书，当然也不是一部让读者为了了解某一具体事实而翻阅的著作。*

伊西多尔去世后，他的学生布劳利奥将《词源学》分为 20 卷，仅目录就可能让我们惊叹不已，因为其中包含了生命中最重要的东西：

1. 语法以及相关部分

2. 修辞学和辩证法

3. 数学，包括算术、音乐、几何和天文学

4. 医学

5. 法律和司法措施及其时代

6. 经文顺序、诵读周期、教规、礼拜仪式和教会职位

7. 上帝与天使、预言术语、圣父、殉道者、教士、修道士及其他名称

8. 教会与犹太会堂、宗教与信仰、异端邪说、哲学家、诗

---

* 和如今一样，"人文主义"（humanism）也是一个可以从不同角度来解读的词语。伊西多尔的神学著作包括一本名为《反犹太教徒》（*Against the Jews*）的书，这是一部旨在让犹太人皈依天主教的论著，其中对犹太教仪式进行了广泛的批评。

人、巫女、魔术师、异教徒、外邦神

9. 各民族语言、王室、军事和民事术语、家庭关系

10. 按字母顺序排列的部分术语

11. 人类及与之相关的内容、人类的寿命、奇物和变形

12. 四足动物、爬行动物、鱼类和飞行动物

13. 元素，即天空、空气、水、大海、河流与洪水

14. 地球、天堂、全球区域、岛屿、山脉、其他地理名称以及地球的地下区域

15. 城市、城镇与农村的建筑、田地、田地的边界及测量、道路

16. 陆地或水中的各种优质资源、各种宝石和珍贵的石材、象牙、大理石、玻璃、所有金属、重量与测量标准

17. 农业、各种农作物、各种藤蔓和树木、草药和各种蔬菜

18. 战争、胜利、武器、公共集会场所、奇观、赌博游戏和球类运动

19. 船舶、绳索和网、铁工、筑墙和所有种类的建筑工具，还有羊毛制品、装饰品和各种服装

20. 桌子，食品，饮料及其器皿，盛酒、水和油的器皿，烹饪、烘焙所用的器皿和灯具，床，椅子，车辆，农村和园子当中的用具，马术装备

还有一系列小标题。仅以第 1 卷（语法以及相关的部分）为

例，其中包括学科与技艺、常用字母、拉丁字母、词类、口音、法律中使用的符号、书信体规范、提要、转义、计量。

B

在 2006 年首次出版的英文版全本的导言中，译者从每卷中选取了几段有趣但又不可信的传说，这些内容可能会让 7 世纪的爱尔兰修道士或 13 世纪的意大利诗人从他们的工作中短暂地抬起头来，并对编纂这些内容的人产生好奇之心。*

第 1 卷：恺撒·奥古斯都（Caesar Augustus）曾经使用过一种密码（尽管并非不可破解），他用字母表中的后一个字母替换前一个字母，例如用 b 替换 a。

第 3 卷："铙钹"（cymbal）一词源于希腊语中的"与"（with）和"舞"（dancing）。

第 6 卷：建筑师选择用绿色的卡里斯坦大理石装饰图书馆，这是因为看绿色之物能缓解眼睛的疲劳。

第 11 卷：在子宫里，胎儿的膝盖（genua）会紧贴面部，促进眼窝（genae）形成。

第 12 卷：鹳会用喙向肛门喷水，以达到清洁的目的。

051

第 20 卷：葡萄酒（vinum）之所以写作 vinum，是因为其能给静脉（vena）补充血液。

---

*　Translated by Stephen A. Barney, W.J. Lewis, J.A. Beach and Oliver Berghof et al. (Cambridge University Press, 2006) from the 1911 Oxford Latin version of the text by W.M. Lindsay.

B

那么书名本身又是什么意思呢？伊西多尔对哲学和其他相关学科的起源故事都非常感兴趣，尤其是修辞学和物理学。他特别着迷于了解事物（金属、香料、鸟类）最初被人发现并予以命名的地区。

普林尼并不是伊西多尔唯一的资料来源。他从塞尔维乌斯（Servius）、多纳图斯（Donatus）、帕拉迪乌斯（Palladius）、诺尼乌斯·马塞勒斯（Nonius Marcellus）以及基督教作家杰罗姆（Jerome）和奥古斯丁（Augustine）的著作中找到了许多可资借鉴的内容。与普林尼不同的是，伊西多尔为教会工作，因此没有足够的精力亲自进行大量的研究；他不怎么旅行，也很少能像塔西佗（Tacitus）那样将自己的观察所得用原创的方式表达出来。他的作品是诸多前作的节本合集，也是一座桥梁，是古代晚期与中世纪基督教学术之间的纽带，是希腊和罗马帝国与异教徒和西哥特帝国之间的纽带。伊西多尔发明了一个术语，用以指代自己的工作方法，同时他也认为这是一个有前景的新行业："编纂者"（compilator）。他将其定义为"将他人的文字与自己的文字混合在一起的人，就像制作颜料的人会将许多不同的［颜色］混合在研钵中一样"。他还将自己视为园丁，一边工作，一边挑选那些合适的文字"花朵"。

今天，当我们查阅《词源学》这本书时，可以尽情享受一本古老百科全书带来的各种乐趣——启迪、困惑和那个时代留下来的宝贵印象。在伊西多尔的果园里，我们能够发现：

鸟（Birds）：只有 birds 这一个词来描述鸟，但鸟有许多不同的种类，不同的鸟外形各不相同，其本性也各不相同。有的单纯，如鸽子，有的聪明，如鹧鸪；有的喜欢与人为伴，如燕子，有的喜欢在无人的地方栖息，如斑鸠……有的叫声喧闹，如燕子。有的能发出最动听的歌声，如天鹅和乌鸫，有的会模仿人类的语言和声音，如鹦鹉和喜鹊。此外，还有无数种类和行为各不相同的鸟，因为没有人知道到底有多少种鸟。

青铜器（Bronze）：古人在使用铁器之前使用青铜器。事实上，最初他们就是用青铜农具犁地，用青铜武器打仗，那时的人们更重视青铜，而金银反被视为无用之物。现在，根据卢克莱修（Lucretius）的《物性论》（On the Nature of Things），情况与先前恰恰相反："今天呢，青铜轻贱了，而黄金则获得了崇高的荣誉。就是这样，时间在其流动中改变了事物的地位：原本珍贵的东西最终变得毫无价值。"

球类游戏（Ball Games）：球（pila）之所以写作 pila，是因为里面塞满了头发（pilus）。球也是一个"球体"（spherea），因"携带"（ferre）或"击打"（ferire）而得名。球类游戏中有"三棱球"（trigonaria）和"竞技球"（arenata）。"竞技球"是一项集体进行的游戏，当球从观众围成的圈中抛出来后，参与者会在设定的距离之外接住球并开始游戏。当两个人距离很近，手肘几乎并拢击球时，他们称之为"肘球"

B

（cubitalis）。用小腿将球传给同伴的动作被称为"腿肚传球"
（suram dare）。

053　　《词源学》一书的影响非常广泛，启蒙运动之前的欧洲所
有文化中心都受到了这本书的影响。该书现存近 1000 份手抄
本，也是最早受益于古腾堡印刷术的文本之一。比德（Bede）
曾多次引用《词源学》；500 多年后，伊西多尔的名字还出现
在但丁（Dante）的《神曲》（*Divine Comedy*，约 1320）当中：
"看，火焰里，伊西多尔燃烧的灵魂。"

　　伊西多尔曾经抽出时间来创作自己的诗歌。尽管其名下现
存诗歌的作者仍有争议，但据悉，他曾创作过几首诗歌，概述
他关于学习活动的哲学思考，这也可能是他的人生哲学。读着
下面的这些诗句，人们可能会想象他在塞维利亚大教堂的图书
馆里，也可能是在修道院的藏经阁里，与其他饱学之士一起，
沉醉于高高堆在墙壁边的书卷之中。

　　　　我们这些书柜里有很多书。如果你们愿意的话，可以看
一看，读一读。

　　　　在这里，放下你的懒惰，放下你的急躁。

　　　　相信我，兄弟，你会成为一个更有学问的人。

　　　　但也许你会说："为什么我现在需要这个？

　　　　我觉得我已经没有学习的空间：

我已展开历史长卷，读尽世间规则。"

真的，如果你这样说，那么你自己仍然一无所知。

B

拜占庭
BYZANTIUM

这是一个多么大的落差。从塞维利亚的伊西多尔时代到中世纪晚期，这之间文化相对贫瘠的几个世纪里，百科全书和其他所有世俗手稿一样，都面临失传的危险。我们缺乏这一时期的文化记录，但我们不能因为没有任何东西流传下来，就认为这些东西就没有存在过。好奇心与欲望留存了下来，尤其是收集和解释的欲望，我们必须从其他地方和形式中寻找这种人类与生俱来的特性。

054

拜占庭领域的教授保罗·马格达利诺（Paul Magdalino）曾表示，"从不断收集、总结、摘录和汇总的意义上讲"，拜占庭文化"一直都是百科全书式的"。东正教的大部分作品都是由国王为其继承人、导师为其学生编写的文本汇编，尽管在9世纪和10世纪没有产生任何可以与普林尼或伊西多尔的著述相提并论的重要作品，但在拜占庭，人们确实编写了大量有关道德和专业事务的作品。*

---

*   In Jason König and Greg Woolf (eds), *Encyclopedism from Antiquity to the Renaissance* (Cambridge University Press, 2013).

B

　　要想鉴赏这些作品，我们同样也需要进行百科全书式的努力，将利奥六世（Leo Ⅵ）、君士坦丁七世（Constantine Ⅶ）和巴希尔二世（Basil Ⅱ）委托汇编的，涵盖了法律、教会教义与通史的各种作品节选汇集到一起。

　　智者利奥六世（866~912）的首都位于君士坦丁堡，如果说哪个中世纪的帝国算得上幅员辽阔的话，那么这个帝国显然就符合标准：他统治着罗马帝国的东半部，从博斯普鲁斯海峡沿岸一直延伸到地中海周边的大部分地区，包括现在的意大利、希腊、北非和中东，向北直到多瑙河，向东延伸至叙利亚。但在利奥统治的马其顿王朝时期，这个帝国不断受到外部敌人的攻击（来自保加利亚和阿拉伯军队的攻击、来自企图占领西西里岛和克里特岛的海上舰队的攻击）。很可惜，他的军事才能无法与他的文学和学术才能相提并论。事实上，他撰写的历史文献和其他论文在一定程度上反映出他希望在这样一个持续动荡的时期给他的帝国灌输某种秩序。利奥六世赢得了"智者"的称号（他也被称为哲学家）：他试图编纂拜占庭的所有法律和贸易规章，他创作的诗歌中包含了神谕和对未来的预言。

　　他不顾教会的强烈反对，一生中结了4次婚。他的私生子兼继承人君士坦丁七世继承了他的学术热情，与此同时，君士坦丁七世也从利奥六世的著作当中汲取了不少养分。其中最优秀的例子，也是我们可以将之归类为百科全书的范例，就是我

B

们现在所熟知的《君士坦丁选集》（*Constantinian Excerpts*）。这是一部大型史书，包括从古希腊的希罗多德和修昔底德，到显贵彼得（Peter the Patrician，生于公元 500 年），再到修道士乔治（George the Monk，公元 9 世纪）的诸多内容。这部书用希腊文写成，最初共 53 卷，每卷都有相同的序言，解释了编写这本书的意图：让历史更加易懂、易读。该书完成于 900 年至 990 年，是按主题而非时间顺序编写的，其中至少使用了 26 种史料，花费不菲：为了制作书写用的羊皮纸，需要宰杀 1 万只羊才能凑足羊皮。[*]

这位皇帝和他那些博学的臣子还编写了许多其他百科全书式的书籍，尤其是 817 年后的帝国史、详尽的农业手册《农书》（*Geoponika*，其中包括种植花卉和耕种萝卜田的技巧），以及宫廷仪式和礼仪指南《礼仪书》（*De Ceremoniis*）。拜占庭的年轻学生在学校里学习的由语法、修辞、哲学和历史组成的综合性课程，也被称为"全面教育"（enkyklios paideia）。

056

罗马灭亡之后，西欧陷入黑暗时代，教会的灌输几乎消除了古代世界的所有遗产，但东方抵挡住了黑暗时代的侵袭；从最宽泛的意义上讲，东方世界用古罗马的雕像和保留知识文明

---

[*] 估算数字来自 András Németh, *The Imperial Systemisation of the Past in Constantinople* (in König and Woolf, above)。53 卷中只有《论使节》（*On Embassies*）全文留存，此外还有《论美德与恶行》（*On Virtues and Vices*）、《论埋伏》（*On Ambushes*）和《论吟诵》（*On Gnomic Statement*）的片段留存于世。

B

的信念抵挡住了野蛮化的趋势，就像用刀枪抵挡住了野蛮人的进攻一样。君士坦丁的历史百科全书很可能是在大约 20 年后的 990 年由皇帝巴希尔二世完成的，帝国的文士以这种方式保护并推广了许多知识，而这些知识将借助 15 世纪文艺复兴早期的印刷术重新出现在世人面前。

C

钢筋铁骨

CHALCENTEROCITY

1998 年 1 月 14 日，星期三，一个名叫杰弗里·吉布森（Jeffrey Gibson）的人向在西雅图华盛顿大学注册的古典文学系列表服务器（Listserv）*发送了一封电子邮件。他有一个简单而又很谦逊的请求：

"我可能以前问过这个问题，请原谅我再一次向各位发出这封邮件：请问目前是否有 *Suda* 的英文译本？"

当天晚些时候，列表收到了彼得·格林（Peter Green）的回复。

"答案是'没有'。为什么要问这个问题？你想填补这个空

---

* Listserv 是一种通过电子邮件与一群人交流的方法。人们可以向群组电子邮件地址发送信息。然后，软件会将其发送给该组的所有订阅者。——译者注

白吗？我想，很多人都会十分感激你的贡献的。"

第二天，比尔·赫顿（Bill Hutton）又回复道："既然没有哪个古典学家能够独自承担翻译 *Suda* 的任务，毕竟我们没人是钢筋铁骨（chalcenterocity），那么，也许我们应该团结起来，用集体的力量达成这一目标。"赫顿认为，这正是全球学术界最擅长的事情："我们每个人都可以通过电子邮件相互沟通，并认领自己喜欢的条目。"

一小时后，伊丽莎白·范迪弗（Elizabeth Vandiver）回复了这封电子邮件："听起来不错——我选择'ikria'这个条目。"

这样的对话持续了一段时间，事实上，是好几年。如果一名非专业人士偶然看到这段公开对话，可能会提出以下几个问题。范迪弗教授为什么选择"ikria"？*Suda* 究竟是什么？

在回答这些问题之前，让我们先来看看围绕 *Suda* 展开的一系列在线热议；事实上，来自美国和欧洲的各方都对此报以无限的热情。

宾夕法尼亚大学的乔·法雷尔（Joe Farrell）教授写道："我想不出有什么合作平台比万维网更好，也想不出有什么比万维网更好的传播媒介。我建议，还可以围绕这一目标组织一系列研究生研讨会。这样一来，既能加快工作进度，又能很好地锻炼年轻学者。"

第二天，其他几位撰稿人开始考虑如何在网站上统一 HTML 文本，这样一个翻译项目需要花费多少时间，以及需要建立什么样的交叉索引机制。几乎就在同一时间，这个项目拥有了一个配套的项目，其名称为"Suda On Line"，还有人提议设立一个能代表其缩写的标志：一个闪亮的太阳。

路易斯安那州立大学古典文学教授肯尼思·基切尔（Kenneth Kitchell）写道："我认为所有这些建议都非常好。不过，我想补充一点。此类项目很可能只能做一次。因此，我们有必要确保翻译的质量，这样一来，我们才能借助该项目传播一些正确的信息。"

詹姆斯·布特里卡（James Butrica）提出了另一个建议。"最初大家提出的那项建议，即让人们翻译自己喜欢的条目，是行不通的，因为这需要强有力的监督，以确保所有的条目都得到翻译，而且，还可能存在没有人感兴趣的条目［例如，并不是每个人都像我一样对'伊俄丰'（Iophon）感兴趣］。如果每个希腊字母表中的字母的条目都由一位译者负责，而像 alpha 这样有很多条目的可以多配几位译者，那么就可以相对快速地完成整个工作了。'如果你想寻找他的纪念碑（Si monumentum requiris）*……'"

就这样，一项不朽的工程诞生了。该项目历时 16 年才最终

---

* "Si monumentum requiris"是拉丁文，意思是"如果你在寻找他的纪念碑"。这句话通常与"circumspice"一起出现，构成完整的拉丁文短语"Si monumentum requiris, circumspice"，翻译成英文是"If you seek his monument, look around you"，中文意思是"如果你想寻找他的纪念碑，就请环顾你的周围"。这句话是圣保罗大教堂设计师克里斯托弗·雷恩爵士墓志铭的一部分，位于伦敦的圣保罗大教堂内。它表达的意思是，雷恩爵士的纪念碑就是他所设计的这座宏伟的建筑本身，参观者只需环顾四周，就能看到他的伟大成就。——译者注

完成（或者，至少可以说达到了编辑所称的"可用标准"），其中的一部分创始人，如布特里卡教授，没能活着看到完整版正式上线。2014年的互联网与开始翻译时已大不相同，但这样一个小团体成功地制作出一部作品，其充分体现了互联网的最佳特性，即信息和思想的合作与传播。讽刺的是，翻译小组（由两位创始人比尔·赫顿和伊丽莎白·范迪弗负责协调，总部设在肯塔基大学）的工作与1000多年前最初那一批作者的工作目标和方法别无二致。不过这一次，这本书附带了脚注和参考书目，还可进行关键词搜索。

Suda（*Fortress / Stronghold*，《堡垒》）是10世纪拜占庭知识分子编写的一部有关希腊史的百科全书，其中既包括古典时期的资料，也包括《圣经》和基督教的资料。自14世纪末以来，这部书曾多次编辑出版，但从未有过完整的英文译本。该书的编纂时间不晚于公元1000年，但其编纂者至今仍不为人知。其中的条目是按字母顺序排列的，兼具词典和传统百科全书的特点：语法要点、哲学概念与古代作家的传记和古文中的句子融为一体。其参考的资料来源包括阿里斯托芬（Aristophanes）、荷马和索福克勒斯（Sophocles）的著述，以及普林尼的《自然史》和其他经典作品节选。有200多人参与了这部书的现代翻译工作，并经过了同行评审，这项学术成就相当令人瞩目，其中有关历史、文学和传记的条目达3万个，倘若没有这些条目，我们可能根本无从了解相应的历史。

060

借助这部书，我们可以知道什么？随便一翻：古希腊语中的 Galeagra（拉丁语音译）意为"一种诱捕黄鼠狼的陷阱，一种惩戒装置"，同时附有一段无出处的引文，"最后，他们把（他？）扔进了一个黄鼠狼陷阱，用铁栓封住陷阱四周，并使其在粗糙的地面上来回滚动"，这可能指的是卡里古拉（Caligula）采用的一种特殊的残忍刑罚。

我们还可以发现，Gallos 被译为"宦官"，正如希腊哲学家阿尔克西拉乌斯（Arcesilaus）所调侃的那样，"男人可以变成宦官，但宦官没法变成男人"。在另外一个例子里，编者引用了一个狡猾的军事诡计："他派出先前培养的年轻宦官，让他们带着风笛手，穿着女人的长袍，拿着鼓和小雕像，去对付那些围攻城池的敌人。"

我们还了解到，动词 Gastrizesthai 的意思是"狼吞虎咽"或"过度养育"，同时也指遭受重击。名词 Galasinois 译为"酒窝"，特指因发笑而产生的凹陷［哲学家德谟克利特（Democritus）因嘲笑人类空洞的野心而被戏称为"酒窝"］。

让我们回顾一下"Suda On Line"的创始编辑们在第一拨邮件中提及的那些条目，其中，Ikria 的意思是"长凳或木板"，可以用来指代最早的剧院座椅。"伊俄丰"是雅典悲剧作家，索福克勒斯之子。人们普遍认为他创作了约 50 部戏剧，但其中有些剧作的作者身份存在争议，有很多可能是他父亲的作品。比尔·赫顿在邮件中有意使用了 chalcenterocity 这个词，这又是什

061

C

么呢？这个词源于"钢筋铁骨"（chalcenterous）一词，本义为拥有"铁打的身子"，没有什么性别差异，引申义为"坚韧不拔、不屈不挠，甚至可能是愚直的性格"。

篝火故事
CAMPFIRE TALES

我们可能会问，1010 年的修道士或 1050 年的乡绅在百科全书中到底能学到些什么。即使他们能阅读希腊文或拉丁文，并能接触到像 *Suda* 这样的手稿，但知道希腊语中的 Angopênia 意为"编织的容器"，源自蜂巢中的蜂窝图案，又有多大用处呢？或者，Ankôn 既可以指生物学意义上的肘部，也指建筑学意义上的一个位置（主要指一个小房间或一小块封闭区域，僭主可以把自己不喜欢的人扔到那里去），这个知识很重要吗？这的确是"全面教育"的终极呈现，正如古代的导师为他们的学院所设计的课程那样；近乎琐碎，而且不那么引人入胜。

从逻辑上讲，我们可以对所有中世纪的汇编文献提出同样的问题。剑桥大学教授彼得·伯克（Peter Burke）指出，今天被视为知识的东西，可能在几百年前却有着完全不同的定义。我们可以有效地区分什么是"原始"信息（实用而具体的东西），什么是"精加工"知识（经过加工、分析的东西）。不过，相关的分类也会随着时间的推移而发生变化：中世纪早期的知识肯定包含巫术、天使和恶魔的部分。我们知道，知识不是事实的简单累积，而是需要学习的东西，也许还需要借助经验来获得。但是，即使是个人收集的知识也不一定总是循序渐进的；日益专业化的发展模式可能会产生更多范围有限的知识，而当百科全书更新之时，我们可能就会丢掉"旧知识"，从而为新知识让路。[*]

062

我们知道，从 1050 年到 15 世纪文艺复兴和印刷术初露人文曙光之时，这期间曾诞生过几部不太像百科全书的百科全书。我们可以将这些百科全书理解为像保险库一样的信息存储库，一种早期的墨水存储和检索系统，也许也是一种略显绝望的系统。这是一种知识采集的形式，是在限制性的宗教大一统和将理性应用于信仰的背景之下进行更广泛的学习，了解更广阔世界的一种抗争方式。这当中没有怀疑的余地。尽管从 A 到 Z 的编纂者不太可能会这么认为，但撰写、阅读这些罕见的书卷几乎算得上一种政治行为。编纂百科全书的那些人脑海中的科学概念（宇宙、生物学）在很大程度上仍与神学相关，而"科学"这一范畴大多被视为实用的技艺。更广阔的世界几乎是一个神话，只有离这些人最近的有大教堂的城市和耶路撒冷是值得考虑的两个旅行目的地；后来改变我们对世界的地理认知的大航海时代距离此时还有几个世纪的时间。[†]

---

[*]　*A Social History of Knowledge* (Polity Press, Cambridge, 2000).

[†]　英国、意大利、法国和西班牙最早的大学（11~12 世纪的博洛尼亚大学和牛津大学、12 世纪的摩德纳大学和 13 世纪初的巴黎大学）都是由大教堂学校和修道院学校演变而来的，这些学校都遵循了拉丁天主教的有神论传统。

C

063

这些拉丁文手稿大多仅有片段存世，但在少数保存完整的手稿中，最吸引人的当数蒂尔伯里的杰维斯（Gervase of Tilbury）所著的《给皇帝看的消遣之书》（*Otia Imperialia*）——全书共 196 章。尽管他的名字里带有蒂尔伯里（在 12 世纪，蒂尔伯里是泰晤士河北岸沼泽地里的一个庄园，先前可能是个古罗马的村镇），但自打他成年，就一直游历于博洛尼亚、那不勒斯、威尼斯、阿尔勒和罗马；他所接受的教育既来自学术训练，也来自日常经验。他是一位人脉极广的律师，曾为亨利二世（Henry Ⅱ）的儿子小亨利（Henry the Young）服务过，1210~1214 年，杰维斯为他的赞助人——神圣罗马帝国皇帝不伦瑞克的奥托四世（Otto Ⅳ of Brunswick）创作了这部伟大的作品。该书的标题表明，尽管其中肯定会包含许多教诲，但其核心目的仍然是"娱乐"和"消遣"；原标题为《世界奇迹之书》（*Liber de Mirabilibus Mundi*）。在中世纪，人们很少独自一人阅读，手稿很可能是奥托在晚上失眠时由他的书士读给他听的。

这部百科全书分为三个部分。前 25 章探讨了从创世到诺亚方舟之时的世界，从恒河、尼罗河、底格里斯河和幼发拉底河这"四条从天堂流下的河流"的故事开始。然后，杰维斯探究了云和雨形成的必要条件。第二部分共 26 章，涉及历史和地形学，以及已知世界的现任统治者。其余 145 章则以宗教和神话为基调，描述了民间传说、奇迹和超自然现象（或如杰维斯所说："从每个省筛选出的一部分奇迹"）。一篇关于此书的评论总结道：

"看起来，作者似乎急于将此书呈献给皇帝，因此他没有按照自己的意愿扩充相关的注释。"我们可能会对这145章的内容表示怀疑，因为这部分与普林尼和伊西多尔更为谨慎合理的著作相去甚远，但从整体来看，《给皇帝看的消遣之书》为我们提供了一个全面的视角，展现了一个正在慢慢崛起为现代世界的可怕世界。杰维斯同时参照了古典文献和口头资料，他在书中将许多《圣经》典故与当时的基督教神学理论以及人们所说的女巫的故事（或按照一位18世纪编辑的话说，"一箩筐愚蠢的老妇人的故事"）相结合，没有哪种资料来源比其他来源更受重视。杰维斯本人在献词中说，该书的许多条目"可能会被当作闲谈，但读者也应该听听，因为这中间的内容对许多事情都提供了不小的指导或警示"。*

　　与其他类似的个人作品一样，杰维斯的这部书中也不乏对时事的评价：他支持德意志人对君士坦丁堡皇位的诉求，并对教皇滥用权力的事情发表了评论。在其他事务方面，他还写道："马恩岛的人口相当稠密，相较于其他地方，那里的生活方式要更加精致一些。"

　　直到2002年，这部书才出版了第一个完整的英译本。该书

---

*　H.G. Richardson, "Gervase of Tilbury", *History*, 1961, vol. 46, no. 157. 理查森说道："怀疑论的时代还没有到来。"《给皇帝看的消遣之书》被标榜为"娱乐作品"，这一点让人眼前一亮：虽然杰维斯在书中讲得很令人信服，但他并不一定相信这部作品中所有虚构的故事，而是像莎士比亚描述君主制一样，将这些故事整合起来，融入真实的历史中去——也就是说，把历史当作戏剧。

长达1000多页，在开篇处，编者总结了前人的努力：20世纪50年代至60年代，加利福尼亚大学的一位译者曾"致力于"翻译这部书的拉丁文手稿，但很不幸，在这项工作完成之前，他就去世了。第一个完整英译本的出版给读者提供了丰富的材料，以洞察中世纪的种种思想。*

第二部分中还介绍了亚洲的许多风光："它位于天堂的东边，是一个安全的地方，因拥有各种各样的趣事而引人瞩目，但人类无法直接进入，因为那里被直达天堂的火墙所包围。里面有一棵生命之树：吃了果实的人将永远保持当时的状态，获得永生。"

紧接着的几页是一段有关印度的描述："那里有……各种怪异的人……例如，有些人的脚向后伸，每只脚有8个脚趾。还有的人长着狗头和钩爪；皮肤像牛皮，声音像狗叫。有……妇女生了5次孩子，但她们的后代活不过8岁。还有一些没有头的人：他们的眼睛长在肩膀上，胸前有两个洞，那是他们的鼻子和嘴巴。在恒河源头附近还有一些人，他们只靠一种苹果的香味维生。如果要走很远的路，他们就会带上一些这样的苹果，因为如果呼吸到不健康的恶劣空气，这些人就会立刻死去。"

当你在想"他们有的，我们也会有"的时候，想想印度动物的命运吧。"有些蛇非常大，以至于它们的主要食物是雄鹿；它们甚至可以漂洋过海……印度也有一种叫蝎尾狮的野兽：它

---

*   *Otia Imperialia* edited and translated by S.E. Banks and J.W. Binns (Clarendon Press, Oxford, 2002).

长着人脸，有三排牙齿、狮子的身体、蝎子的尾巴和发着光的
眼睛；皮肤的颜色像血，声音像蛇的嘶嘶声；它以人肉为食，
跑得比鸟飞得还快。"*

　　篝火故事、鬼故事、会让人感到不安的杂谈——杰维斯的
书中充满了此类故事。读者一定会对他描述的美人鱼和会引发
风暴的海豚等奇闻逸事津津乐道，他们不仅读得很开心，而且
在某种程度上认同其中的内容。这些都是日常生活中的小插曲。
没什么人会有意选择不相信它们。

066

　　《给皇帝看的消遣之书》的手抄本现存约 30 本，比 13 世纪
中期博韦的樊尚（Vincent of Beauvais）的著作《大镜》（*Speculum
Maius*）要多出 28 本。原因很简单：体量。《大镜》一书体量巨
大：共 80 卷，分为 9886 章。字数超过 400 万字。与这部书相比，
蒂尔伯里的杰维斯的作品简直就像在公共汽车上赶出来的作业。†

　　博韦的樊尚被公认为 13 世纪最重要的教育家。我们大致
知道他的死亡时间（1264），但不知道他具体的出生年份（在

---

* 中世纪学术界对杰维斯的作品是否旨在为著名的埃布斯多夫（Ebstorf）地图
　　（1234~1240 年绘制的 12 英尺见方、由 30 张羊皮组成的世界地图，在第二次世
　　界大战中盟军轰炸汉诺威时被毁）提供文字支持存在很多争议。争议的关键在
　　于蒂尔伯里的杰维斯是否就是埃布斯多夫的杰维斯。无论哪种观点，都有足以
　　令人信服的证据；例如，上文引用的火热天堂的极端例子与地图上的一些可怕
　　描述如出一辙。

† 不过，可能有多达 300 份的手稿包含了这部书的部分内容。

C

1184 年与 1194 年之间）。1220 年前，他在巴黎成为一名多明我会修士，并于 1228 年成为路易九世（Louis Ⅸ）创建的罗亚蒙（Royaumont）修道院的"讲师"（专职的朗读者兼教育顾问）。在国王的资助下，他于 1235 年开始撰写这部伟大的百科全书，直到 29 年后才完工。几乎可以肯定，在他身边有一个抄写员团队，因为没有人能够独自完成这项伟大工程。

067

《大镜》这部书也是一本汇编，收录了编辑认为有说服力、值得称道以及值得信赖的所有内容。这部书当然足够全面。其中有 171 章是关于草药的，有 161 章是关于鸟类的，有 134 章是关于种子和谷物的；大约有 900 章提到了圣人的生平，大约有 450 章提到了国际象棋。这部书还经常自相矛盾：从老普林尼到当时的法国学者，从西塞罗到弗罗德蒙特的赫利南（Helinand of Froidmont），编辑共引用了约 350 种资料来源，因此，这并非什么让人出乎意料的事情。不同的条目内容在很多事情上都有矛盾之处，如鹿的尾巴是否有毒、黑罂粟是否可以食用等。

但是，从整体来看，樊尚的《大镜》反映了什么呢？这部书向读者展示了当时人们所了解的一切。作者没有丝毫的偏心，书中既有异教知识，也有基督教知识。樊尚认为自己的作品"在布道、演讲、解惑，以及解释各种技艺的问题上都很有价值"。这部书还反映了中世纪晚期人们对秩序的渴望，对有秩序地描述宇宙万物的渴望。该书分为三部分：《自然镜鉴》（*Speculum Naturale*），涉及科学和自然史，包括天文学、解剖学、农业、光

C

和色彩等章节;《教义镜鉴》(*Speculum Doctrinale*),涉及医学、机械技艺、神学——以人类被从伊甸园放逐后的再生为基础;《历史镜鉴》(*Speculum Historale*),内容涉及从创世到最后的审判。第四部分是在樊尚死后增补的,出现在 15 世纪的印刷版本中:《道德镜鉴》(*Speculum Morale*),这一部分主要抄袭了托马斯·阿奎那(Thomas Aquinas)的作品,是樊尚的追随者(以及后来的印刷商)为使作品更符合现代哲学和基督教神学而做的尝试。

樊尚本人的道德思想一直是人们争论的焦点。他是一位谦虚的编辑,几乎从未因编纂这部庞大的百科全书而邀功(事实上,他在序言中一再为其中的不足之处向读者道歉),而是将这部书归功于他所借鉴的那一大批作家。但从本质上讲,他所说的并不属实:虽然他很少以"作者"或学者的身份直言不讳地表达自己的观点,但无论是从政治上讲,还是从道德上讲,他都不是毫无章法地选择资料来源的。

樊尚对女性的角色特别感兴趣,尽管他可能不太符合某些人赋予他的"中世纪进步人士"的称号。在教育问题上,他对男女做了区分,但在很大程度上,这是遵循传统的做法。他引用了《德训篇》中的部分:"你有儿子吗? 训练他们,从孩提阶段就开始照顾他们。你有女儿吗? 看管好她们的身体,不要对她们表现出喜悦之情。"但樊尚同时也认为,在整理知识时可以参考女性的作品,这一点在中世纪相当少见。在法国,他接触到了一些标志着女性地位上升的案例,尤其是卡斯蒂利亚的布兰奇（Blanche of Castile）的摄政地位和宫廷爱情中的骑士观。在《大镜》中，有几节重点介绍了适合女性的手艺（都是非体力劳动，也正如人们所料，都是家务劳动），他还非常强调女性阅读的意义（尽管其目的是获得宗教指导）。教育学者罗斯玛丽·巴顿·托宾（Rosemary Barton Tobin）注意到，在樊尚的另一部作品《论贵族子弟的教育》（De Eruditione Filiorum Nobilium）中，全书 51 章中的最后 10 章是专门针对年轻女性的，而他建议的教育则集中在提倡禁欲和保护贞操之上。樊尚反对一切形式的美容，因为在他看来，这会转移人们对灵魂的关注。此外，托宾教授还指出，樊尚强调，与男人相比，女人总是被要求坚持更高的道德标准："女孩既要对自己的行为负责，也要对别人对她行为的解释负责。这是一个沉重的负担，只会让樊尚在道德行为方面赋予女孩比男孩更重的责任。"[*]

厨师的故事

COOK'S TALE

不过，乔叟也是樊尚的粉丝。他曾提到过樊尚和他的那部《大镜》，在写作《坎特伯雷故事集》（The Canterbury Tales）时，

---

[*]　参见 "Vincent of Beauvais on the Education of Women" by Rosemary Barton Tobin, *Journal of the History of Ideas*, July–September, 1974, vol. 35, no. 3；Astrik Gabriel, *The Educational Ideas of Vincent of Beauvais* (Notre Dame, 1956)。

乔叟也可能借鉴了这部作品。[*]

　　乔叟的这部伟大作品本身就是一部百科全书，其中的 24 个故事涵盖了各种职业和日常活动——医生、僧侣、女祭司、修道士、商人。他的小说形式也相当丰富，用一位中古英语专家的话说，其中可能涵盖了所有文体："传奇文学、道德寓言散文、滑稽诙谐的寓言、忏悔手册、野兽寓言、布列顿式短篇叙事诗、布道、虚构自传、戏仿、戏剧独白、悲剧、说教故事、讽刺文学和传记，不一而足。"[†]

　　海伦·库珀（Helen Cooper）教授将《坎特伯雷故事集》与博韦的樊尚的作品相提并论，尤其是在其对人类性格的全面探索方面：优点与缺点、现实与想象、抽象思维与理性严谨。她认为，这部作品意在为读者呈现一种对生活的完整文学表达，并在叙事上相互参照，如果只讨论其中的一个故事，那么整本故事集就失去了意义，就像读了《贡扎果谋杀案》，却没有读《哈姆雷特》一样。[‡]

　　故事中的人物大致分为三个社会群体——战斗者、劳动者和祈祷者，而故事所涉及的范围对于任何精通中世纪百科全书主题分类的人来说都不陌生，因为这些内容完整地呈现了当时人

070

---

[*]　参见 Prologue, *The Legend of Good Women*, c.1386。

[†]　Ian Johnson of the University of St Andrews.

[‡]　*The Structure of the Canterbury Tales* (Duckworth, London, 1983). 博韦的樊尚在《教义镜鉴》中收录了一系列寓言故事，并试图使它们的内容连贯，仿佛是为了回应乔叟的赞美一般。

们眼中的世界：浪漫又富有骑士精神的异域世界、日常的现实世界以及属于精神和宇宙的世界。与早期百科全书中的许多宗教条目类似，这些故事也是道德故事：它们讲述了朝圣者在多大程度上实现了自己的理想，或者在多大程度上没有实现自己的理想。乔叟的作品与百科全书的主要区别在于，他的作品没有试图给出普遍性或经验性的"答案"。故事中的每个人物都在追求属于自己的真理。

C

D

锦　缎

DAMASK SILK

　　你现在正在阅读的这本书是一部关于事实和观点的作品。那些出版过的百科全书往往是事实与观点的集成，而这本书又是关于百科全书事实与观点的集成。但现在，我希望你们能发挥想象力，想象一套来自 600 多年前一个遥远国度的，用西方人相当陌生的语言写成的百科全书。这套书是有史以来规模最大、内容最为严谨的百科全书，其规模大到无法交付印刷。这套书呈献的对象是一位伟大的皇帝，同时这套书也以其年号命名，全书共 22937 卷，11095 册手稿，每册厚度为 1~2 英寸，而且全部用质量最好的黄色真丝锦缎装帧。

　　现在，请睁开你们的眼睛看一看，这样的东西确实曾经存在。现如今，这部书依旧留存于世，只不过已经散佚在各处，且只剩少量书卷。研究中国历史和文学的学者仍然在讨论这部书，仿佛其中依旧蕴含着强大的能量。这部书还有一个很棒的名字——《永乐大典》。

《永乐大典》，初名《文献大成》。2010 年，《图书馆与信息科学杂志》(*Journal of Library and Information Science*) 上刊登了一篇分析这部作品的文章。作者指出，在英语世界当中，《永乐大典》的拼法各异，其中包括 *Yonle Dadian*，*Yonele Dadian*，甚至是 *Yung Lo Da Dian*。不管怎样，这套书都汇集了当时中文世界中的全部知识——不谦虚地讲，也算是汇集了世界上的所有知识。

《永乐大典》是明朝第三位皇帝明成祖朱棣下令组织编纂的。他既缔造了永乐盛世，同时也嗜杀成性。旧金山州立大学的徐碧卿 (Pi-ching Hsu) 认为，永乐帝是一个充满矛盾色彩的人。他既是一位关心臣民和国家永恒福祉的明君，同时也与一些"不光彩"的事件——"例如政治阴谋与屠杀"——脱不了干系。

永乐帝显然是一位颇有文化且自傲的皇帝，这就解释了他下令编纂这部规模巨大的百科全书，以及兴建紫禁城的原因。他是一位相当卓越的统治者，在他统治期间（1402~1424），明朝的影响力拓展到了越南、朝鲜和日本等地，他还花费了大量精力与蒙古人作战，同时也振兴了国内的农业生产。此外，他也清洗了自己的政敌，并建立起一个由宦官组成的庞大间谍网

络，该网络负责清除那些可能质疑其统治合法性或揭露其丑闻

的人。不过，徐碧卿教授还指出了永乐帝的另一面，他相当喜

爱动物，尤其是野马和猫，他还对一只进贡来的长颈鹿情有独

钟，认为这就是传说中的麒麟。[*]

073

D

因此，在知道了这些背景知识之后，当我们再次审视《永

乐大典》这部百科全书时，就会产生些许不一样的情感。《永乐

大典》是 1403~1408 年在一种非同寻常的紧迫感下编纂出来的。

成千上万的学者参与了这项伟大工程。1901 年，历史学家富路

特（Luther Carrington Goodrich）曾指出，这部百科全书的内容

涵盖：

> 思想、道德、诗歌、边疆民族（如匈奴和胡人）、地理、
> 姓氏、政府、法律、神灵、传记、占卜、建筑（门、桥、
> 厅堂、仓库、城墙、衙署等）、村落、都城、历史、丧葬习
> 俗、天文、植物学、粮食、军事、佛教、道教、游记、青
> 铜器、饮食、洞穴、梦境、学者、戏剧、祭祀、服饰、数
> 学、木工、驿站、巫师、文集。[†]

最初，编纂者仅耗时 17 个月便向永乐帝提交了初稿，但他

---

[*] *Journal of the American Oriental Society*, Oct–Dec 2002, vol. 122, no. 4.

[†] As quoted by Lauren Christos, "The Yongle Dadian: The Origin, Destruction,
Dispersal and Reclamation of a Chinese Cultural Treasure", *Journal of Library and
Information Science*, April 2010, vol. 36, no. 1.

D

074

对这部初稿很不满意，认为其并不足以满足他的需要。为此，这些命悬一线的学者只好又搜罗来了 8000 多部古代典籍，最终完成了这部卷帙浩繁的百科全书，全书约 3.7 亿字。这一次，永乐帝相当满意。

但人们有理由提出这样一个问题：他到底在担心些什么？为什么对他来说，这部百科全书如此重要？当权者难免会关心他们会给后人留下什么样的遗产。人们不太可能在积累了巨大的权力与财富之后，对自己的所作所为没有丝毫的负罪感。因此，我们可以理解，为什么这些人希望留下一些好的遗产，一个并非完全负面的名声，一些可能让后世之人（他们自己的后代或是历史学家）称道的东西。一个基金会，一笔捐赠或奖金，一座图书馆的名称；一个"获得了些许回馈"的赞助人。相对于其他人而言，永乐帝资助的工程显然成果更为显著。不过，在我看来，他只是想借此彰显自己的皇权；他想要最好的、最多的、最权威的作品。其目的不是传播知识，甚至也不是为了保存知识本身。事实上，这是其他人不可能拥有的知识，是用黄色真丝锦缎包裹的送给自己的礼物。当然，借助这部百科全书中介绍他的条目，永乐帝自己也进入了那光荣的知识圣殿。不过，即使有人能成功说服他传播这些知识，这也几乎是不可能完成的，因为没有人有能力复制这部百科全书，因此也没有人能够读到这部书。

这部多达 3.7 亿字的百科全书的问题在于，如果想要印刷、复制，就需要大量的木刻匠，同时消耗数量惊人的木材。抄工们抄写了其中的一部分，但母本仍然是唯一能证明这部书存在过的完整证据。从逻辑上讲，将所有这些知识都集中在一个人的手中，不正是知识专制的完美定义吗？这不是与百科全书的本义背道而驰吗？

从公元前 475 年到公元前 221 年的战国时代起，中国人就开始编纂百科全书（时人称之为"类书"）；历史学家宋汉理（ Harriet Zurndorfer ）指出，在那个时代，中国人就已经产生了"将世界上的所有知识编纂进单一文本的梦想"。在随后的朝代中，此类图书的形式和意图大致分为以下几类——对一切已知知识的汇编、自然史与哲学史、为科举考试而编写的事实性文本以及其他各种专业书籍。此外还包括"日用类书"，即为那些识字不多的人提供日常实践指南的资料汇编。

与《永乐大典》不同的是，上述几乎所有图书都是印刷品。要想粗略地了解这些图书，可以查阅《四库全书》，这是一部 18 世纪编纂的皇家所藏图书目录。这份目录相当于一座实体图书馆，编纂者将 3461 部 *独立的作品汇编成了一部新的巨著，共 230 万页，3.6 万册。这部书共被抄录了 7 份，并分散保存在各处。《四库全书》收录了编者查阅的 217 部类书中

---

*　关于《四库全书》收录的图书品种数说法不一，此处遵从作者的数据。——译者注

的 65 部。其中最早的类书可追溯到梁朝（502~557），还有 10 部类书来自唐朝（618~907），12 部来自明朝（1368~1644）。

四库全书馆的誊录官王初桐曾在 18 世纪 90 年代编纂了《奁史》一书，这是近代第一部专门介绍女性工作、生活的百科全书，内容涉及婚姻、妆容、纺织、诗歌以及从皇室公主到街头艺人等各个社会阶层的女性角色。这部作品是由男性编纂的，但宋汉理观察到，在《奁史》的 100 多位撰稿人中，有很大一部分都娶了在文学界享有盛誉的女性。"因此，我们可以推断，他们对女性才华的欣赏促使他们参与到这一伟大工程之中……这部书中所探讨的主题也反映了他们对女性才华的欣赏之情。"[*]

076

考虑到《永乐大典》问世的时代，也许这部书会不可避免地迎来一个动荡的结局。《永乐大典》最初存放在明朝的首都南京，1421 年随永乐皇帝迁至新都北京，并在紫禁城中保存了近一个半世纪。之后，一场大火几乎烧毁了这座宫殿，再之后，官方重新制作了两个副本，其中一部被送至翰林院。其余副本则下落不明，但确实有不少书卷在 1860 年英法联军入

---

[*]   有关《四库全书》和其他中文百科全书的内容，参见 Harriet T. Zurndorfer in König and Woolf, above。此外，在中世纪，欧洲也诞生了类似《奁史》的作品：兰茨贝格女修道院的院长赫拉德（Abbess Herrad of Landsberg）于约 1180 年编辑的名为 *Horus Deliciarum* 的著作，其中既包括大量插图，也有很多文字内容，编辑亲自绘制或委托绘制了 300 多幅涉及哲学、宗教和科学内容的微型插图。原作毁于 1870 年的一场大火，但副本一直保存至今。

侵北京时遭到了焚毁。

　　翰林院仅存的那份手稿也没有得到很好的保存。佛罗里达国际大学图书馆馆长劳伦·克里斯托斯（Lauren Christos）写道："这部手稿的保存情况很差，随着时间的推移，其中的部分书卷或失窃，或遭虫鼠啃噬，或因战火而灭失。"老鼠并没有啃光所有的纸张：1900 年，最初的 11095 册中，大约仍有800 册可供阅读。这一年，因受战火波及，翰林院被一场大火烧毁，最后，这部《永乐大典》仅剩 370 册，809 卷，也就是说，相当于只有字母 A 的条目成功保存了下来。*

　　随着时间的推移，就连《永乐大典》的英文名字也变得不那么清晰。也许，这部书应该叫 *Yongle Dadian* 或 *Yung Lo Da Dian*。也许，我们还应当称其为《文献大成》。这些都只是今天的称呼，因为也许到了明天，这部书就彻底不复存在。

想吧，头脑
DEVISE, WIT

　　　　想吧，头脑；写吧，笔！我有足够的诗情，可以写满几
　　大卷的对开本呢！

---

*　　其余的部分散落世界各地，其中德国存有 5 册，英国存有 51 册，美国国会图书馆存有 41 册。

D

在《爱的徒劳》（*Love's Labour's Lost*）的开头，当单相思的亚马多（Armado）呼唤神的眷顾之时，观众就知道他的求爱之旅注定要失败了。这个自命不凡的西班牙吹牛大王确信自己是第一个坠入爱河的人，他放弃了自己在军事上的追求，转而用诗歌向意中人示爱。可惜的是，他既没有才华，也没有学识，写不出让人惊叹的十四行诗；他只能拙劣地模仿其他人。

几个世纪以来，学者们一直在争论莎士比亚本人的学识问题。几乎没有任何文献资料可以证明他在学校接受过什么样的教育，也没有任何文献资料可以证明他在 1591 年创作《亨利六世》和 1612 年创作《亨利八世》时参考了哪些历史著作，更没有任何文献资料可以证明他在构思《哈姆雷特》和《李尔王》时拥有什么样的哲学世界观。

实际上，在 18 世纪的大部分时间里，莎士比亚都被人们视为无知之人。其剧作因缺乏有关年代、历史和地理的准确信息而颇受指责，学术精英们也不断抨击他那缺乏书卷气的剧本。当然，现在的人们已经转变了观点。尽管莎士比亚没有受过学究式的训练，但我们知道，他曾接触过几本年鉴和百科全书，他剧本中的许多段落也与他手边可能接触到的书籍存在不少直接的联系。

他写作之时，正值哥白尼革命的关键节点；也就是说，人们逐渐认为，如果地球确实是围绕太阳旋转的，那么我们就应该相应地调整哲学的研究方法和戏剧的创作方法。哥白尼作品的第一个英译本《天体运行论》（*A Perfit Description of the Celestiall Orbes*）是作为 1576 年《迪格斯年鉴》（*Digges Almanac*）的一部分出版的，我们几乎可以肯定，莎士比亚有能力获得这本通俗文摘。[*]

另外一本出版物是一部名为《巴托洛缪之上的贝特曼》（*Batman upon Bartholomew*）的通俗意义上的百科全书，人们大多认为，这部书是莎士比亚的写作工具。该书出版于 1582 年，当时莎士比亚 18 岁，开始出入大学的图书馆与那些有教养的家庭。也许，用"再版"这个词更为准确，因为这部书是对 13 世纪方济各会修士英格兰的巴托洛缪（Bartholomaeus Anglicus）作品的适当调整与再版。1495 年，伦敦的出版商温金·德·沃德（Wynkyn de Worde）印刷出版了他的作品，使得公众逐渐熟知了巴托洛缪的名字。最后，在莎士比亚所生活的时代，斯蒂芬·贝特曼（Stephen Bateman / Batman）对该书中的内容进行了更新。[†] 英国教授尼尔·罗兹（Neil Rhodes）指出，学者们已经在莎士比亚的剧作当中发现了一部分可能是直接借鉴的证据。例如，这部百科全书曾提到，月光是人类陷入疯狂的一个诱因

---

[*]　一个很有意思的联系：托马斯·迪格斯（Thomas Digges）死后，他的遗孀嫁给了托马斯·罗素（Thomas Russell），而他是莎士比亚遗嘱的受托人之一。

[†]　另一个很有意思的联系：贝特曼的这部书是献给亨利·凯里（Henry Carey）的，而后者正是 16 世纪 90 年代莎士比亚供稿的剧团的赞助人。

079　（在《一报还一报》和《奥赛罗》两部剧中，莎士比亚也都提到过这一观点）；人类的灵魂与精力具有几何特性（《李尔王》中有所涉及）；以及"野兽般的人"的概念（《暴风雨》中有所展现）。在他的十四行诗中，我们也能找到不少证据证明莎士比亚参考了该书的其他条目。[*]

　　此外，莎士比亚大概率还参考了一部著作：皮埃尔·德·拉·普里穆达耶（Pierre de la Primaudaye）的《法兰西学院》（*French Academie*），该书于 1586 年首次被翻译成英文。这是一部相当现代的作品，共 4 卷，其中包括创世、宇宙、动植物、人体与相关疾病，以及基督教哲学家的人生指南等内容。莎士比亚是如何将其中的内容融入自己的作品的呢？约翰·汉金斯（John Hankins）教授在《皆大欢喜》中"全世界是个舞台"的部分以及《李尔王》"当我们生下地来的时候，我们因为来到了这个全是些傻瓜的广大舞台之上，所以禁不住放声大哭"的部分当中找到了《法兰西学院》里的要素。《哈姆雷特》中提到的"荒芜不治的花园"和"死的沉睡"也可能源自普里穆达耶的著作。《哈姆雷特》和《泰尔亲王佩力克里斯》中也多次提到了"习俗"的力量和影响，这也很可能是受到了《法兰西学院》的启发。最后，奥赛罗对

[*]　参见 Neil Rhodes's *Shakespeare's Encyclopaedias* in König and Woolf, above; J.E. Hankins, *Shakespeare's Derived Imagery* (University of Kansas Press, 1953)。

D

苔丝狄蒙娜（Desdemona）所谓"不忠"的揣测，尤其是有关心灵作为情绪源头的概念，在《法兰西学院》当中也有所体现。

　　优秀的侦探不会放过这些蛛丝马迹。但尼尔·罗兹也承认："这一切都并非决定性的证据，但如果莎士比亚真的拥有一部百科全书——鉴于他剧作的题材种类繁多，百科全书应当算是非常有用的工具——那么几乎可以肯定，他所拥有的就是这部书。"除了这些证据外，莎士比亚剧作中反复出现的一个主题——人是宇宙运行的缩影——也反映了现代百科全书编纂者的宏大抱负：将整个世界囊括到一部书里。

教条式地传播知识

DOGMATIC DELIVERY OF KNOWLEDGE

080

　　晚年的莎士比亚应该知道弗朗西斯·培根（1561~1626）提出的影响深远的教育理论，看过莎士比亚戏剧的人也应该熟知培根总检察长和大法官的角色。培根的著作《学术之进步》（*The Advancement of Learning*，1605）是一部极具影响力的作品。在其中，他热情洋溢地宣扬了这样一种理念：人们只要学会应用知识，就能极大地提升人类生活的健康水平，并增加财富。培根是一名戴着大盖帽的啦啦队队长，他让其他人用实际行动来证明他的思想。不过，未来所有的百科全书编纂者都有理由对他表示感谢。*

    培根非常早慧，13 岁时，他就已经进入剑桥大学进行学习。在剑桥，他获得了一张弓、一个箭筒、一双拖鞋、一打道伯利特（Doublet）式上衣纽扣。他阅读了李维、德摩斯梯尼、亚里士多德、色诺芬和赫谟根尼的著作。由于瘟疫的暴发，他的学业中断了 9 个月。在回到剑桥之后，他那严肃而又成熟的表现给伊丽莎白女王留下了深刻的印象。当女王问及他的年龄时，他说道，自己"比为臣民谋幸福的女王陛下的在位时间还要小两岁"，这期间展现出的魅力让在场的所有人都相信，他能在未来取得伟大的成就。†

    在他那部伟大的教育倡议——《学术之进步》——出版仅仅几天之后，"火药阴谋"（Gunpowder Plot）败露，这在一开始

----

*   30 年后，勒内·笛卡儿提出了类似的哲学观点。在《方法论》（1637）一书中，笛卡儿认为，通过对复杂问题进行系统的拆解与分析，就能解决人世间的几乎一切问题。但笛卡儿确实也怀疑是否有可能将知识全部囊括进书本之中。他在 17 世纪 40 年代写道："即使人们能在书本中找到所有的知识，但这些知识混杂在许多无用的东西之中，我们可能终其一生也没法读完这些书籍，而在其中挑选有用内容所花费的精力可能会比亲自实践所消耗的精力更多。"

†   事实也证明了这一点：相较于伊丽莎白女王和詹姆斯一世手下的子爵与法律顾问的身份，科学史学家们更多地将培根视为经验主义（即怀疑论与方法论）研究的伟大倡导者。他的思想和他的举止一样张扬，这一点在他与爱丽丝·巴纳姆（Alice Barnham）的婚礼上体现得淋漓尽致。出席婚礼的达德利·卡尔顿（Dudley Carleton）在 1606 年 5 月的一封信中写道："弗朗西斯·培根爵士昨天在马里博内教堂（Maribone Chapel）与他年轻的妻子举行了婚礼。他从头到脚都穿着紫色的衣服，还为自己和妻子准备了许多华丽精致的礼服，这让她深感幸福。晚宴是在他岳父约翰·帕金顿（John Packington）爵士位于萨瓦（Savoy）旁的住所里举行的。"

给他的方案蒙上了一层阴影，但是，实际上，培根哲学的影响经久不衰。《学术之进步》一书开篇就是题为《分析》的折叠活页画，其中的内容为后续的论文提供了直观的帮助。这幅画赞扬了"学术的卓越地位"，批评了神学家（自封为上帝代表）的"狂热与嫉妒"、政客的"严苛和傲慢"，同时也含糊地评价了"有学问之人所犯下的错误与具有的缺陷"。此外，培根还将自己的矛头对准了那些"不信任新发现"的人、"自负地认为自己掌握了最好的观点"的人、"经不起质疑"的人、"误解知识的目的"的人以及"教条式地传播知识"的人。

　　该书第二卷开头的活页——关于如何实践培根改进后的学习理论——同样对接下来的文本进行了浓缩和概括。在这一部分当中，培根讨论了阻碍"学习"的诸多因素（其中一部分阻碍至今仍然存在）："对教师的奖励太少""缺乏实验仪器""欧洲各大学之间缺乏相互的交流""缺乏对研究冷门领域学者的公开任命"。

　　接着，培根以家谱图的形式描绘了知识集成的大致样貌，其中有关"人类学习"（Human Learning）的部分最能概括 17 世纪初学术研究的范围与价值。

　　培根强调，人类的学问应分为史学、哲学和诗学。史学又分为自然史（"生物、自然奇观、自然美学"）、市民史（"纪念物、古迹、编年史、生平与叙事"）、神学史（"教会史、预言史、启示史"）和文学史（"演说、书信、箴言等"）。诗学涉及

082

诗歌和想象力（"叙事性、代表性、典故性"）。哲学则分为科学（物理学和形而上学）、审慎（实验方面与魔法方面）、身体（医学、体育和"感官技艺"）、心灵（人类意志和"善的本质"），以及理性（发明、判断、记忆和传统）。

　　未来的百科全书编纂者能够从培根的总结中意识到自己应当努力的工作重点，当然也能感受到一种舍我其谁的使命意识，其重申了他们这一职业是如何满足现代人的需求的。

　　此时，由于知识领域已经相当广阔，人们有必要对其进行分类与精简。虽然距离《大英百科全书》问世还有 160 年的时间，但当其编纂者开始自己的工作时，上述这些理论仍然没有落伍。在培根生活的时代，人们对科学和自然史的新式理解正在推动一场思想革命：哥白尼、伽利略和开普勒的工作预示着一种新的精确思维方式的诞生，罗伯特·波义耳（Robert Boyle）、克里斯托弗·雷恩（Christopher Wren）、埃德蒙·哈雷（Edmond Halley）和艾萨克·牛顿很快也会加入他们的行列。百科全书即将从一个单纯的事实仓库转变为一个更具思想性的整体，在百科全书的帮助下，我们看待世界的方式将发生翻天覆地的转变。

E

埃弗拉姆·钱伯斯

EPHRAIM CHAMBERS (GENTLEMAN)

在当代，所有人都认为，人们应当更加重视埃弗拉姆·钱伯斯（Ephraim Chambers）为人类做出的贡献。在受到培根的启发之后，钱伯斯打算亲自实践一番那套教育理念。他编纂了我们所知的第一部现代百科全书，这部作品也成为启蒙运动的导火索。[*]

这部作品仅仅是书名就足够吸引人了：

> 百科全书（CYCLOPÆDIA）
>
> 或，一部关于技艺与科学的通用词典；

---

[*] 我们现在可能会联想到的与年鉴和其他参考书有关的钱伯斯不是这个人，而是比他大约晚一个世纪的罗伯特·钱伯斯（Robert Chambers）。

其中包括

术语的定义；

以及

在文学和机械等几门技艺

与

人文科学和神学等几门科学中

所定义之事物的说明：

自然与人造事物的形象、种类、属性、生产、制备方式

与用途；

教会、公民、军事和商业活动中

事物的兴起、发展和状况；

以及哲学家、神学家、数学家、医生、历史学家、评论

家等

主张的各种体系、宗派、观点等。

本书参照各种语言中

最为优秀的作者、字典、期刊、回忆录、译著、图片

并将其汇编起来

旨在打造一套囊括古今的学习课程。

全书共两卷

作者：埃弗拉姆·钱伯斯

这部开创性的著作于 1728 年在伦敦出版，而钱伯斯之所以

要创作这部作品，是因为他觉得世界上的书籍太多了。

　　钱伯斯此时生活的伦敦正处在出版业的黄金时代。斯特兰德大街（The Strand）上和泰晤士河两岸遍布书摊，港口堆满了旅行者的故事和吸引人的地图，克勒肯威尔（Clerkenwell）和威斯敏斯特（Westminster）的印刷机需要彻夜不停地运转，才能满足市场的需求。议会新近通过了旨在遏制盗版活动的版权

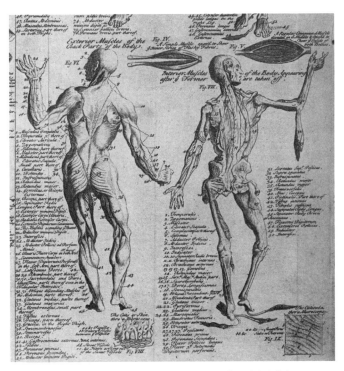

令人瞩目的事物被汇聚到了一起：1728 年《百科全书》揭开了
人体的神秘面纱

法，但这几乎不可能有什么成效。伦敦迅速超越巴黎，成为欧洲最大的城市，1714 年，钱伯斯从自己的家乡英格兰湖区来到伦敦之时，这里的人口大约为 63 万人，到 1740 年他被安葬在威斯敏斯特大教堂时，伦敦已经有约 73 万人。在钱伯斯看来，人们对知识的渴望导致印刷品泛滥，可供选择的书籍太多［他喜欢引用《传道书》（*Ecclesiastes*）中的一句话："著书多，没有穷尽。"］。虽然钱伯斯所采用的说法不同，但毫无疑问，他经历的正是早期的信息爆炸。

他的解决方案很简单。他提出，可以出版一部"摘录"书，将那些有意义的、重要的、吸引人的知识全部搜罗起来，以"打造一个人们无须费力四处找书的图书馆"。他制作了两卷本的巨型对开本，单独一卷就已经重到一个人几乎提不起来，两卷共约 2500 页，每套售价 2 几尼（1 几尼约合 1.05 英镑）。钱伯斯的启动资金来自那些订购这部巨著的用户，但此书出版后的销量远远超过了最初的订购量：由于出版事业获得的巨大成功，钱伯斯的印刷团队（共有 17 人负责整个庞大的印刷项目）奖励他 500 英镑，相当于今天的 6 万英镑。这套书的大小与常规发行的《十诫》（*Ten Commandments*）差不多，其对当时人的影响也不比《十诫》小。事实上，在《百科全书》出版后不久，钱伯斯就毫不谦虚地宣称，自己的作品是"全宇宙最优秀的一套书"。

但是，就像所有开创性的项目一样，钱伯斯也有前辈、启发者和对手。在钱伯斯出版的百科全书之前，还有两部类似的作品出版，但由于他的作品是最后出版的，而且在宣发层面颇下功夫，因此，他不仅收获了可观的销量，也让这部书获得了最为持久的影响力。先前的两部书分别是 1690 年安托万·富尔蒂埃尔（Antoine Furetière）在海牙出版的三卷本《百科字典》（*Dictionnaire universel*）以及 1704 年至 1710 年出版过许多版本，由牧师约翰·哈里斯（John Harris）编纂的《技术词典》（*Lexicon Technicum*）。* 哈里斯编纂的这部书也声称是关于技艺与科学的通用指南，与钱伯斯的作品一样按字母顺序排列，字母 "E" 的开头是这几个条目：

　　地球（Earth）：凯尔（Keil）先生在《对伯内特博士理论的考证》（*Examination of Dr. Burnet's Theory*）一书中认为，整个地球的表面长为 170981012 意大利里（意大利里比英里要小一些）。

　　地震（Earthquakes）：博伊尔（Boyle）先生认为，地震往往是由大量重物突然落到地球的空心部分引起的，由此

---

* 约翰·哈里斯希望他编纂的《技术词典》不光能供读者查阅，他还渴望自己能写出"一本值得仔细阅读的书"。但是，在《技术词典》出版的第一年，乔纳森·斯威夫特（Jonathan Swift）就在《澡盆故事》（*A Tale of a Tub*）中讽刺了所谓的"索引式学习"，即当时对作品进行删节、总结的趋势。斯威夫特认为，这些总结类的著作不能真正代替对原有整部作品的阅读（尽管斯威夫特没有直接指责他们愚昧无知，但在行文当中处处体现了这一点）。

地面才会出现可怕的震动和摇晃。

087

偏心距（Eccentricity）：在托勒密派的天文学理论中，这一名词指地心和偏心轴之间的那部分距离；也就是说，太阳围绕地球运动的那个圆形轨道，并不完全以地球为圆心。古人已经发现了这一点，因为太阳有时看起来很大，离我们很近，有时较小，离我们较远。*

埃弗拉姆·钱伯斯在序言中认可了《技术词典》这本书，同时也列举了其中的不足之处：他称这部书（以及先前的其他此类图书）属于"低等书籍"，而他自己的这部书则"优于所有前人的作品"（这是早期百科全书编纂者的共同特点：他们仿佛职业摔跤手一般，和对手叫板）。在序言中，他承认，自己与其说是作者，不如说是编纂者，但他宣称自己在选材方面很有独创性。他写道，自己"绝不满足于收集现成的资料"，而是"从各个领域收集资料，并对其加以充实"。因此，他将自己比作蜜蜂，在不同的花朵之间来来回回，采集花粉，并为"公众"生产花蜜（在这一点上，他与塞维利亚的伊西多尔不谋而合，他也将自己的工作形容为挑选文字的"花朵"）。

随即，他将话题延伸到了这一百科全书项目的核心部分，

---

*   是否有必要指出，我们的认识已经进步，一方面，地球并不是空心的，另一方面，太阳也不是围绕着地球转的？参见下面钱伯斯《百科全书》中更为准确的解释。

即自己的"编纂"工作到底是不是"抄袭"。他认为，人们不应当指责像他这样的编纂者是在"抄袭"，因为"他们从别人那里获取的东西本身就是公开的，这一行为是在阳光下进行的。实际上，百科全书这类作品的性质赋予了编纂者四处搜罗符合其目的的材料的正当性"。

　　在其出版近 300 年之后，我仔细研究了这些伟大的书卷，它们所具备的一个特点尤其令我印象深刻：这些伟大的作品都是手抄本。墨水在粗糙的书页上留下的印记会沁染那不断翻阅书籍的指尖。在翻开这些巨大的书页之后，读者可能会像我一样，感受到一种相当强烈的力量感并引以为幸。这当中蕴含了一整个世界，有所有的自然科学、神学、制图学和哲学知识。与之前几部充满幻想，随处可见关于女巫调配的饮料和对魔法的信仰的作品相比，这部书有了明显的进步。事实上，钱伯斯有意识地筛掉了许多不靠谱的材料，使得其中的许多内容在近三个世纪后的今天仍经得起考验。

　　第一卷的开篇就是两幅相当吸引人的插图。第一幅是大型的可折叠铜版画，是一幅希罗尼穆斯·考克（Hieronymus Cock）风格的开阔远景图。大约 80 个身着长袍的人在露天的古典讲坛上从事着各种形式的学术研究，在柱子与雕像旁则摆着不少机械、仪器和测量装置。这幅画想要传达的信息很明确：这些人（其中约 1/4 是女性）所从事的研究揭示了这部书中囊括的全部知识，无论是实用性的（占星术、称重）、技艺性的（纹章

设计、建筑规划），还是理论性的（许多人正张开双臂，进行辩
论）。还有一些人在研究两个大地球仪，也许，他们是在想下一
站要去哪里旅行。*

第二幅插图是一张复杂的知识图谱，其布局与培根的作品
一样，像一张家谱。这是钱伯斯对自己意图的直接展示，这幅
图既是目录页，也展示了一种高级的知识理论。钱伯斯明确了
技艺与科学领域的 47 个主题／理论分支，他试图按主题对内容
进行排列，从而消除按字母顺序排列的局限性。

这张图的顶端写着一句话"知识要么是……"然后，分出了
两个分支："自然与科学"或"人工与技术"。

再往下细分，包括"感性、理性、内在、外在"，在这张图
的底端还存在更多细分的领域，即我们今天可能视为专业（也
许是职业）的更为精确的学科类别：气象学、水文学、矿物学、
动物学、植物学、几何学、伦理学、音乐学、气动学、力学、
天文学、农学、修辞学等。此外，钱伯斯还列出了详细的注释，
对每个科目都进行了进一步的解释。例如，"气象学"囊括了百
科全书中有关空气和大气历史的各个条目，包括以太、蒸气、
云、雨、阵雨、雨滴、冰雹、露水和潮气。"几何学"则包含了
垂直、平行、三角形、正方形、多边形、摆线、割圆曲线、棱

---

*   这幅版画的作者是"科文特花园的 G. 蔡尔德"（G. Child of Covent Garden）。
钱伯斯从伟大的制图师兼地球仪制作师约翰·塞内克斯（John Senex）那里学到
了有关世界地理的知识。

柱、平面球体图、日行迹和抛物线等条目。

这部内容如此广泛的书的目标读者是谁呢？用钱伯斯的话说，任何希望"恢复自然求知欲的人"都应该读读这部百科全书。该书也是为那些希望将图书馆变小（而非变大）的人准备的，这是一种早期的精简知识的愿望。钱伯斯的这一愿景并非孤例。1680 年，德国博物学家戈特弗里德·威廉·莱布尼茨（Gottfried Wilhelm Leibniz）意识到"书籍的数量正不断增加……人们几乎无法解决这一混乱的局面"。而这带来了一连串新的问题：数量庞大的书籍无处安放，获取知识途径的不平等又导致只有那些受过良好教育的人才有能力查阅这些书籍。顺便一提，莱布尼茨读过的书相当多，以至于乔治一世都称他为"一本活字典"，我们可以更通俗地将这句话翻译为"一本行走的百科全书"。不过，等到 18 世纪初，当埃弗拉姆·钱伯斯拿起鹅毛笔，开始编纂百科全书之时，这句话已经成了一种嘲讽，指代那些让人难以忍受的"万事通"（know-it-all）。从古希腊到中世纪，人们都认为，将一整本书的内容牢记于心既是可取的，也是可行的。但随着《百科全书》的出现，事实显然发生了变化。

钱伯斯将这部百科全书献给了刚刚加冕的国王乔治二世。这一讨好之举在一定程度上提升了该书的影响力。他"向国王陛下……献上了一份有关王国学术研究的调查报告"。他认为，英国现在在科学和艺术方面都享有盛誉，曾经，这一光荣只属于奥古斯都时代的罗马；但现如今，很快就要轮到罗马来羡慕他们了。为了强调英国拥有的优势，钱伯斯特别指出了"陛下统治的臣民与加拿大或好望角的野蛮人"之间存在的区别。他声称，在乔治二世"为了实现人类的福祉而倾注心血"下，读者才能有幸读到这部书；而钱伯斯自己也是无数"以无与伦比的热情和坚定的态度支持国王陛下"的人之一。

钱伯斯这部百科全书的字母"E"条目中包括：

　　保证金（Earnest）：为确保交易完成而预付的款项，对交易双方都具有约束力。根据民法，违约之人将丧失他的保证金。

　　地球（Earth）：（摘录）所有行星的轨道都以太阳为中心：地球……不是任何行星轨道的中心。

　　经证实，地球的轨道位于金星与火星之间，因此，地球必定绕着太阳转。因为，地球位于上行行星的轨道之内，它们的运动确实是不均衡、不规则的；但即便这种假设是错误的，地球也绝不可能是静止不动或逆行的。

　　穿肛刑（Empalement）：一种残忍的刑罚，用一根尖锐的木棍或木桩刺入肛门，并穿透身体。在尼禄时代，这种刑罚很常见，现如今，该刑罚在土耳其仍十分流行。

还有：

　　百科全书（Encyclopaedia）：技艺与科学的知识网络或知识链条。该词由"in""circle""learning"组成，词根是儿童、婴儿的意思。有时也写作 cyclopaedia。维特鲁威（Vitruvius）在其第六部著作的序言中称之为 encyclios disciplina。参见 Cyclopaedia 条目。

再向后翻大约 100 页，就可以找到 [*]：

　　百科全书（Cyclopaedia）："Cyclopaedia"一词并不存在于古典作家的作品中，但在现代作家的作品中很常见，几本字典也都收录了这个词。有些人认为我们不应当用这个词称呼这些作品。显然，他们没有考虑到诸多书籍、机械、仪器的名称在很大程度上都是任意取的，因此，现代的作者当然可以创造新的名词。

　　1559 年，克罗地亚博物学家保罗·斯卡利奇（Paul Skalich）在巴塞尔（Basel）出版了《百科全书，或世界上所有学科的知识》（*Encyclopaedia, seu Orbis disciplinarum tam sacrarum quam prophanarum Epistemon*）一书，自此之后，"encyclopaedia"一词

---

[*]　唯一能够确认具体页数的办法就是亲自数一下，因为这本书没有标页码。

才被用于书名。这是一部篇幅不大的著作。[*]

092

E

1750 年，当出版商在图书简介中用这个词形容一部法语著作之时，这种用法仍算得上十分新奇，因此出版商还需要对其含义进行专门解释，但这一解释并不完全令人满意："'Encyclopedia'一词表示各门科学之间的相互关系。"和现在一样，在当时，该词就有两种拼法。

---

[*] 据称，"百科全书编纂人"（encyclopaedist）一词是 1651 年由约翰·伊夫林（John Evelyn）首次使用的，其提及了约翰·海因里希·阿尔斯特德的《七卷本简明百科全书》，这部书的编纂者同样宣称，这当中包含了"全部的知识"。

F

传奇！

FABULEUX!

　　1713 年 10 月 5 日，丹尼斯·狄德罗（Denis Diderot）出生在法国东北部的朗格勒（Langres），从这一天起，整个世界注定要发生些许改变。

　　和第 1 版《大英百科全书》一样，在讲述狄德罗的故事时，我们会先从一个有问题的鼻子开始讲起。丹尼斯·狄德罗有 4 个姐妹，大姐名叫丹妮丝（Denise）。狄德罗有时称这个姐姐为"女版苏格拉底"，因为她的思想极具穿透力。她的幼年时期没有发生什么意外，但到了中年，她的鼻子上长了一个小斑点。随着时间的推移，这个斑点越变越大，先是变成了一个痘痘，而后演变成了癌症。这个病导致她毁了容，也让她丧失了找到丈夫的机会。她戴上了用木头和玻璃做成的假鼻子，据说在整个过程中，她都保持着异于常人的开朗，并从基督教信仰中汲取到了不小的力量。丹尼斯·狄德罗的女儿曾说，她的姑姑"拥有在人世间找到天堂的秘诀"。

094

从丹尼斯·狄德罗对自己出生地的描述来看，他也找到了类似的天堂。中年时，他选择从巴黎回到自己的家乡，在给情人索菲·沃兰（Sophie Volland）的信中，他写道："这里有一条迷人的长廊，两边都是茂密的树木，长廊的尽头是一片小树林……我在这里度过了许多快乐的时光，阅读、冥想、观赏自然、思念我的爱人。"一个世纪后，人们在广场上为他立了一座雕像，这座雕像正对着他儿时的故居。雕像的作者是弗雷德里克·奥古斯特·巴托尔迪（Frédéric Auguste Bartholdi），他也是自由女神像的设计师。

狄德罗为什么能拥有如此高的声望呢？也许，我们应当首先回顾一下他于 1750 年底发布的一则印刷广告。狄德罗打算打造一款新的产品——无论是从篇幅、范围、严谨性、专业性上讲，还是从其试图达到的目标以及消耗的成本上讲，这款产品都前所未有。这是第一部可以宣称改变整个世界的百科全书。

相关的简介令人垂涎欲滴，但为了充分了解这一项目，我们应该将其与 5 年前发布的另一则广告进行比较。这部百科全书被称为"字典"，但实际上是埃弗拉姆·钱伯斯《百科全书》的法文修订本。该书共 5 卷，每卷约 250 页。书中包含了精美的小插图，其中的文字由"优秀大师"负责撰写，尤其是该项目的核心编辑约翰·米尔斯（John Mills），一个精通法语的英国人，以及他的德国同事戈特弗里德·塞利乌斯（Gottfried Sellius）。各卷原定于 1746 年至 1748 年陆续出版，一套的总价为 100 里弗尔。

但最终，这套书未能按时出版。订户数量慢慢增长，但米尔斯声称自己被出版商安德烈-弗朗索瓦·勒布雷顿（André-François le Breton）骗走了钱，后者却反驳说米尔斯的法语根本达不到出版要求。两人因此大打出手，勒布雷顿用棍子打了米尔斯，闹上法庭后，法官认定勒布雷顿有权这么做。随后，又有不少编辑加入这一工程，但直到狄德罗加入之后，项目才呈现新的、更为严格的形式。事实上，他自己在 1750 年的广告中所做的承诺要比米尔斯和塞利乌斯大得多，因为其成果不是 10 卷，而是 17 卷。

这套书里包含了一棵"囊括所有科学与技艺的谱系树"，与培根的论文和钱伯斯著作中的谱系树类似，其强调了不同知识之间的相互关联，指出了：

> 组成自然界并引起人类关注的各种生物之间的远近联系；这幅图里的树根与树枝交错盘旋，但如果不向上或向下延伸到其他部分，就不可能很好地了解这个整体，也不可能很好地了解组成整体的各个部分，进而形成一幅人类

095

思想在各个领域和历史上所做的各种努力的总体图景。[*]

　　这种营销方式收获了巨大的成功。广告本身就受到了不少杂志的欢迎;《爱丁堡评论》(*Edinburgh Review*)认为这部作品将超越任何时代、任何语言的任何作品,成为一部最为完整的作品,订户的数量也在飞速增长。到 1751 年 4 月,也就是广告发布后仅 6 个月,就已经有 1000 人购买了这部成本已升至 280 里弗尔(约合今天的 6000 英镑)的作品,最终的购买人数达到了4000 人。由此,他们明确了自己的目标,狄德罗自己对"百科全书"一词的定义对此进行了精辟的概括:

　　　　百科全书的目的是汇集散落在地球表面的所有知识,向与我们生活在一起的人展示知识的通用体系,并将其传授给后来者。这样,过去几个世纪的工作就不会对后来人而言毫无用处,我们的后代会因此变得更博学,进而变得更有德性、更幸福,我们也不会因为不配成为人类的一员而抱憾死去。

　　但还不止于此。正如狄德罗的传记作者阿瑟·M.威尔逊

---

[*] 事实证明,《百科全书》的实际情况与知识树的概述大相径庭。现在看来,知识树与其说是勾勒了一个编写计划,不如说是描绘了一种理想化的愿景。

（Arthur M. Wilson）所说，读者很快就会发现，这部"看似是参考书的作品……实际上是一套政治宣传小册子"。

时机恰到好处。1957 年，阿瑟·M. 威尔逊曾创作过一篇生动形象的文章，旨在提醒人们注意狄德罗在两个世纪前创作《百科全书》(Encyclopédie) 时所处的文化环境。"那是一个戴假发、穿紧身及膝裤和戴三角帽的世界，是一个穿裙撑、贴美人斑和涂腮红的世界。"* 威尔逊发现，订购《百科全书》的人生活在这样的一个世界当中：

> ……他们在金碧辉煌、镜光闪闪的房间里跳着小步舞；那是一个属于羽管键琴、木笛和大提琴的世界；一个火枪、护卫舰与均势的世界……在那个时代，法国和英国的庞大殖民帝国正在形成，这些人正准备开启规模庞大的殖民战争……在那个时代，教会显然希望将人们的思想继续禁锢在狭隘的正统观念之中，特权阶级显然希望继续享受他们的特权。然而，也正是在那个时代，商人、银行家和其他专业人士的地位不断上升，财富不断增加。

097

在这一切的背后，是煤炭、蒸汽、机器与革命带来的巨大轰鸣。世界正以不可阻挡的速度向前发展：在这套书出版之时，

---

* *Diderot* (New York, Oxford University Press, 1957).

F

乔治·华盛顿刚满 18 岁；雅各宾俱乐部（Jacobin Club）的第一任负责人雅克－弗朗索瓦·德·梅努（Jacques-François de Menou）刚刚出生。如果你是当时的一位百科全书的编纂者，你可能会有两种情绪：一是为每一版都收录了如此多引人注目的新资料而感到高兴，二是为每一版都收录了如此多引人注目的新资料而感到恐惧。

第 1 版第 1 卷于 1751 年在巴黎面世，第 7 卷于 1757 年面世，到 1765 年，17 卷凸版印刷全集（含 71818 个条目和 3129 幅插图）已开始销售。到 1780 年，又增加了 16 卷插图和文字补充部分。这套内容丰富的百科全书还附有两卷索引以供读者查阅。欧洲各地的印刷商开始行动起来，日内瓦、阿姆斯特丹和卢卡都出版了这套书。1758 年的最后一次印刷预示了未来的发展：《百科全书》在面向现代世界方面是极其进步的，因此不可避免地会被一些人视为越轨之作。教皇的一份谴责诏令称其威胁到宗教与道德，并要求禁止其发行，同时没收已经发行的全部《百科全书》。这并不是这类项目最后一次被视为对传统的威胁；旧政体下的大人物们毫不怀疑其中蕴含的影响力与煽动力。*

我们最好从作者和编辑的角度出发来考虑《百科全书》的内容，他们都是新晋的博学之士，自告奋勇地量化整个世界。

---

*　虽然《百科全书》是一个极为庞大的工程，总重达 40 吨，但其仍然只有《永乐大典》的约 1/12。

我们必须从狄德罗说起，他不仅编辑了《百科全书》的大部分内容，还亲自撰写并委托他人撰写了其中的许多重要条目。

在他浪漫的青年时代发生的一件事最能说明这个人注定要踏上追逐智慧的道路。当时，他与一位来自普罗旺斯的朋友住在巴黎，当他心爱的女孩被朋友精湛的舞技所吸引时，他大吃一惊。于是，狄德罗决心变得和朋友一样出色，便偷偷去蒙马特街（Rue Montmartre）的一位舞蹈大师那里学舞。不过，他很快就放弃了，但之后又回来继续学了一阵子。同样的事情再次发生：他因进步不大而相当恼怒，于是放弃了，但又再次选择尝试。他在自己的回忆录中自问道："我到底缺少了什么？轻盈感？我的脚步并不沉重，远非如此。动力？一个人几乎不可能有比我更强大的动力了。我到底缺少了什么？柔韧性、灵活性、优美性——这些品质是要不来的。" *

但如果他想要获得广泛的智慧呢？只要有意愿，有适量的资金，任何人都可以做到这一点。他的父亲是一位制作刀剪的大师，他的产品很受欢迎。据一位外科医生说，他制作的手术刀"非常完美：手感非常好，切割得特别干净利落，所有教授医学的医生都在争相购买其带有珍珠印记的柳叶刀"。他的父亲希望狄德罗成为一名牧师，于是把他送进了耶稣会学校。狄德

---

* Translated from Denis Diderot, *Oeuvres Complètes*, edited by Jules Assézat and Maurice Turneaux in twenty volumes (Paris, 1875–77).

099

F

罗很认真地对待这件事，他曾一度（在还没有经历学舞失败这件事时）节食，还穿上苦行衣。在巴黎的大学里，他读了神学和法学，但似乎对这两门学科都不满意，以至于到最后，他的父亲不再继续供他读书。他与一位名叫安妮－图瓦内特·钱皮恩（Anne-Toinette Champion）的"十分美丽但性格泼辣"*的女性结了婚，但并不算幸福。他开始与其他女性交往，其中与索菲·沃兰爱得最热烈。到18世纪40年代初，他放弃了自己的宗教信仰，走上文学创作之路。最初，他将几部名著从英文译成法文，然后，他开始进行自己的创作，其中一本宣扬无神论的书让教会大为光火，他因此还入狱了3个月。

他博学多才，又与早期《百科全书》的出版商关系融洽，因此于1747年成为该书的编辑。根据学者弗兰克·卡夫克（Frank Kafker）和塞雷娜·卡夫克（Serena Kafker）的研究，狄德罗"是一个会误了时间的通信员，一个粗疏的抄写员，一个有时做出承诺却不兑现的同事"，因此会让许多撰稿人感到些许不满。尽管如此，狄德罗还是成功地让他们与自己一同工作，这些人也认为，为了完成这项宏伟的计划，值得忍受一些轻慢。

狄德罗撰写（或参与撰写）了6000多个条目，几乎涉及所有主题（不过其中很多都是从钱伯斯作品和其他地方翻译

---

*   *The Encyclopedists as Individuals* by Frank A. Kafker in collaboration with Serena L. Kafker, Voltaire Foundation at the Taylor Institution, Oxford, 1988. 我自己对《百科全书》撰稿人的观点大多来自这本引人入胜的书。

过来的，尤其是专业医学教科书）。仅在"A"卷当中，他就撰写了关于"分娩"（Accouchement）、"钢铁"（Acier）、"农业"（Agriculture）、"制造大炮的机器"（Alésoir）、"阿拉伯人"（Arabs）、"银"（Argent）和"亚里士多德"（Aristotle）的条目。他的日常工作笔记或与其他编辑、撰稿人的通信几乎没有任何记录留存下来，但我们可以肯定的是，他并不是独自一人编写的。从 1747 年到 1758 年，让·勒朗·达朗贝尔（Jean Le Rond D'Alembert）一直是他的搭档，他是贵族的私生子（他被装在木箱里，遗弃在巴黎圣让勒朗教堂台阶上）。和狄德罗一样，达朗贝尔也是一个头脑灵活的人，他不可能只从事一种职业。

　　达朗贝尔曾经做过出庭律师，也当过医生，同时是一名娴

一场风格革命：狄德罗与达朗贝尔注视着未来

熟的音乐家和数学家；他所拥有的广泛学识使得他很适合成为一部规模庞大的参考书的编辑。也许，他觉得需要用知识来证明自己：弗兰克·卡夫克和塞雷娜·卡夫克注意到，虽然他机智敏锐，还善于模仿，但"嗓音高亢，身材瘦小，相貌平平"。两位编辑之间的合作极富成效，但也火药味十足。卡夫克夫妇认为，他们两人都很"易怒、自以为是，容易情绪失控，并坚信自己智力超群"。

达朗贝尔负责编写数学、物理、音乐和天文学方面的条目，他的专业背景让他能够编写出很多极具价值的条目。他热衷于利用《百科全书》推动当时原创思想的发展。事实上，他视《百科全书》为武器，而且，他最有争议的一个条目——"日内瓦"（Genève）几乎毁掉了整个项目。*

"日内瓦"这一条目所包含的内容不仅仅是该城的简史，单是其篇幅就足以说明这一内容在编辑心中的重要性。整个"英格兰"条目只占了一栏的 3/5，"丹麦"仅有 17 行；但在"日内瓦"这一条目上，达朗贝尔写了整整四个双栏页面。他的笔调是批评性的。他抨击该市的立法者禁止戏剧演出，因为这些人

---

* 达朗贝尔和狄德罗都承认，他们在哲学上深受弗朗西斯·培根《学术之进步》的影响；具体而言，他们在序言中对知识"树"的设计直接受到了《学术之进步》中《分析》活页画的启发。达朗贝尔认为培根是"在阴影中默默地、从远处准备以光芒潜移默化地照亮整个世界"的启蒙者。让·佩斯特尔（Jean Pestré）在《百科全书》中题为"培根主义"（Baconisme）的条目中称培根为"伟大的天才"。

"担心演员的表演会让年轻人沾染上炫耀、挥霍和放荡的恶习"。达朗贝尔认为，在日内瓦，言论自由和宽松的道德观念受到了压制，以避免这整整一代人在长大后清洗掉站在他们对立面的人。他是在拜访伏尔泰时了解到这种情况的，这位哲学家和剧作家无疑对达朗贝尔产生了不小的影响。此外，达朗贝尔还指责加尔文派的牧师虚伪、欺骗信众，同时批评了在他眼中教堂仪式上毫无旋律可言的歌声。

　　他对这座城市的评价并不全是负面的。例如，他赞同日内瓦的某些倾向于宽仁的刑法规定（其中包括不将罪犯押上刑场），但他肯定知道自己编写的条目会引发当地人的反感。当地的长老禁止《百科全书》在该市出版发行，日内瓦议会还专门为此召开了一次会议，以表达自己的愤怒之情，但由于害怕遭到报复，他们没有坚持向法国政府提出正式抗议。这场争论加速了达朗贝尔与狄德罗关系的破裂，几年前狄德罗的入狱经历让他毫不怀疑：旧政权——一群蒙昧的反知识精英——在其地位受到威胁时可以迅速地展开审查工作，并对反对派施加惩罚。

　　此外，《百科全书》的首席出版商安德烈-弗朗索瓦·勒布雷顿也是一个意志坚强的人。勒布雷顿出生于巴黎，17 岁时偶然进入图书行业。由于继承遗产的问题，他承担起出版其祖父的重要作品《王家年鉴》（*Almanach Royal*）的重任，该书收录了欧洲贵族的名人录。这本年鉴是一棵摇钱树，这段出版经历也清楚地向勒布雷顿展示了一本成功的参考书能如何为一个人

F

的一生奠定基础。他大大扩大了《王家年鉴》的覆盖面和销量，并开始四处寻找其他大型项目。

我们已经看到，他翻译钱伯斯《百科全书》的计划因与编辑发生冲突而告吹，不过，这段经历还是为其之后出版百科全书的工作打下了基础。随后，他与其他三家出版商展开了合作，并任命了新的编辑让－保罗·德·瓜·德·马尔维斯（Jean-Paul de Gua de Malves）。但历史重演，马尔维斯与勒布雷顿因报酬问题和文章质量问题发生了冲突。随后，马尔维斯遭到解雇，这为狄德罗和达朗贝尔的登台提供了机会。

新的广告引发了人们的订购热潮，而这也让编辑们的雄心壮志翻了一番。他们原计划在三年半内完成这部新百科全书，但很快，编辑们就意识到了这是一个不可能完成的任务；同样，最初计划的印刷量也过于保守。1750年第1卷的订购量为1625册，到1754年第4卷出版之时，这一数字已飙升至4225册。勒布雷顿和他的同事们发财了。但如此可观的收入——头四年就有大约50万里弗尔——不可避免地助长了盗版行为，出版商们竭尽全力在全欧洲范围内阻止未经授权的版本发行。国外大学和其他机构图书馆的负责人，以及富有的教育精英们，都已经意识到了这部百科全书的价值所在。而那些发行盗版作品的出版商（比如在原版出版一年后就在伦敦发行盗版作品的出版商）则声称他们的行为无论是在道德上，还是在经济上都具有足够的正当性：这些人强调，自己的盗版活动"促进了艺术、制造业与贸易的发展，并将大量原本要汇到国外的资金留在国内，从而为他们的国家服务"。盗版书的价格只有法文正版的一半。[*]

　　勒布雷顿还面临一个问题。这套百科全书如此受欢迎，部分原因在于其内容的大胆，但这也威胁到了它的生存。教会和政府机关对该书广纳天主教以外的宗教这一做法感到十分紧张，并对其中偏离保守规范的政治论调保持警惕。在该书出版一年后，蒙托邦（Montauban）主教提出了最为尖锐的反对意见。他写道："直到现在，地狱还在一滴一滴地吐出毒液。今天，错误和不敬神的洪流汹涌而来，其就是要淹没信仰、宗教、美德、教会、服从、法律和理性。"

　　正统派的反对声浪逐年高涨，《百科全书》在索邦大学受到了 11 次正式的谴责。1757 年，达朗贝尔"日内瓦"条目给编辑们敲响了最刺耳的警钟；两年后，其他卷中的进步观点致使巴黎议会禁止其出版，并要求收回现有各卷。此外，议会还要求勒布雷顿退还所有订户的款项。面对经济上的破产和政治上的窘迫，出版商向有影响力的王室成员进行了游说，在短暂的间隔期后，他们设法恢复了秘密印刷与发行。1772 年最后几卷出版时，这套书的售价为 980 里弗尔，是 21 年前出版时售价的 4 倍多。由于需求旺盛，人们甚至愿意支付更高的价格来购得

104

---

[*]　虽然细节模糊不清，但勒布雷顿和他的出版商伙伴似乎向伦敦派出了一个谈判小组，试图提供他们自己的降价版本来阻止盗版活动进一步发展。从逻辑上讲，这说明英国读者的法语水平都很高。

此书。

但勒布雷顿选择与魔鬼达成交易。他背着编辑和撰稿人，在即将付印时，对约 40 个有争议的条目进行了删减。据卡夫克所说，狄德罗"对此勃然大怒，从此一直没有原谅勒布雷顿，并在之后开始蔑视他"。他觉得勒布雷顿"吝啬、易怒、无趣"，而勒布雷顿的妻子"只会说些自相矛盾的话"。巴黎警方对勒布雷顿也不满意，因为他无视了出版禁令，并因此将他监禁了一周。勒布雷顿丝毫不在意世人对自己的评价（"本世纪最大的文化恶棍"），事实上，他一路笑着去了法兰西银行。他去世前成为巴黎最富有的出版商之一，据估计，《百科全书》的净利润超过了 200 万里弗尔（约合今天的 6500 万英镑）。他还留下了一笔教育遗产：如果有人怀疑出版一套内容大胆的多卷本参考书会不会有回报，那么《百科全书》的成功将使他们彻底改观。《百科全书》是 18 世纪中叶最杰出的知识宝库，也是文化、机械与政治革命之初启蒙世界的重要缩影。毫无疑问，这套书本身也在一定程度上推动了这一进步。

才 能

FACULTÉ

英语中的"上等"（superior）一词来源于古法语 superiour，意为"上层"（upper），没有哪个形容词能比这个词更好地描述狄德罗对自己的印象了。此外，他还认为，从道德地位来讲，自己的民族要优于其他民族。在他的心目中，甚至在法国大革命试图彻底改造传统历法和时钟之前，法国就已鹤立鸡群，高高在上。他的傲慢将知识转变成了偏见，最好的例子莫过于他编写的"人种"（Human Species）条目，其中包括他对异国他乡居民的分析，这些内容抽象得近乎滑稽，无知得近乎可笑。

他的调查从北方开始，那里的爱斯基摩人（因纽特人）和其他部落被归类为：

> 发育不良的人类，他们身材矮小，且相当怪异……大多数人身高不超过四英尺，最高的有四英尺半。女人和男人一样丑陋，她们的胸部非常大……
>
> ……所有人都十分粗鲁，迷信且愚蠢。丹麦的拉普人迷信肥胖的黑猫。瑞典人用鼓召唤魔鬼……他们几乎没有上帝和宗教的概念。他们会把妻女献给陌生人。他们住在地下，在持续数月的夜晚点灯照明。女人们冬天穿着驯鹿皮，夏天穿着鸟皮。在夏天，她们用浓烟保护自己免受蚊虫叮咬。他们很少生病。老人也很健壮，只是一望无际的白雪和烟雾削弱了他们的视力，有很多人因此失明。

在他看来，印度人的习俗"十分怪异……印度的商人不吃任何活物。他们甚至害怕杀死一只昆虫。相反，卡利卡特的纳伊

106

F

尔人则全是猎人；他们中的男性只能拥有一个妻子，但女性可以找任意数量的丈夫。在后一类人中，有些人生有一双怪腿"。

再往后是欧洲，"总的来说，希腊女人要比土耳其女人更漂亮、更活泼……西班牙人则更为瘦小。其身材苗条，头型俊美，五官端正，眼睛漂亮，牙齿整齐……寒冷地区的男人比温暖地区的男人更忠贞。瑞典的男人比西班牙人与葡萄牙人更保守，因此，瑞典男人的孩子更少"。

最详细、最吸引人（对我们来说也是最可怕）的分析是关于非洲的，这种人类学描述会让当时的读者如痴如醉，但也会让现代读者望而却步。

> 塞内加尔黑人的气味没有其他黑人那么浓烈。他们的头发又黑又皱，就像卷曲的羊毛。他们与其他人的主要区别在于头发和肤色……
>
> 黑人女性生育能力很强。戈雷和佛得角的黑人身材也很匀称，非常黑。塞拉利昂的黑人不像塞内加尔的黑人那么黑。几内亚的黑人虽然健康，但寿命很短。这是道德败坏的结果。
>
> 圣托马斯岛的居民与邻近大陆的黑人相似。维达海岸和阿拉达海岸的黑人没有塞内加尔和几内亚的黑人黑。刚果人或多或少都是黑皮肤的。安哥拉的黑人一发热就会散发出难闻的气味，以至于他们经过之地的空气在一刻钟之后

107

仍有异味。

虽然，通常来讲，黑人智力不高，但他们并不缺乏感情。他们能感受到自己所受到的待遇是好是坏。我们把他们贬低到了奴隶的地步，我不会说他们和牲口的地位差不多，但实际上，他们也通常需要承担兽类负担的重物。但我们是通情达理的！我们是基督徒！

此外，在这套书中，"黑人"（Negroes）这个单独的条目也以一种文明等级论的方式探讨了白人是如何将人类商品化的，进而让读者深信不疑。

人们试图为这种交易中令人憎恶且违背自然法的行为进行辩解。他们会强调，通常来说，这些奴隶在失去自由之时也得到了灵魂上的救赎；因为他们能够聆听到基督的福音。此外，在种植甘蔗、烟草、蓝靛等作物时，黑人劳力是不可或缺的。上述因素减轻了这种交易中的不人道之处，因为在这种交易中，人们就像买卖耕种土地时所用的牲畜一样买卖人口。

该条目被收入 1765 年出版的第 11 卷中，此时距离新生的共和国议会在少数殖民地废除奴隶贸易制度（直到 1848 年才完全解放黑奴）还有大约 30 年，该条目将奴隶当作机器目录中的物

品，描述了奴隶的优点与价钱，并宣称他们往往是自愿参与到
此类交易当中的。

108

F

有些人为了避免经受饥荒与贫困，选择把自己、孩子和
妻子卖给他们中间最有权势的人，因为这些人有足够的钱
来养活他们……人们可以看到儿子卖掉自己的父亲，父亲卖
掉自己的孩子，甚至更常见的是，那些没有家庭关系的人
会以几瓶烈酒或几根铁条的价格买下对方的自由……

最出色的黑人来自佛得角、安哥拉、塞内加尔、沃洛
夫、加兰德、达梅尔、冈比亚河畔、马朱加尔德、巴尔等
地。过去，要想买下一个十七八岁到三十岁的"印度片"
（pièce d'Inde）黑人，只需［花费］价值 30 英镑或 32 英镑
的商品，例如烈酒、铁、帆布、纸张、肉豆蔻种衣和各种
颜色的玻璃饰品、大锅、铜盆以及这些民族非常看重的其
他类似物品。不过，自欧洲人互相竞价之后，这些野蛮人
就知道如何从中获利了。现在，英俊的黑人价格飙升到 60
英镑，而阿森特公司（Compagnie de l'Assiente）则以每个
黑人 100 英镑的高价进行收购，这种情况罕见。

而那些不太出名的百科全书派人物呢？他们是怎样的一群
人呢？

实际上，这些人的经历与个性也相当丰富迷人。例如，"黑

人"这一条目的作者让－巴蒂斯特－皮埃尔·勒罗曼（Jean-Bap-tiste-Pierre le Romain）是一位制图师兼工程师，专门研究西印度群岛的地形。他为《百科全书》撰写了近 70 个条目，其中大部分是关于加勒比地区植物、动物和矿物的自然史。撇开他的工作效率不谈，他在狄德罗的同僚中算是最无趣的一个人。

卡夫克夫妇收集了这些男性的大量个人信息（当时人们还不认为女性在智力上足以胜任这项任务），这些档案提醒我们《百科全书》当中缺乏了一个非常重要的部分——历史人物传记。*就这套百科全书而言，很难想象会有比这帮人更个性不同、更特立独行或更放荡不羁的专家团队了。

亚历山大·德雷尔（Alexandre Deleyre）是一名牧师。不过，他本人失去了信仰，抛弃了耶稣会，然后参与编辑并翻译了弗朗西斯·培根的作品集。他只为《百科全书》写了两个署名条目，一个条目是关于宗教狂热陷阱的警告，另一个是长达 4 页的名为"别针"（Epingle）的条目，内容涉及制作这一产品的 18 道工序。尽管我们现在可能会认为这一条目的内容略显夸张，但在 25 年后，亚当·斯密的《国富论》将其作为劳动分工的一个重要案例。德雷尔是法国大革命的坚定拥护者，尽管他的激进主义立场和对别针的痴迷让他几乎没什么朋友。根据卡夫克夫妇的说法，他的妻子和女儿"发现他

---

* 只有极少数描述地点的条目中提到了出生在当地的名人。

几乎无法与人相处——经常闷闷不乐，十分易怒，行为像个暴君，同时又相当痛恨别人的此类行为"。

安托万·路易（Antoine Louis）是医学方面的主要撰稿人。路易写了近 500 个条目，同时还能从中抽出时间从事医学和法律方面的工作。他在解剖台上的工作使他成为谋杀案审判中的重要证人，在大革命夺走他的所有积蓄之前，他是巴黎最富有的外科医生之一。但大革命也拯救了他，因为他在设计一种新的斩首器械方面发挥了重要作用，这种器械比以前的斩首工具更人道，使被斩首者的痛苦更少，使斩首也更干净利落。这台机器是由一个羽管键琴制造商制造的，最初，这台机器以他的名字命名，被称为小路易松（Petite Louison）或路易特（Louisette），不过很快，人们就用他的赞助人、立法者约瑟夫·伊尼亚斯·吉约丹（Joseph-Ignace Guillotin）的名字为其重新命名了。

让－约瑟夫·梅努雷·德·尚博（Jean-Joseph Menuret de Chambaud）也负责为《百科全书》撰写医学方面的条目，他在很多问题上都走在了时代的前列。他本人住在汉堡，曾经揭示了环境条件如何直接影响人们的健康。他是蒙彼利埃（Montpellier）"生机论"学派的拥护者，认为接触月亮和太阳对健康和长寿都有积极作用，他（通过购买职位）成为路易十六的顾问医生。他向国王传授的知识之一就是他在《百科全书》中撰写的一个题为"手淫"（Manstrupation）的条目，在他看来，这一行为实际上就是自奸，会导致（某些方面的）能力衰退。

再来看看德国人路易·内克尔（Louis Necker）的人生吧，他是一个在女色方面可鄙的人物。大约在他为《百科全书》撰写一个关于力学中摩擦现象的条目时，内克尔与日内瓦神职人员皮埃尔·弗尔内（Pierre Vernes）的妻子摩擦出爱情火花。弗尔内发现了他们的情书，并邀请内克尔共进晚餐，席间，弗尔内开枪击中了他的大腿。

我们也不应忘记让－达维德·佩罗内（Jean-David Perronet）在机械和经济学方面的贡献，他在大多数人还没有认识到纽科门发明的第一台蒸汽机的重要性时，就发表了支持它的内容。佩罗内撰写了有关桥梁建设的内容［他在"桩"（Pieux, Pilots ou Pilotis）这一条目中描述了水中的深桩地基这一设计方案，并引起了全法国的轰动］，他自己也负责建造了许多桥梁，包括塞纳河和瓦兹河上的几座桥梁，以及他的代表作路易十六桥。他还抽出时间与许多有夫之妇厮混在一起，其中一位是社交名流勒让德夫人（Madame Le Gendre），她是狄德罗的情人索菲·沃兰的妹妹，这使得他与其他编辑的关系变得复杂起来。

《百科全书》里还有一些父子组合，其中最令人反感的莫过于巴特兹父子。纪尧姆·巴特兹（Guillaume Barthez de Marmorières）撰写了关于养羊和养蜂的条目，其中的"蜜蜂＆蜂蜜"（Mouche-à-Miel & Miel）条目显然赢得了很多赞誉，他对牧羊人的描述也是如此。他宣称，牧羊人都十分无知，又特别

F

懒惰。但他的儿子保罗 – 约瑟夫·巴特兹（Paul-Joseph Barthez）
更为恶劣。他撰写了 22 个条目，内容涉及眩晕、邪术、人与动
物的相对力量、解剖学以及（对他而言相当棘手的）女性。这
些奇怪的造物是什么？她们是"人类中的女性"。这一条目对过
往的文献进行了调查："希波克拉底指出，女人不能成为左右手
都很灵巧的人。盖伦证实了这一点，并补充说这是她们天生的
弱点……解剖学家并不是唯一一批认为女人在某种程度上是没
能成为男人的人，柏拉图学派的哲学家也有类似的观点。"小巴
特兹随后引用了李维的话，认为女性"是一种既缺乏力量，但
同时又意志顽强的动物"，并批评了基督教和犹太教对女性的压
制，还指出在东方，女性受到的待遇更为粗暴，在那里，"家庭
事务对妻子的奴役……让她们变得卑微"。随后，他似乎又成了
女性权益的拥护者："所有文明的民族都严重忽视了对女性的教
育，而就在这样的背景之下，我们竟然还能找出那么多博学多
才、著述颇丰的女性。"[*]

112

唉，从他自己的生活来看，他并不那么尊重他人。卡夫克
夫妇证实，"巴特兹不仅长得丑"——似乎这样的特质会影响到
他的智慧——"脾气还很暴躁，好斗"。作为一名医生，他的品
行令人怀疑，他和许多人都是敌人，"他被谣传为唯物主义者、

***

*   目前可检索的现代英文版仍在翻译中，*The Encyclopedia of Diderot & D'Alembert*
Collaborative Translation Project (Ann Arbor: Michigan Publishing, University of
Michigan Library, 2020), https://quod.lib.umich.edu/d/did/。

愤世嫉俗者、无赖与好色之徒"。1783年，他被指控强奸了一名未成年少女，据说他买通了受害者的父亲。当你得知巴特兹在大革命中的境遇并不好时，也许会松一口气。在那期间，人们朝他的房子投掷了石块，他也失去了大部分收入，被迫逃离。但他的结局并不算悲惨。在他生命的最后阶段，拿破仑恢复了他的名誉和教授职位，因为在他看来，巴特兹也许和自己算得上志同道合。

最后，也是最著名的人物，是为《百科全书》做出不少贡献的哲学家伏尔泰和让－雅克·卢梭，他们在文学上是竞争对手，但都同样渴望促进新思想的传播。伏尔泰写了40多个关于文学理论和语法定义的条目，基本上没有引起什么争议，但他同时在"优雅"（Elegance）、"历史"（History）和"品位"（Taste）等条目中提出了自己的看法，其中不乏一些冒犯所有人的内容。

在"优雅"这一条目中，他断言："在欧洲的语言中，没有什么语言算得上优雅。粗糙的尾音、众多的辅音、在一个句子中不必要重复的助动词都会让人听了不舒服。"在"历史"这一条目中，他感到遗憾的是，很多关于过去的内容都是以寓言为基础，而非以事实为依据的（"因此，所有民族的起源叙事都相当荒谬"），他还发现，在古埃及时期，太阳曾"4次改变自己升起和落下的地方"，这同样是十分荒谬的。

伏尔泰自始至终都在说教，好彰显自己。但《百科全书》

113   的一个特点，也是它与前几部百科全书类作品的区别，在于其
将观点包装成了哲学与道德真理，并自由地表达出来。通过这
种方式，观点取代了早期百科全书中的迷信与神话，进步思想
的传播使得订购《百科全书》的人感到他们是这场运动的组成
部分，而不仅仅是读者。[*]

F

伏尔泰在论述法国人的品位时，似乎想到了自己先前的痛
苦经历：

> 堕落的饮食口味就是选择那些令其他人感到厌恶的菜
> 肴；这是一种病态的心理。艺术上的堕落品位就是喜欢那
> 些让有判断力的人十分反感的题材。这种品位促使人们喜
> 欢滑稽的事物，而不喜欢高尚的东西，喜欢珍奇的、有感
> 染力的东西，而不喜欢简单的、自然的美：这是一种心灵
> 上的病态。

关于"幸福"（Happiness）——实现幸福是法国启蒙运动中
特别关注的一个核心问题，伏尔泰指出：

> 我们所谓的幸福是一个抽象的概念，其中只包括一部分

---

[*] 当然，从某种意义上说，对过去的研究都是见仁见智的，新的知识和现代的解
释可能会反驳许多前人的观点。伏尔泰也承认这一点，他在"历史"这一条目
中说："有一种观点的历史，只不过是人类先前犯下的错误的集合。"

涉及快乐的想法；因为只有片刻快乐的人并不是一个幸福的人，就像片刻的悲伤并不能使人变得不幸福一样。快乐比幸福来得更快，幸福又比至福更短暂。当我们说我此刻很幸福时，我们实际上是在滥用这个词，其意思仅仅是指我很高兴 [j'ai du plaisir]：当我们有一点重复的快乐时，我们可以说，在这段时间里，我们是幸福的，而当这种幸福持续得更久一点时，它就是一种至福；有时，一个富贵的人离幸福也很遥远，就像一个犯恶心的人面对为他准备的丰盛大餐却什么也吃不下一样。*

卢梭负责的条目主要涉及音乐的技术性问题，包括有关音调、节奏和半音阶的条目。但他还为《百科全书》撰写了有关政治经济学的重磅条目，这一条目的内容可谓历久弥新：

> 这是……政府最关心的问题之一，以防止财富的极端不平等；要想实现这一点，我们不是要剥夺富人的财富，而是要采取手段禁止人们囤积过多的财富；我们不是要为穷人建造医院，而是要保证我们的公民不会变穷。我们国家的居民分布不均，有些人挤在一个地方，而其他地区却人烟稀少；我们支持生产奢侈品的技艺和纯粹的工业技

----

* 人们通常认为这一条目是伏尔泰所写的，但其作者身份尚未得到证实。

艺，却牺牲了有用但费力的手工业；牺牲农业，而发展商业……最后，贪婪被推向极端，以至于公众的尊严被低价计算；甚至就连美德也被按市场价格出售：这些都是贫富分化、私人利益取代公共利益、公民之间相互仇恨的最典型原因。

F

115

居斯塔夫·福楼拜（转移一下话题……）
FLAUBERT, GUSTAVE (a diversion . . .)

稍事休息，让我们来看看居斯塔夫·福楼拜（Gustave, Flaubert）。这位小说家似乎既着迷于"百科全书"的概念，又对其很反感——它们的设计、它们的目标、它们对更为广泛的阅读活动的压制。在《包法利夫人》（*Madame Bovary*）中，一个小人物推荐靠百科全书来治疗悲伤。在《布瓦尔和佩库歇》（*Bouvard et Pécuchet*）中，"百科全书"的概念似乎是全书中最为重要的一部分。

福楼拜知道《布瓦尔和佩库歇》是他的告别演出，为此，他花费了很多年的精力。他自称读了 1500 本书，以做好背景研究，但书实在太多了。1880 年，他在小说未完成的情况下去世。这个故事其实很简单：在巴黎炎热的一天，与小说标题同名的主人公在运河边相遇，并开始了一段友谊。他们都是抄写员（中世纪式的抄写员），从很多方面来看，他们都是对方的复

制品。他们年龄相仿，都对自己的命运隐约感到不满。多卷本
《罗瑞特*百科全书》（*Roret's Encyclopaedia*）中的几卷散落在佩库歇
的巴黎寓所当中，这预示了接下来将要发生的故事。

　　当其中一人继承了大笔遗产后，他们决定离开巴黎，一起
搬到诺曼底。在那里，他们将通过阅读、旅行和学习重要技
能来提升自己，试图吸收人类的所有知识——哲学、农业、历
史、医学、地质学和神学。他们几乎把所有东西都视为有缺陷
的、矛盾的或不可能的，他们疏远了周围所有的人。他们成了
"行走的百科全书"，但他们又几乎摒弃了百科全书中的所有
内容。

　　是的，这是一部讽刺作品，有些内容也很有趣，而且，福
楼拜真正讽刺的人可能就是他自己。福楼拜在给一位朋友的信
中写道，他想把自己的小说"写成百科全书式的闹剧……我正
在策划一件事，好发泄我的愤怒……我要让这个时代的人知道
我有多么厌恶这些东西"。

　　朱利安·巴恩斯（Julian Barnes）称福楼拜的小说是"描写
人类努力的百科全书"，并引用西里尔·康诺利（Cyril Connolly）
的话，称它是"'徒劳无益'的入门手册"。福楼拜自己也宣
称："我正在写的这本书的副标题可以是'关于人类愚蠢的百科

---

*　尼古拉斯－埃德姆·罗瑞特（Nicolas-Edme Roret）于19世纪上半叶在巴黎出
版了图文并茂的多卷本自然史专著。1860年去世后，罗瑞特的名字继续出现在
大量"百科全书式手册"之上，包括制表、巧克力制造和舞蹈类图书。

全书'。这项工作能让我沉下心来，它的主题成为我生活的一部分"。的确，福楼拜自己也拥有布瓦尔和佩库歇表现出的迂腐。福楼拜喜欢严谨，尽管他"坚定地反对"陈腐的文风。他再一次宣扬了司汤达（Stendhal）的话，"一个知道日期的白痴可以让最机智的人感到不安"。[*]

布瓦尔和佩库歇得出的结论是，整体性的知识太难把握，而且永远学不完，人们也不会对其内容达成一致，因此，任何试图获得哪怕是最少的知识的努力都是愚蠢的。历史也是如此。他们向一位教授请教，教授确认道："历史每天都在变化。关于罗马国王和毕达哥拉斯的旅行等的事都存在争议……最好不要再有新的发现，研究机构甚至应该制定一种规章，规定人们必须相信什么！"

在福楼拜死后，人们发现了他关于这部小说未完成部分的笔记，其内容表明，他笔下的这两个主人公最终还是要回到城市，去从事抄写工作。他们可能不得不抄写自己在注定失败的乡村实验中积累下来的智慧，他们可能会将其命名为《公认的思想词典》（*Dictionary of Received Ideas*），这也是福楼拜多年来在小说之外一直在创作的一部作品的名字。这本词典的灵感来自一位年长亲戚的老生常谈。这当然不仅仅是一

---

[*]   引自 introduction to the English translation of *The Dictionary of Accepted Ideas* by Jacques Barzun (New Directions, New York, 1967)。另见 "Flaubert, C'est Moi" by Julian Barnes, *New York Review of Books*, 25 May 2006。

本词典；它是反对从众思想和平庸的檄文，是摒弃原创思想、崇尚无稽之谈的世界所产生的腐朽（但有趣）警句和其他指示性言论的集合。这本书直到 1911 年才出版，如果今天的读者觉得其中的内容粗俗、愤世嫉俗，甚至可以说是亵渎神明，那么作者就达到了他的目的。

福楼拜词典中几个以"F"开头的词包括：

工厂（Factory）：危险的街区。

农场（Farm）：参观农场时，只能吃全麦面包，只能喝牛奶。如果你加了鸡蛋，那么就必须感叹："天哪，这是多么新鲜的鸡蛋啊！在城里根本找不到这样的鸡蛋！"

幸福（Felicity）：永远"完美"。如果你的厨师叫这个名，那么她就是完美的。

封建主义（Feudalism）：不必清楚这个词意味着什么，只要坚定地反对它就好了。

小说（Fiction）：不可避免地以"同名主角"为特色。

（单身汉）公寓［Flat（Bachelor）］：总是乱糟糟的，女性衣物随处乱放。到处都是烟味。如果你四下找找，就会发现最特别的东西。

外国货（Foreign）：蔑视一切非法国的东西，这是爱国主义的表现。

伪造者（Forgers）：总是在地窖里工作。

葬礼（Funeral）：关于死者的事情，说："想想一周前我才和他共进晚餐。"

家具（Furniture）：总是担心你的家具是最糟糕的。[*]

作为对福楼拜清单的回应，小说家特朱·科尔（Teju Cole）于 2013 年在《纽约客》（*New Yorker*）杂志上更新了自己写的条目。[†] 其中包括：

巴黎（Paris）：浪漫，尽管有粗鲁的服务员和日本游客。不只是喜欢，而是"倾慕"这里。

德国人（Germans）：看足球时，"千万不要把德国人排除在外"。

权威（Magisterial）：大书，由男性撰写的。

弗兰肯斯坦的怪物
FRANCKENSTEIN'S MONSTER

1731 年，在德国，雅各布·奥古斯特·弗兰肯斯坦（Jacob

---

[*] Translated by Jorn Barger, 2002. 巴格还对福楼拜的这部分不太可靠的观点进行了分类，其中包括"值得取笑的事""值得坚定反对的事""值得'愤慨'的事""值得鄙视的事""无人知晓的事"。

[†] 参见 *New Yorker*, 27 August 2013, https://www.newyorker.com/books/page-turner/in-place-of-thought。

August Franckenstein）成为《包含所有科学与技艺的大型通用百科全书》（*Grosses vollständiges Universal-Lexicon aller Wissenschafften und Künste*）这部巨著的第一任编辑，这套对开本图书共 64 卷，用了 18 年才出版完毕。每卷厚约两英寸，共 63000 页，约 284000 个条目，估计字数有 6700 万字。后来还出版了 4 本补充卷，但编写者在写到"Caq"时就已经没有精力再按字母顺序排列了。

F

119

　　这部作品仍然是欧洲有史以来最大的百科全书之一。光是书名就值得单独放一个书架：《迄今为止人类凭借聪明才智所发明和改进的所有科学和技艺大全：包括整个世界的地理和政治概况，包括所有君主国、帝国、王国、公国、共和国、自由国家、城镇、海港、要塞、城堡、地区、政府机构、修道院、山脉、山口、森林、海洋、湖泊……还详细介绍了世界上最杰出、最著名的家族的历史与家谱，包括皇帝、国王、选帝侯、君主、伟大的英雄、国务大臣、战争领袖……的生平事迹；同样介绍了关于贵族、资产阶级、商人、交易员和艺术界的预算业务，以及所有的国家、战争和法律政策》。*

　　与众不同的是，这部百科全书还收录了在世人物的传记条目［光"瓦格纳"（Wagner）这个名字就有近 50 个条目］。此外，

---

* 　一般来说，人们会将其称为《通用百科全书》或《泽德勒百科全书》，即以其出版商和主要推手约翰·海因里希·泽德勒（Johann Heinrich Zedler）的名字命名，这也让人感到欣慰。泽德勒在这部百科全书出版初期几乎破产，他花了很多时间打官司来保护这部作品的版权。

这当中还存在大量的偏见。例如，美人鱼仍然是一个绝对真实的事物。《圣经》所载的内容是无可争议的事实。阅读小说被认为对年轻人有害。关于女性的条目所用的标题"Frauenzimmer"在先前用来指代"风骚的少妇"，后来指女人房间里的东西，这一条目以新闻简报的口吻解释说，女性在艺术和科学领域取得了非凡的成就，有时甚至与男性的成就不相上下。

这里的条目要么短得出奇，要么长得出人意料。莱比锡（Leipzig）是百科全书的发源地，弗兰肯斯坦博士也是这里的法学教授，有关此地的条目共占 155 栏，而"柏林"（Berlin）只有两栏内容。"莎士比亚"（Shakespeare）的篇幅不到一栏（每页有两栏），而在最初的版本中，根本没有提及当时还健在的巴赫（J. S. Bach），在补充卷中，其篇幅也不到一栏，尽管他被誉为"名垂千古"的作曲家。相比之下，德国启蒙运动的领军人物、哲学家"克里斯蒂安·沃尔夫"（Christian Wolff，1679~1754）却获得了惊人的 175 页篇幅（"柏拉图"只有 8 页）。为什么会出现这种反常现象？因为接替弗兰肯斯坦的编辑之一卡尔·京特·卢多维奇（Carl Günther Ludovici）是一位著名的沃尔夫研究者，我们可以认为，他只是情不自禁地写了这么多。*

我们还可以读到很多有意思的内容。例如，产自异国的"菠

---

*　为了避免这些内容显得不够全面，编辑还在有关几何学、色彩学、词典学和药用园艺学的条目中广泛提及了沃尔夫。

萝"是世界上最好的东西之一。它是一种"非常讨人喜欢的美洲水果"，具有"极佳的口感"和"宜人的气味"；它还具有药用价值，可以提高生育能力和精子活力，缓解恶心，改善痛风和关节炎症状，治疗肾结石。它甚至对"治疗精神错乱"也有帮助。

彼得·E.卡雷尔（Peter E. Carels）和丹·弗洛里（Dan Flory）观察到，医学相关的条目在细节上也很奇特。例如，在手部截肢方面没有接受过充分培训的外科医生可以查阅这部百科全书，以了解相关工作所需的工具，了解助手应该站在病人的哪一侧，了解锯断下臂骨所需的精确时间（与读完主祷文所需的时间差不多）。乳房切除术的过程也得到了分步骤详解。书中还有一些关于礼仪的奇特建议，包括一篇关于如何在社交聚会中控制尿意或屁意的文章（其关键在于耐心和抑制）。*

其中还有不少过激的言论。"犹太人"（Juden）这一条目追溯了犹太教从《圣经》时代开始的历史，声称上帝在十字架上受难后摒弃了犹太教。《通用百科全书》避免了任何与路德宗教义相悖的东西。犹太人狡诈、背信弃义，是"我们不共戴天的敌人"；他们只有皈依基督教才能获得真正的救赎。

如果我们承认，这样一个知识与观点的综合类宝库不仅仅

---

* P.E. Carels and D. Flory, "Johann Heinrich Zedler's *Universal Lexicon*", in *Studies on Voltaire in the Eighteenth Century*, vol. 194, Voltaire Foundation, Oxford, 1981. 另见杰夫·乐福兰德（Jeff Loveland）全面且富有启发性的作品 *The European Encyclopedia: From 1650 to the Twenty-First Century* (Cambridge University Press, 2019)。

是将一连串观点编辑在一起——当然这与《通用百科全书》自称拥有权威性是两码事——那么，18世纪中叶的德国似乎处于两个世界之间。这是一个相对和平的时代，一个尚未被政治或工业革命动摇的时代。启蒙时代对于那些始终被教会和国家束缚的著名作家和哲学家来说，是一个极具吸引力的时代。该百科全书提供了有关人类理解力和观点的迷人全景，仅在这一点上，这部书就与狄德罗的《百科全书》有很多相似之处。

　　但是，我们必须等待近30年，并再次将目光投向苏格兰，才能向下一部现代世界的伟大百科全书迈进一大步。

G

发　芽

GERMINATION

　　百科全书不像玫瑰花丛，不需要精心地修剪。实际上，它们更像是日本虎杖，往往会四处蔓延，自由发芽，一旦获得一点落脚之处，就能在一个国家当中稳稳地扎下根来，然后再茁壮成长。

　　1784 年，当第 2 版《大英百科全书》成功出版之时，距离第 1 版已经过去 16 年，其规模与成本都大大扩大，从 3 卷本飙升到 10 卷本。1777 年至 1784 年，这部书分 181 期发行，通常每周一期，总页数高达 8595 页（不过有些页码标错了：例如，第 7099 页之后紧接着就是第 8000 页）。每期的价格从 6 便士涨到 1 先令，全年装订本的价格也上升到 12 英镑，是第 1 版的 4 倍多。如果想买下整部百科全书的话，一个伦敦的熟练木匠必

124   须把赚来的钱全部存起来（并且不吃不喝），攒整整 15 年才够。[*]

    之所以多了这么多内容，在一定程度上是因为第 2 版中增加了不少人物传记，主要涉及那些已故的作家、艺术家和教会人士，其中大部分是英国人，苏格兰人占比很高。艾萨克·牛顿是其中所占篇幅最长的人物之一，几乎占了整整 3 页纸，而毕达哥拉斯只有一栏的内容（他"让自己的学生至少在两年内严格保持沉默；据说，如果他发现有哪个学生太想说话的话，就会把训练时间延长到 5 年"）。乔治三世是其中为数不多尚在人世的传记人物之一，在有关其祖先的条目中，有一小段内容是关于他的。女性也不再仅仅是人类这一物种当中的雌性，她们也成为传记的主人公，以文学名家伊丽莎·海伍德（Eliza Haywood）、阿芙拉·贝恩（Aphra Behn）和莱蒂西亚·皮尔金顿（Laetitia Pilkington）为代表。（皮尔金顿本人似乎"精通"各种题材的文学创作。有一天晚上，她的丈夫发现她和一个男人在卧室里厮混，而她则解释道，事情并非看上去的那样：那个男人只是不想让她借阅一本她很想要的书，但他非常乐意让她在自己的陪伴下阅读这本书，直到她读到那个，嗯，快乐的

---

*   有关第 2 版《大英百科全书》的细节问题，参见 "James Tytler's Edition: A Vast Expansion and Improvement" by Kathleen Hardesty Doig, Frank A. Kafker, Jeff Loveland and Dennis A. Trinkle in Frank A. Kafker and Jeff Loveland (eds), *The Early Britannica: The Growth of an Outstanding Encyclopaedia* (Voltaire Foundation, Oxford, 2009)。还有一部颇为生动活泼但有些过时的著作：Herman Kogan, *The Great EB* (University of Chicago Press, 1958)。

结局。）

　　在 1000 多篇传记当中，大多数内容都是颂扬性与说教性的，相关传记的作者大多会称赞统治者改善了人民的生活［巴克勒公爵（Duke of Buccleuch）尤其希望《大英百科全书》能增加传记的部分，而他本人也是《大英百科全书》最为慷慨的订购者之一］。凯瑟琳·哈迪提·多依格（Kathleen Hardesty Doig）注意到，在有关作家的条目中，大多数人都"在写出旷世杰作的同时过着模范般的生活"；古人的生活方式没有受到谴责，其中以尼禄的异装癖和萨福（Sappho）的同性恋行为为代表。而在宗教方面，只有新教伦理受到了推崇。

　　为什么第 2 版要比第 1 版贵上整整 1 倍？当然，很大一部分原因在于第 2 版的篇幅更长，但与新编辑詹姆斯·泰特勒（James Tytler）是否有关，就不为人知了。第 2 版的出版商还是安德鲁·贝尔和科林·麦克法夸尔，他们撤换威廉·斯梅利的行为在文化界引起了轩然大波。因为詹姆斯·泰特勒并不是文化圈的成员；他是一名药剂师，写过歌，还曾在一艘捕鲸船上担任过外科医生。他也曾编写过小册子，还曾打算用自制的小型印刷机出版自己的代表作《自然和启示宗教中最重要的主题论文集》（*Essays on the Most Important Subjects of Natural and Revealed Religion*），可惜只印到第 64 页就放弃了。他出版过的最接近商业书籍的作品可能是两年前问世的关于爱丁堡娼妓的详细指南。但他要求的薪资很低，一年才 16 先令。他兴致勃勃地开始了新的工作。[*]

　　泰特勒的兴趣既广泛又奇特。他为第 2 版《大英百科全书》所做的工作既显得专断，也很主观。他本人的观点相当具有争议性，在编辑之时，他也很是敷衍。他将这部作品比作航海家的指南针，不过如果读者完全依赖这个"指南针"的话，只怕会经常搁浅。有些内容显得莫名其妙，又带着一丝浪漫，例如，泰特勒对神话中的海洋生物（美人鱼只是其中的一个例子）是否真实存在持开放态度。其他一些让人觉得奇怪的条目则与那个时代脱不了干系。在"私生子"（Bastard）的条目中，他指出，只要在斯塔福德郡的一棵橡树下生下私生子，就不会遭到人们的谴责。有关蒸汽机的篇幅只有 7 页，而"流数术"（Fluxions）[†]的篇幅有 6 页。单看篇幅的话，我们很难知道蒸汽机会给这个世界带来多大的改变。

　　在历史和地理领域，相关的条目内容显著增加："美洲"的部分从 31 行扩展到 20 页，"英国"从 5 行增加到 81 页，"法国"从 15 行丰富到 26 页。无论是在大革命期间还是在大革命后编写的，在这些条目当中，传统的叙事依旧占据着主导地位，美洲的许多地方仍处于英国的殖民统治之下，美洲原住民被描绘

---

[*]　多依格及其同事认为詹姆斯·泰特勒可能没怎么参与那本娼妓指南的编写，不过他们确实承认"那时的他可能算是走投无路"。贝尔和麦克法夸尔希望让第 2 版更上一层楼，因此他们需要出色的合作伙伴，他们同意与其他 8 家苏格兰印刷商 / 书商一起负责印刷与推广第 2 版《大英百科全书》。

[†]　微积分的旧称。——译者注

成懒惰之人（除了当他们打算向白人"复仇"之时）。"殖民地"（Colony）的条目解释道，"众所周知，我们遭遇了很大的挑战。对于我们来说，描述这一事件既显得多余，又让人倍感心痛"。

类似的论调（对于当代的读者来说，这确实令人震惊）不止于此，在当时的编辑看来，"劣等"民族遍布各地。塞浦路斯人很懒惰，霍屯督人既懒惰又愚蠢，高地人相当野蛮。由于地方官员的腐败，中国人都生活在"水深火热"的苦难之中。而在"利斯"（Leith）这一条目中，我们看到，出口到西印度群岛的商品中包括葡萄酒、服装、鞋子以及黑人。此外，书中还包括大量对异域神话般的想象：刚果的蚂蚁会在夜间围住人和野兽，它们"甚至有能力把骨头都消化掉"；西西里岛的埃特纳火山（Mount Etna）里有一个漏斗形空间，里面有一条"巨大且深不可测的沟，古往今来，人们都将那里视为恐怖之地，其简直就是地狱里惩罚罪人的地方"。

新版《大英百科全书》没有在条目后注明撰稿人的姓名，而是提供了一份长长的名单（长度是第1版的4倍），并在开头进行了如下解释：

为了完成如此艰巨而重要的任务，我们投入了巨大的人力与物力。我们精心挑选了每一个学科领域最适合的人选。对于那些可以进行删节，同时又不会损害文义的作品，我们都尽可能仔细地进行了删减；对于那些简明扼要的作品，我们则进行了仔细的研究，并尽可能忠实地保留原文。如果相关的主题晦涩难懂或论述不完善，我们会尽自己最大的努力弥补［或修正］其中的缺陷，对于编纂者认为其他作者没能给予适当说明的部分，我们会选择插入原创短文。需要注意的是，此类原创短文的数量也不算少。

当然，其中不乏富有抒情性、实用性和娱乐性的内容。例如字母"G"的条目：

银河系（Galaxy）：在天文学中，这个词指的是一条长长的、白色的、发光的轨迹，像是一条环绕在天际的横幅、围巾或腰带，在晴朗的夜晚，尤其是没有月亮的时候，人们很容易就能看到它。希腊人根据其颜色和外观，称之为"银河"（Galaxy of Milk）；出于同样的原因，在拉丁语里，人们称之为"乳河"（via lactea）。古代的诗人和哲学家将银河描述为英雄们去往天堂的道路。

伽利略（Galilei）：著名数学家、天文学家，佛罗伦萨贵族之子，生于 1564 年……1592 年，他被选为帕多瓦（Padua）大学的数学教授，据说，在那期间，他发明了望远镜；或者，根据其他人的说法，他改进了望远镜，使其更适合于天文观测活动。1612 年，他观测到了一些太阳光斑，并于次年在罗马发表了这一发现；在一系列文章当中，他大胆断言哥白尼的理论是正确的，并提出了一些新的论据来佐证这一点。为此，他被带到了宗教裁判所，在被监禁了几个月后，他被释放了，前提是他需要保证放弃这些异端观点，不再为其进行辩护。但之后，在1632年，他在佛罗伦萨发表了《关于托勒密和哥白尼两大世界体系的对话》，为此，他再次被传唤到宗教裁判所，并被关进了罗马教会法庭的监狱……在法庭的判决之下，他一直被关押到1634年，《关于托勒密和哥白尼两大世界体系的对话》也在罗马被烧毁。

守护精灵（Gnomes）：某些神话中的生物，根据犹太神秘主义者的说法，它们居住在地球的内部，身材矮小，是采石场、矿井等地的守护者。参见"精灵"（Fairy）词条。

精灵（Fairy）：在古代文本和浪漫故事中，指的是一种神灵，与人间相通，采取各种或好或坏的异想天开的行为。她们通常被想象成拥有比人类更高贵本性的女性，但也会受到欲望、激情、意外甚至死亡的影响；她们在年轻美貌时表现得十分活泼、善良；一旦失去美貌或美貌衰退，就会变得情绪低落、易怒、恶毒；喜欢穿白色的衣服……

"园艺"（Gardening）也是一个篇幅得到大幅扩充的条目，在第2版中，该条目占了38页。园艺在"人文艺术"中"享有相当高的地位"，是"展现自身想象力和品位的舞台"。作者指出，园艺不再仅仅局限于花园之中，还可以应用到公园、农场或马场之中。在所有这些领域，园艺师的职责都是让场地变得更加美观，同时改正其中存在的缺点。不过，也要谨防过度美化，例如，萨里郡的沃本农场（Woburn Farm）就有些装饰过度。

这当中还包括很多指导内容。"除非有特别合适的造型或主题，否则单纯摆放岩石很难让人满意：因为岩石离人们的日常生活太远，显得贫瘠、荒凉；让一处场景看上去既荒芜，又恐怖。"紧接着，作者详细介绍了几座英国花园的设计，尤其是位于白金汉郡、归斯托所有的花园，无论是哪个季节，这座花园都有值得人们细细品味的地方。例如，夏末之时，"一切植物都迎来了成熟，但很快就将走向衰败。花开了又谢，果实成熟了又腐烂，草长了出来又枯萎。到了深秋时分，所有的景象都指向了衰败，这不是个让人感到开心的季节……"

但"烟火制造术"（Pyrotechny）这一条目的篇幅增加得更多。该条目长达 31 页，其中有 4 页是安德鲁·贝尔绘制的版画。我们了解到了硝石与硫黄发挥的作用，以及各种烟花的制备方法。还有关于迫击炮与引信的详细说明，以及制作"爆竹"的步骤指南：

　　将纸剪成宽 3.5 英寸、长 1 英尺的纸片；每张纸片的一端向下对折 0.75 英寸；然后将双边向下对折 0.25 英寸，再将单边向后对折一半……然后一遍又一遍地折，每折一圈就搓一搓；做完之后，再将其前后弯曲 2.5 英寸左右……

如此反复折叠许多次后，才能加上火硝纸。而这与其他种类的自制烟花的复杂程度相比，简直是小巫见大巫。几乎可以肯定，这篇长文是由泰特勒亲自撰写的。此外，他还编写了"化学"（Chemistry）、"地震"（Earthquake）、"电"（Electricity）、"热"（Heat）、"热气球"（Hot-air Ballooning）等条目，其中"热气球"是当时的新发明。

受到蒙戈菲尔兄弟（Montgolfier brothers）的启发，泰特勒认为"热气球没什么难的"。1784 年，他得到了资金支持，乘坐高 40 英尺、直径 30 英尺的热气球进行了首次飞行。他在爱丁堡的科姆利花园点燃了热气球上的燃煤装置，根据一些人的说法，"一群支持者，包括一位绰号'诺斯勋爵'的高尔夫球童"为他的壮举欢呼。他飞了大约半英里，然后坠落在一条公路上。不久之后，他又飞了起来，结果被一棵树缠住。罗伯特·彭斯在他的《苏格兰歌曲札记》（Notes on Scottish Song）中称他为"气球泰特勒"。在回到地面之后，泰特勒为第 3 版《大英百科全书》做出了些许贡献，之后，他乘船去往美国，在那里，他希望能实现自己的诸多计划，但最终沉溺在酒精当中。有一天晚上，他醉醺醺地跑到雪地里，结果得了重感冒，最终不治身亡。

汉密尔顿的选择
HAMILTON'S CHOICE

如果你是美国独立战争时期纽约国王学院（King's College）的图书馆馆长，现在，你手头的预算只够买一部大型百科全书，一部将为亚历山大·汉密尔顿（Alexander Hamilton）、约翰·杰伊（John Jay）和罗伯特·利文斯顿（Robert R. Livingston）等年轻有为之士提供信息和灵感的百科全书，你会选择哪一部呢？《大英百科全书》显然是很好的选择，但还有其他几个选项。也许，你更喜欢以下几部。

1763 年至 1764 年，由绅士协会（A Society of Gentlemen）负责编辑、舰队街上的书店老板 W. 欧文（W. Owen）出版的 5 卷本（共 3500 页）《新编艺术与科学知识大全》（*A New and Complete Dictionary of Arts and Sciences, Comprehending All the Branches of*

Human Knowledge）是一个不错的选择。这套书的目标在于做到比以前出版的任何一套百科全书都"更加普遍、全面"："即便是最小的昆虫和植物也能在其中找到一席之地。"

　　或许，由乔治·塞尔比·霍华德（George Selby Howard）编辑、1788 年在伦敦出版的对开本《新编皇家百科全书，或称现代版艺术与科学知识大全》（*The New Royal Cyclopaedia or Modern Universal Dictionary of Arts and Sciences*，共 3 卷）也在备选名单当中。这部书号称是"全新改良版本"，收录了"所有最新的发现和改正后的知识"，尤其关注"两栖动物学、雷电学、流数术、测距学、植物学、立体测量学和战术学"。事实上，这部书在很大程度上抄袭了钱伯斯版《百科全书》的更新版。

　　又或者，你可能会被一套意大利版百科全书所吸引。由吉安弗朗西斯科·皮瓦蒂（Gianfrancesco Pivati）编纂的图文并茂的《新百科全书》（*Nuovo Dizionario*，1746-1751）反映了威尼斯外贸事业的变化，让－亨利－塞缪尔·福尔梅（Jean-Henri-Samuel Formey）1767 年出版的《简明百科全书》（*Encyclopédie Réduite*）也是部值得阅读的作品。

　　但仅仅过了几年，在纽约的国王学院更名为哥伦比亚学院（Columbia College）之后，你的选择就容易得多了。那就是托马斯·多布森（Thomas Dobson）编纂的《百科全书》。

　　这部从 1789 年开始出版的著作（共 18 卷外加 3 本增补卷）可能看起来有点眼熟。其中的内容非常像第 3 版《大英百科全

书》，可以说，95% 的内容都是如此。另外 5% 的内容是为了取
悦美国读者而增补、更正或修订的，毕竟，美国读者的眼光相
当挑剔：第一批订购者（除了国王学院和耶鲁大学的图书馆馆
长）包括本杰明·富兰克林、托马斯·杰斐逊和亚历山大·汉
密尔顿。乔治·华盛顿也非常喜欢这部书，他自己就买了两套。

托马斯·多布森的图书销售生涯开启于爱丁堡。1784 年，
三十出头的他带着妻子和三个女儿搬到了费城，并迅速成为
"装帧典雅、版本精良"的外国图书进口商，他经手的图书包括
莎士比亚、斯威夫特、蒲柏和斯特恩的作品。此外，他还列出了
医药和儿童方面书籍的专业目录。费城是当时美国人口最多、最
发达的城市，按照多布森的传记作者罗伯特·D. 阿尔纳（Robert
D. Arner）的说法，只有在费城，像百科全书这样雄心勃勃、风
险极大的项目才有成功的希望。这里聚集了全美最富有的商人
和立法者，以及著名的小说家和演员，而且很快就将成为联邦
政府的所在地。在这里，多布森看到了属于自己的机会：不是
要仅仅进口《大英百科全书》，而是要在费城当地重新排版、印
刷、改良《大英百科全书》。*

1789 年，多布森在当地报纸上刊登广告，宣称要出版一部
美国本土从未有过的出版物。这部书将在未来几年当中按周分

---

* 有关这一问题的论述，参见 Robert D. Arner, *Dobson's Encyclopaedia* (University of Pennsylvania Press, Philadelphia, 1991)。

期印刷，四开本，每期 40 页，全书共包含 400 多张铜版画。每卷售价 5 美元。不过，多布森之前的经历并不能让他对此感到足够乐观。一年前，多布森曾宣布要出版爱德华·吉本（Edward Gibbon）《罗马帝国衰亡史》（*Decline and Fall of the Roman Empire*）的 8 卷豪华版（大八开本，"装帧精美，封面镀金刻字……并配有精美的作者头像和所有地图"）。每卷为 2 美元，但由于他要求预先付款，并未吸引足够多的客户掏钱。[*]

　　到了美版《大英百科全书》之时，多布森再次要求读者预先付款，但这次，他的书籍简介更有说服力，同时还有费城、纽约、波士顿和巴尔的摩代理商的协助。他拒绝了挨家挨户上门推销的方案，不过，就在 5 年前，图书代理商帕森·威姆斯（Parson Weems）就以这一方案成功地推销了书籍。在多布森看

---

[*] 我原本应该在更早的地方说明一下有关印刷厂版面尺寸的问题。在 20 世纪之前，百科全书的尺寸通常有两种。最早、最厚重也最负盛名的是对开本，约为 12×19 英寸。四开本的尺寸约为 9.5×12 英寸，因此其更受欢迎，也更容易利用。这些术语指的是一大张原版纸张被对折的次数。四开本指的是用对折两次的纸张进行印刷，第一次对折与第二次对折呈直角，由此能产生 4 张纸（或 8 页）。以同样的方法，八开本（如今许多现代精装书仍在使用的格式）会再对折一次，生成 8 张纸。

我们所熟知的莎士比亚《第一对开本》是于 1623 年印刷的，尽管他早期的戏剧文本是以四开本的形式广泛流传的，但质量并不算好。古腾堡的第一批印刷本也是四开本。最早的《大英百科全书》是对开本，而我们大多数人买过的或在图书馆查阅过的书籍则比传统的四开本略小，为 8.5×11 英寸。现代书籍的尺寸很复杂，不同国家有不同的说法。英国、美国、日本等国的标准尺寸并不互通。当然，有关 A3、A4、大页纸的尺寸，各国的定义也有所不同。如果你确实打算弄明白这件事，请参考：wikipedia.org/wiki/Paper_size。

来，这种方法是短视的，因为这"会让书在公众心目中的形象大打折扣，而且总是能把这本书从书商手中夺走，书商也就不会再对此类书籍感兴趣"。

H

他在报纸上刊登的广告与贝尔和麦克法夸尔在爱丁堡发布的广告如出一辙，这也难怪。虽然他从来都没有正式承认，但毫无疑问，从本质上讲，他所从事的工作就是盗版：美国的版权法保护国内出版物，但来自海外的出版物不享有这种特权，可以想得到，美国尤其不保护来自前宗主国的出版物。唯一的要求在于，任何重印或翻译的出版物都应当以改善美国读者的阅读环境为目标。在多布森看来，这样的要求很好实现。他做的第一件事就是删除了给乔治三世的献词。安德鲁·贝尔的数百幅铜版画也都被复制过来，一些被稍做修改；美国的雕版师经常在贝尔署名的位置上刻上自己的名字，而多布森则用广告误导那些美国书商："这部作品当中的每一部分都是由美国的艺术家完成的。"多布森希望这部《百科全书》（他在出版前放弃了"大英百科全书"这个名字）很快就能成为这个新生国家最及时、最可靠的出版物。罗伯特·阿尔纳指出，"多布森的《百科全书》将旧世界的秩序、权威以及先前的范例带到了无序的新世界当中，并斥责了那些可能危及文化和学术的民主过度行为。"此外，《百科全书》还强调史观的头号地位。虽然美国在政治上与英国决裂了，但他的《百科全书》之所以有吸引力，"主要还是因为这部书承诺将美国的知识界与欧洲的传统和学术重新连接起来"。

在英国，第3版《大英百科全书》收获了广泛的好评。在詹姆斯·泰特勒沉迷于热气球后，热心的新任编辑、圣公会牧师乔治·格里格（George Gleig）进一步提高了《大英百科全书》的声誉，新版的销量达到13000册，出版商净赚42000英镑。尽管许多小型企业在试图效仿这一成功案例时遭遇了财务危机，但毫无疑问，百科全书出版项目是有利可图的。一个很明显的标志在于：爱丁堡的相关部门收到了几份版权侵权令状，其中最重要的一份来自詹姆斯·克拉克（James Clark），他声称第3版中有61页的内容，连同其中的铜版画，照搬了他的一本关于给马钉马掌和预防马病的书。法院判他胜诉，但没有命令抄袭方给予他相应的经济赔偿。

这部书的关键创新之处在于，编辑决定大规模招揽各领域的专家为其供稿，这一点赢得了社会各界的广泛赞赏，没过多久，这一点就成为所有伟大百科全书的标准操作。例如，《折中主义评论》（*Eclectic Review*）认为该书"相当出色"，《不列颠评论家》（*British Critic*）也称赞这是一部"伟大的作品"。但印刷量的增加可能会影响书籍的质量：人们对铜版画的评价不一，从"尽如人意"到"糟糕透顶"。不过，也有人对这部作品大加挞伐：《农业杂志》（*Agricultural Magazine*）将整部百科全书斥为"比最卑鄙的苏格兰乞丐还要卑鄙的垃圾"。

在费城，多布森最初确定的印数是1000套，但早期订购者对这套书的兴趣使得印数翻了一番。当买家于 18 世纪 90 年代初拿到第 1 卷时，他们发现了许多给英国读者留下了深刻印象的条目——其中包括关于对数和批判哲学（康德）的最新条目，以及专门为第 3 版撰写的关于法国大革命的 50 页长文——以及旨在以支持后革命精神取悦美国读者的新增内容。不过，实际上，书中的内容改动很小，而且存在许多明显的遗漏。虽然在题为"总统"（President）的条目中增加了有关行政长官的内容，在"年表"（Chronology）条目中增加了 1787 年这一条，以囊括在费城制定的新宪法，但这部百科全书中并没有提到《独立宣言》，也没有增加美国人的传记（甚至连最应当包含的本杰明·富兰克林也没有自己的传记）。

作为为多布森撰稿的主要人物之一，美国地理学家杰迪代亚·莫尔斯（Jedidiah Morse）负责了有关美洲印第安人、几个州的历史以及独立战争期间具体战役的条目。不可避免的是，他对战争的解释和英国方面的解释大相径庭。《大英百科全书》认为，"每一个政治共同体在建立之初都是可鄙的"，并将"北美一部分殖民地的动荡和一些英国政治家的失误"归咎为坏人的影响。莫尔斯的观点则更为积极正面：过去，在旧大陆，新兴的政治体制被斥为"野蛮部落的野蛮模式"。但"催生这个新共和国的环境截然不同"。革命的起因也截然不同。他并没有遵循英国人的解释路径，即指责法国密使煽动民众发动暴乱，破坏了其"对祖国的依恋之情"。莫尔斯补充道，更重要的原因在于

美国人"对压迫的憎恶……对自由的热爱，以及……对自身所
受伤害的敏感"。此外，他还声称，在英国人看来，冲突"可能
源自任何方面，但不可能是由自己的不当行为导致的"。

　　虽然多布森推出的《百科全书》头几期深受读者欢迎，但
他的经济状况十分拮据。他开始越来越迫切地呼吁订购者付款。
此外，他还在《美国公报》（*Gazette of the United States*）上刊登了
一则公告，略带冒失地"向拖欠款项的订购者表示，准时付款
是非常必要的……虽然对个人来讲，几块钱可能微不足道，但
一旦积累起来，就会给出版商带来严重的麻烦"。

　　灾难也的确降临了。1793 年 9 月，计划的 18 卷书刚刚出版
了一半，一场大火就席卷了他的大楼，不仅烧毁了那些正在印
刷的书，还烧毁了印刷工具。整个铸字工厂都被烧毁了，总损
失超过 5000 美元。多亏陌生人的好心帮助，多布森才得以迅速
恢复元气，尤其是一位印刷商向他捐赠了一整套新的金属字库。*

　　这套书最终于 1798 年完工，最早的评论出现在第二年。查
尔斯·布罗克登·布朗（Charles Brockden Brown）在他的《月刊
兼美国评论》（*Monthly Magazine and American Review*）中宣称："这
部作品的规模远远超过了美国以前出版的任何作品。"布朗承认
这样一部作品耗费了巨大的人力、物力，也有一定的风险性，

----

* 这场大火是多布森个人遭遇的悲剧，但那几年席卷费城和东部沿海地区的黄
　热病则是整个国家的悲剧，这场传染病也对他的出版进度和销售造成了很大
　影响。

他指出，其中的错误和疏漏是不可避免的，尤其考虑到这部书参与人数之多，所涉主题之广。他尤其推崇书中的交叉索引模式，因为"这很好地体现了各种知识之间的相互关系"，这是百科全书有别于词典的显著特征。

然后，正如阿尔纳教授所指出的，布朗开始抒情，他从《失乐园》中获得了灵感，不仅赞美了多布森的项目，还赞美了"百科全书"这一概念。没有什么比这更能体现新生的美利坚合众国的愿景与目标：

> 百科全书的编纂者将读者引向了一个崇高的顶点，让他们能够眺望眼前一望无际的前景；他们为读者指出了人类在漫长岁月中积累起来的劳动、经验和智慧；帮助读者回顾人类思想从粗陋走向精良的历史，并教导他们展望一个更加开明的未来，在其中，智力能够实现充分的发展，人类的知识将承担光荣的使命。

信息爆炸

INFORMATION OVERLOAD

第 3 版《大英百科全书》（1788~1797）中的三个新条目让我们看到了这部书出版时，这个世界在观察"远处"与"近处"时所拥有的新工具。其中，"测微计"（Micrometer）占 19 页，"显微镜"（Microscope）占 32 页，"望远镜"（Telescope）占 50 页。*

"显微镜"这一条目的开头很简单：透镜、反光镜、列文虎克。我们从中了解到了不同版本的显微镜——威瑟林（Withering）的"便携式植物显微镜"（Portable Botanic）、埃利斯（Ellis）的"水生动植物显微镜"（Aquatic），以及借助这一工具，人类

---

* 在"测微计"与"显微镜"这两个条目中间，夹着的是一种名为"星蕨"（Micropus）的神秘植物，它是一种"鼠曲草类植物，属杂性纲……花托为掌状；没有冠毛；花萼被萼片覆盖；花冠没有弧度"。

可以观察到的现象："从鱼尾或鱼鳍、青蛙趾间的薄膜或水蝾螈的尾巴中，最容易观察到血液的循环。"在该条目的铜版画中，作者共展示了 30 多种透镜和校准工具："你可以将需要观察的物体放在 G 号针中、H 号钳子中、M 号置物板上或 O 号中空黄铜盒当中，至于具体选择哪一个，看你方便。"

140

伴随着科学技术的不断发展，人们渴望着掌握并解释这些新发现的现象。《大英百科全书》的编辑不需要单纯的"新发现"，因为"研究"已成为这个时代专业出版物当中的时髦用语。文化史学家彼得·伯克举了几个例子：荷兰哲学家科尼利厄斯·德·保罗（Cornelius de Pauw）写的《关于美洲人的哲学研究》（*Recherches Philosophiques sur les Américains*，1768），1788 年出版的杂志《亚洲研究》（*Asiatic Researches*），法国博物学家、进化论者让 - 巴蒂斯特·拉马克（Jean-Baptiste Lamarck）出版的《关于物理原理的研究》（*Recherches sur les principaux paits physiques*，1794）和《关于生物体组织的研究》（*Recherches sur l'organisation des corps vivants*，1802），康沃尔的化学家汉弗莱·戴维（Humphry Davy）所著的《化学与哲学研究》（*Researches, Chemical and Philosophical*，1799），以及法国古生物学家乔治·库维尔（Georges Cuvier）的《化石研究》（*Recherches sur les ossemens fossiles*，1812）。*

"第二个大发现的时代"也包括一系列重大的地理发现，西

---

* 参见 Peter Burke, *A Social History of Knowledge, Volume II* (Polity Press, Cambridge, 2012)。

方世界对南洋、非洲内陆、南北美洲、西伯利亚和澳大利亚的探险填补了地图上的"黑暗"和空白之处，而这些地方随即也成了殖民掠夺的首选之地。每一次新的探险都让伦敦皇家地理学会（Royal Geographical Society）和莫斯科科学院（Academy of Sciences）的成员们欢呼雀跃，探险家们也因此声名鹊起：大卫·利文斯通（David Livingstone）、亚历山大·冯·洪堡（Alexander von Humboldt）、蒙戈·帕克（Mungo Park）、詹姆斯·库克（James Cook）、刘易斯（Lewis）和克拉克（Clark）。在急迫地追求新发现的同时，人们也渴望能控制、拥有和开发这些新的资源。

百科全书就是人们控制新发现资源的一种手段。历史书和地图是所有权的象征；包含浩瀚知识的书籍是读者无与伦比的财富。百科全书很快也就成了其旨在反映的社会现实的一部分。《大英百科全书》本身就是一块仍有待人们开发的土地：那些曾经空白的书页现在被沾着墨汁的新知识占领（20 世纪初宣传百科全书的一则广告里声称，这当中有"异国他乡的景色、陌生民族的服饰"）。只要英国还宣称自己是一个帝国，多卷本的百科全书就是印刷品中的殖民标志（用一句老生常谈的话来说，知识就是力量）。

在这个突然到来的黄金时代里，考古学、古生物学和人类学的研究也大有进展，在此期间，长时段的概念本身也得到了重新审视。1750 年，人们普遍认为地球只有 6000 年的历史，而地质学家则表明，实际上地球已经有数百万年的历史了。当天文学家加入这一行列后，这个数字又变成了数十亿年，百科全书的编纂者所面临的挑战不仅仅是要解释地球，还要解释我们在宇宙当中所处的位置（我们认为我们生活在一个信息时代当中）。

18 世纪末，为了适应所有这些新发现与新获取的知识，有关储存与档案的研究成了一门新的学科，而关于知识收集的技艺和对新发现信息的分类也是如此。百科全书在概念与设计上再次反映了这一系列发展，而且，在接下来的几十年当中，百科全书的编纂者会一直面临这样的问题。

从某种意义上说，编纂百科全书是件很容易的事情：解决信息增多的方案就是编更多卷。但到哪里才是尽头呢？一个旨在应对信息爆炸、缩减书籍内容的项目怎样才能不让自己也成为信息爆炸的推动者？有一部分知识是不是无须编写进来？ 1773 年至 1858 年在德国印刷出版的《家用百科全书》（ *Ökonmische Encyklopädie* ），最终出版了 242 卷，这个篇幅是不是过长了？

事实上，知道这本书的人并不多，而这或许算是对上述问题的一个回答。人们一般将这部作品称为《克吕尼茨》，也就是以整部百科全书的创始人（也是前 72 卷的编辑）约翰·格奥尔格·克吕尼茨（Johann Georg Krünitz）的名字进行代指［据说，他是在编写"尸体"（Corpse）这一条目时去世的］。这是一部伟大的综合性百科全书，在其出版的最初几年备受推崇。但规模并不代表一切，这部书没能给自己找到足够多的读者，其也很快就被一套名为《布罗克豪斯百科全书》的新书所取代，我们很快就会了解到有关这部百科全书的更多信息。

J

年 鉴

JAHRBUCH

我们完全可以从《迄今为止由人类的聪明才智发明或改进的所有科学或技艺之知识的完整大词典》(*Grosses vollständiges Universal Lexicon Aller Wissenschafften und Künste, Welche bißhero durch menschlichen Verstand und Witz erfunden und verbessert worden*) 一书中看出，德国人到底有多么喜欢长长的书名。

因此，当我们得知德语世界中最伟大的百科全书也有一个异常长的名字时，应该不会感到惊讶。不过，这部书的书名长度还算可以忍受。从 19 世纪初一直到 2006 年，《收录科学与技艺领域社交会话中出现之主题，并纳入新旧时代一切事件的简明手册》(*Conversations-Lexikon oder kurzgefasstes Handwörterbuch für die in der gesellschaftlichen Unterhaltung aus den Wissenschaften und Künsten vorkommenden Gegenstände, mit beständiger Rücksicht auf die Ereignisse der älteren und neuren Zeit*）以各种形式出版了近 200 年，其规模和受欢迎程度时增时减，不过，这部书的影响力、知名度和寿命都仅次于《大英百科全书》。

第 1 版共 6 卷，于 1809 年至 1811 年出版，2000 册的印刷量在几个月内就售罄。在 1812 年至 1819 年出版修订版时，由于欧洲爆发的战争与工业扩张，出版商认为，有必要将其规模增加到 10 卷，并将印数增加到 3000 册。他们对书名也进行了修订，毫无疑问，新版书名进一步变长，甚至书名本身都可以构成一卷了。

144

J

《内容涉及社交会话与阅读中包含的物品、名称与术语，涉及民族、人类历史、政治、外交、神话、考古、地理、自然历史、贸易、商业、美术、科学等领域：收录了口语当中使用的外来词，并尤其重视古往今来的重大历史事件，供受教育人士使用的手册，或称会话词典》（*Conversations-Lexicon oder Handwörterbuch für die gebildeten Stände über die in der gesellschaftlichen Unterhaltung und bei der Lectüre vorkommenden Gegenstände, Namen und Begriffe, in Beziehung auf Völker- und Menschengeschichte, Politik und Diplomatik, Mythologie und Archäologie, Erd-, Natur-, Gewerb- und Handlungskunde, die schönen Künste und Wissenschaften: mit Einschluß der in die Umgangssprache eingegangenen ausländischen Wörter und mit besonderer Rücksicht auf die älteren und neuesten merkwürdigen Zeitereignisse*，简称"《会话词典》"）这部书的编辑与出版商是大卫·阿诺德·弗里德里希·布罗克豪斯（David

Arnold Friedrich Brockhaus）。为了节省时间和精力，几乎从一开始，他所负责的这部伟大的百科全书就被人们简称为《布罗克豪斯百科全书》。在德国，"布罗克豪斯"一词之于百科全书，就如同"罗杰特"（Roget）一词之于分类词典（thesaurus）。

整项工程的最初灵感源自德国学者雷纳图斯·戈特赫尔夫·洛贝尔（Renatus Gotthelf Löbel）博士。1796 年，在认识到狄德罗的《百科全书》和《大英百科全书》拥有的巨大影响力后，洛贝尔着手在莱比锡编写一套十分简陋的新版德国百科全书，但很不幸，洛贝尔在 19 世纪尚未到来之时便已去世。在其他几位编辑和出版商相继接手之后，布罗克豪斯加入了这项工程，并在他两个儿子的协助之下对其进行了大规模调整。

是什么让这部百科全书如此与众不同？是什么让第 11 版《大英百科全书》（1910/1911 年出版）的编辑得出如下结论——"没有任何参考书比布罗克豪斯的《会话词典》更有用、更成功，也没有任何参考书比《会话词典》更频繁地被复制、模仿与翻译"？答案就（部分）体现在书名之上。这部书是"供受教育人士使用的德语百科全书"，其中包含一个简单但具有广泛吸引力的概念。与《大英百科全书》日益冗长的哲学和科学条目相比，《布罗克豪斯百科全书》旨在提供一种更大众化的获取知识的方式：书名中的"受教育人士"一词极具包容性，这部书的写作目的是吸引那些拥有好奇心的年轻人，而非仅仅面向高素质人群。此外，这部书还借鉴了报纸的元素：从 1857 年起，该书每月都会出版增刊。但很奇怪的一点在于，这些增刊被命名为《年鉴》（*Jahrbuch*）。从 1865 年起，增刊每月出版两期，名称则变为《我们的时代》（*Unsere Zeit*）。在此之前，人们从未将百科全书理解为一种能够不断帮助自己提高知识水平的活生生的教程。[*]

出版商在不断地推出新的版本，销量也水涨船高；第 5 版重印了两次，销量超过 3 万册，这是一项相当了不起的成就，其影响力很快就远远超出德意志地区。该书第 7 版的英译本为《美利坚百科全书》（*Encyclopedia Americana*，1829~1833）奠定了基础，这部书是继多布森的作品之后在美国最为成功的百科全书。1890 年，该书的俄文版在圣彼得堡出版，读者可以选择购买 35 卷的版本或 86 卷的版本。[†]

从 1808 年到 1943 年，《布罗克豪斯百科全书》的编辑部一直都位于莱比锡的一栋建筑当中，1943 年，这里遭到了英国人

146

---

[*] 布罗克豪斯并非没有竞争对手。例如，约瑟夫·迈耶（Joseph Meyer）出版的《会话词典》（*Konversations-Lexikon*）图文并茂，是一部规模更大、政治性更强的作品，不过，庞大的规模也使得这部书很难适应社会的变化与不断涌现的新事件。在第二次世界大战期间，温德 - 迈耶（Wunder-Meyer）公司被纳粹接管。两家企业最终于 20 世纪 80 年代中期合并。
Lexikon 一词的正式翻译是词典，但从 18 世纪开始，这个词就可以指代任何按字母顺序排列的事物。因此，Konversations-Lexikon 通常指的是通俗易懂的百科全书，而非单词目录。

[†] 与《大英百科全书》不同，《布罗克豪斯百科全书》一直是一套规模适中的出版物，其规模可根据读者的需求进行调整，而到了现代，由于财务拮据和读者关注度下降，《布罗克豪斯百科全书》也进一步缩减了自己的篇幅。例如，在二战之后的 1952 年至 1957 年首次出版的第 16 版将卷数从 25 卷砍到了 12 卷，1977 年至 1981 年的第 18 版卷数进一步减少。

的轰炸，部分建筑被毁。4 年之后，《布罗克豪斯百科全书》的编辑部在威斯巴登找到一间新的办公室，这项伟大的工程得以再度开工。2006 年，这套书最后一次进行了大规模印刷，那时，这部百科全书已经受到互联网的严重冲击。但在网络上，这部书依旧活力不减，人们能在其电子版网站上看到"欢迎来到知识和学习的世界！"的标语。

在爱丁堡，《大英百科全书》的编辑并没有忘记定期更新的重要性。面对日益激烈的竞争环境，《大英百科全书》的出版商意识到，只有与时俱进，大英百科全书的条目才能保证深度、质量以及可靠性。革命无处不在：技术革命、医学革命、哲学革命、地缘政治革命，到处都是革命。应对这些革命的方式就是出版更多的增补卷和年鉴，但这并不能完全解决问题。那些与之竞争的出版物更符合时代潮流，当然，这仅仅是因为它们是后出版的。

而在 18、19 世纪之交，这样的出版物比比皆是。人们可以在威廉·亨利·霍尔（William Henry Hall）的《新皇家百科全书》（*New Royal Encyclopaedia*）、《肯德尔的袖珍百科全书》（*Kendal's Pocket Encyclopaedia*）、《爱丁堡百科全书》（*Edinburgh Encyclopaedia*）、《英国百科全书》（*English Encyclopaedia*）和《国内百科全书》（*Domestic Encyclopaedia*）之间做出选择。与《大英百科全书》相比，所有这些百科全书的篇幅都更短、价格更低，当然，编纂的过程也更匆忙。在羡慕《大英百科全书》成功的同时，这些百科全书的出版商声称自己简明扼要的作品更适合普通读者。

但是，最大的威胁仍然来自那位老朋友——《百科全书》（*Cyclopaedia*）。这已经不再是 1728 年由埃弗拉姆·钱伯斯编辑的简明对开本（2 卷）；事实上，新版《百科全书》已经成了一部规模庞大的四开本图书（39 卷），共 32000 页，约 3200 万字，还附有 5 卷插图和一份包含 61 幅折叠地图的地图册，其规模几乎是狄德罗的《百科全书》和 1810 年第 4 版《大英百科全书》的两倍之多。这套书在 1802 年至 1819 年按字母顺序连续出版，和类似的出版物一样，这样的出版模式意味着读者在了解世界上的 Y 和 Z 之前几年，已经对关于 A 和 B 的知识了解颇多；在这部书出版的 17 年中，这种情况偶尔会让广泛应用的交叉索引模式受到读者的嘲讽，"橡子（Acorn）：表示橡树类树木的果实……见'种子'（Seed）条目"的读者要等上好几年、好几卷才能了解到有关这一内容的更多信息。

该书的编辑是亚伯拉罕·瑞斯（Abraham Rees），他是威尔士长老会的牧师、皇家学会的会员，决心将知识"传播到教室之外，甚至是大学之外"。他所推动的新事业满足了人们对传记和当代历史知识的需求，而该书中对欧洲革命的同情性描述却遭到了部分读者的严厉指责。为了反驳相关的批评意见，编辑不遗余力地强调该书的新教倾向与英国特征，甚至将路易王（King Louis）拼成了"King Lewis"。在其他方面，这几卷书也是启蒙运动的典范：大量长篇幅的条目探讨了科学家对原子系

148

统、宇宙和地球起源的最新解释，以及植物学、动物学和自然史方面研究的最新进展。

其中有许多引人入胜，同时又有些出人意料的不寻常之处。例如，有些字母排序的方法是独创的："纽约"（New York）被排成了"York, New"，"圣艾夫斯"（St Ives）被排成了"Ives, St"。有时，字母表中排序靠前的一些条目会混入靠后的条目当中——例如，以 I 和 J 开头的条目经常随机出现在其他地方，就好像编辑突然想到了这些新的条目，又来不及重置印版一样。有些内容显得很奇怪，或者至少可以说是过度专业化，比如这部书中有一份 16 页的神秘表格，专门用于以太阳为中心，追踪木星的经纬度变化，这一表格需要附加两页的说明，才能让读者勉强明白其内容，仿佛读者在了解这些知识之后，乘着火箭前往木星会变得更容易一样：

> 从表 1 当中挑出远日点和交点的平均经度，加上参数 Ⅱ、Ⅲ、Ⅳ、Ⅴ、Ⅵ、Ⅶ、Ⅷ、Ⅸ，再把它们排成一条横线。如果在该表中找不到特定的年份，则以距离特定年份最近的年份为标准，并按之前的方法依次挑出；在该年份的数据之下，从表 2 中选出远日点和交点的平均经度，再加上参数。*

---

* 　这些表格是在约翰·哈里森（John Harrison）设计出在海上能精确测量经度的航海钟的 60 多年后出版的。

其他条目也能够让我们瞥见 19 世纪初的科技进步：

电池（Battery）：在电学中，这个词指玻璃涂层的组合物，当它们连接在一起之后，就可以通过一个共同的导体充电、放电。本杰明·富兰克林博士……组装了一个由 11 块大玻璃板组成的电池，其中每一面都涂有涂料，连接起来之后，整个玻璃板都可以一起充电。约瑟夫·普里斯特利（Joseph Priestley）博士组装了一个更为完整的电池，他说，经过长期使用，他认为没有理由对这一电池的任何部分进行任何改动。这个电池由 64 个罐子组成，每个罐子高 10 英寸，直径 2.5 英寸，顶部 1.5 英寸范围内有涂层；整个电池有 32 平方英尺大。

在普里斯特利博士之后，现代版最完美的电池是由住在伦敦波兰街的卡思伯森（Cuthbertson）先生在荷兰为海尔勒姆（Haerlem）一家博物馆的负责人泰勒（Teyler）制作的，他当时住在阿姆斯特丹……泰勒拥有的第二个大电池是卡思伯森先生于 1789 年制作完成的。这是有史以来最大、最完整的电池……其中包含 100 个罐子……整个电池共有 550 平方英尺的涂层，为了方便，整个电池被放在了四个独立的箱子里。

铌（Columbium）：化学中的一种新金属。1802 年，查尔斯·哈切特（Charles Hatchett）先生从出自大英博物馆的一种矿物里发现了这种新金属。据说,这种矿物与一些来自美国马萨诸塞州的铁矿石标本一起被送到了汉斯·斯隆(Hans Sloane)爵士那里。在他的分类目录中,这种矿物被描述为"一种非常重的黑色石头,带有金色条纹"。外表有玻璃光泽,某些部分略带金属光泽,硬度适中,非常脆。

150

铁路(Railway):在农村经济当中发挥作用的电车道或马车道,用铁、石、木材或其他材料建造的轨道。托马斯·特尔福德(Thomas Telford)先生是一位能干的工程师,他在谈到运河在[什罗普郡]运输各种物品方面发挥的巨大作用时指出,另一种运输方式已被广泛采用,那就是沿运河铺设铁轨,在铁轨上用能载重 600 磅到 3000 磅的马车运输材料;他认为,经验告诉我们,在地表崎岖不平的国家、缺乏运河的国家、产出物品重量大的国家,以及在大部分情况下需要从高处向低处运输货物的国家,铁路一般比运河更靠谱。

在这一宏大项目完成之后,编辑在序言当中指出,该书的出版"令编者深感欣慰"。亚伯拉罕·瑞斯以上帝般的第三人称口吻,向读者解释了自己是如何不遗余力地投入时间和金钱来编写这部书的,尽管"如果在之前他能预见到自己将为这部书消耗多少资源,以及由此带来的不可避免的焦虑,那么他可能永远不会开启这项工作"。此外,他还希望读者能够对自己的经历报以同情之心，因为"他为此奉献了将近 20 年的时光，而且，在此期间，他并非仅仅利用碎片时间来完成这项工作，而是每天都要花上 12~14 个小时在这部书的编纂上……毫无疑问，这严重损害了他的身体健康"。

甚至在序言中，他也承认，自己在某些方面做得确实不够好。对于这部书的篇幅，他也相当遗憾地表示："如果能让这部百科全书再浓缩一些……编者就会更加欣慰，因为如此一来，这部书的销量可能会进一步增加，花费的资金也会相应减少。"

151

J

在法国，也有一部与之类似的巨著。只不过，从规模上讲，法国的这项工程还要大得多。由夏尔－约瑟夫·庞库克（Charles-Joseph Panckoucke）编辑并出版的《系统百科全书》（*Encyclopédie Méthodique*，1782~1832）对狄德罗和达朗贝尔的作品进行了大幅重组与扩充，全书共 203 卷，有 1 亿多字。*

《系统百科全书》摒弃了按字母顺序排列的方式，转而采用了"主题词典"的模式，这样一来，读者就能够按主题系统地学习知识。在"编辑说明"当中，庞库克将编纂的过程形容为一砖一瓦地重建一座美丽的宫殿。先前的宫殿属于狄德罗；而新编辑则是为整座宫殿安装了新的供暖系统。

---

* 这不禁让人想起 1731 年弗兰肯斯坦和泽德勒试图编纂的《通用百科全书》，尽管那是一部历时 18 年，共出版 64 卷的"小作品"。

由于条目篇幅增加，那些在启蒙运动当中争议较大的学说能够更隐蔽地在最大程度上保留，并可以通过审查。不过，数量和篇幅上的增加并不一定等于质量的提高，也不一定能换来更高的订购率。一些撰稿人可能是为了获得更多的稿费而多写了不少字，而另一些撰稿人则是希望能将与该主题有关的所有内容包含在内。至于这部书的主编庞库克，他似乎并不打算从事一些真正的编辑工作。多就多了。事实上，想要打造一部终极参考书的目标和想要穷尽互联网一样，只会让人感到沮丧。这里说的终极，是对谁而言的终极？这部独一无二的巨著又怎么可能跟得上 19 世纪的发展步伐呢？亚伯拉罕·瑞斯在序言中也承认："科学是不断进步的，自这部著作问世以来，有许多领域都取得了不小的进展。"

《系统百科全书》所涉及的范围类似于刘易斯·卡罗尔（Lewis Carroll）和豪尔赫·路易斯·博尔赫斯（Jorge Luis Borges）对完美制图学的构想：为了达到真正意义上的精确，地图的大小必须与其所覆盖的区域相同，比例尺应为 1 英里对 1 英里。这种精确程度显然是荒谬的，就像百科全书无所不包一样荒谬。实际上，全套《系统百科全书》只售出了大约 1500 套。

在未来的几十年中，每部百科全书的编辑都在努力让自己的作品包罗万象，但他们都不得不承认：这根本做不到。更广泛的读者群、工商业的发展、更低廉的印刷成本和更丰富的营销渠道，加速了专业百科全书和两卷本或三卷本通识百科全书的发展。《大英百科全书》的第 7 版（1830~1842）和第 8 版（1853~1860）均共 21 卷，甚至《大英百科全书》的编辑也信誓旦旦地称，这套百科全书包含读者需要了解的一切，而非可知的一切。到第 9 版出版之时（1875~1899），《大英百科全书》逐渐形成了自己的特色——其撰稿人是那些在各自专业领域顶尖的专家，尤其是科学方面的专家。这部书共 25 卷，被称为"学者版"，其行文的学术风格往往超出普通读者的理解能力范围。

　　这一切的基础涉及一个更为宏大的问题，而且，我们仍然可以围绕这个问题展开争论：什么是知识？我们如何将知识呈现在一部书之内？

J

K

知　识

KNOWLEDGE

　　知识能让人感受到威严。拥有一套大型百科全书，就像是在客厅布置了一个地球仪，或是拥有一幅手绘的贵族领地地图一样，能给人一种高贵的感觉。19世纪初，拥有一套《大英百科全书》已经成为人们骄傲、尊贵，甚至是荣誉的象征。《大英百科全书》往往是身份的象征，它就是家庭图书馆中的百达翡丽（Patek Philippe）。

　　据说有这样一个故事（没准还是真的）：1797年到1834年在位的波斯国王法特赫－阿里（Fath-Ali）在即位之初获得了一套共18卷的第3版《大英百科全书》，他以此为荣，甚至决定为此改变自己的头衔。这套书是由英国大使从伦敦费了九牛二虎之力才运来的，国王为此感到欣喜不已，他决定从此之后将

自己的头衔改为"最崇高、最慷慨的君主；像月亮一样灿烂，
像太阳一样辉煌；世界的瑰宝；美、穆斯林与真正信仰的中心；
真主的追随者；正义的化身；最慷慨的万王之王；全宇宙的主
人，他的宝座是天堂的马镫杯；最强大的领主，《大英百科全
书》的主人"。*

　　随着 19 世纪的发展，这样的事情越来越常见。人们经常购
买一套装订精良的百科全书来布置自己的房间；显然，他们在
日常生活中并不怎么查阅这些书籍，阅读只不过是次要目的。

　　但是，如何才能更好地传播并让读者吸收这些知识呢？
1824 年，哲学家亚历山大·布莱尔（Alexander Blair）在《布莱
克伍德杂志》（*Blackwood's Magazine*）上撰文指出，从本质上讲，
大型百科全书的理念注定会失败。他还强调，"这是一个根本性
的谬误"。布莱尔声称，要想获得知识的进步，就只能靠个人全
身心地投入自己的专业研究当中。这是一个"分离而非组合的
过程"。他认为，先前有关"科学大全"的想法有一个重要的
基础，那就是认为个人可以掌握全部知识，但这显然是一个错
误的观念。而"百科全书"这一名称越来越多地出现在单个学
科的研究当中，这一事实更加佐证了他的观点，例如《风趣百
科全书》（*The Encyclopaedia of Wit*，1804）、《园艺百科全书》（*An
Encyclopaedia of Gardening*，1822）和《音乐百科全书》（*An Encyclo-*

------

* 　这个故事最著名的出处：Herman Kogan, *The Great EB* (University of Chicago
　　Press, 1958)。

paedia of Music，1825）。[*]

布莱尔显然认为百科全书存在两个缺点：篇幅过长，以至于任何人都无法通读；内容包罗万象、过于广泛，即使以论文的篇幅来讲述一个主题，也没法论述完整。这一观点并不罕见。在百科全书诞生后的最初半个世纪里，钱伯斯、狄德罗、达朗贝尔、贝尔和麦克法夸尔的想法就发生了微妙的变化，他们希望自己出版的百科全书并非扩展版的词典，而是一个更大型的知识库。这与钱伯斯提出的"将图书馆的全部藏书浓缩为一套著作"这一理念仍相去甚远，但人们确实希望增加百科全书的可读性，而不是仅仅将其作为参考书（即"这就是你所需要的一切"，而不是"这也许能满足你的需要"）。几十年后，人们的想法又发生了变化，市场营销人员发现，将百科全书描述为一套工具、一个助手（而非无所不知的导师）来推销要容易得多。但是，在 19 世纪初，关于如何准确地呈现这些知识——实际上，也就是百科全书的设计初衷——的争论仍然存在，这一问题没有一个标准答案。

在这一问题上最著名的辩手已经登过场了，只不过，现在，他的声音更大了。正如本书前文所述，塞缪尔·泰勒·柯勒律治斥责《大英百科全书》的出版商按字母顺序编排各卷（这

---

[*]   转引自 Richard Yeo, *Lost Encyclopaedias: Before and After the Enlightenment* (Book History, Johns Hopkins University Press, 2007, vol. 10)。

套"相互之间毫无关联的巨型杂录……就是一个毫无价值的怪物")。他的不满情绪持续了很多年，到1817年，他终于将自己的观点扩展成了一份完整的宣言，而这份宣言又促使柯勒律治展开了名为《大都会百科全书》的精彩冒险。这部作品的基调与他在前一年出版的史诗《忽必烈汗》(Kubla Khan)并没有什么不同，在这当中都有富丽堂皇的穹顶和深不可测的洞穴。在他的构想当中，元上都"仙那度"(Xanadu)就是现在的伦敦，而那个梦则是前所未见的知识宝库。

柯勒律治的宏伟计划强调知识系统内的相互关联，将科学、艺术和其他学科作为一个具有内部统一性的整体，而非彼此毫无关联的碎片。他认为，这是学习、记录世界上知识的方式，也是展示拥有智慧的灵魂如何超越自身所处环境的方式。

这一思想最早见于1796年柯勒律治写给朋友的一封信中。从德国的大学学习归来后，他提议开办一所学校，"招收8名年轻人，每人学费100几尼……让他们学习：1.野蛮部落的历史。2.半野蛮民族的历史。3.摆脱半野蛮状态的国家的历史。4.文明国家的历史。5.奢靡国家的历史。6.革命国家的历史。7.殖民地的历史"。

这部百科全书的关键词是"方法"(method)。他以数学家、物理学家，以及在他之前的弗朗西斯·培根的方式使用这个词：有条理、系统地从一个信息或观点推进到另一个信息或观点。他曾在文章中写道："我们自己的内部以及我们周边的万事万物都处于一片混沌当中，没有方法。可能有转变，但不可能有进步；可能有感觉，但不可能有思想：因为，没有方法，思想就不可能存在。"

这并不是纯粹的幻想。《大都会百科全书》共有 59 个部分，共 30 卷（22426 页，565 幅插图），从 1817 年起，一直出版到 1845 年，由 4 位编辑共同完成，柯勒律治担任创始监督兼啦啦队队长。其目录结构显示了这部百科全书在主题方面的多样性以及该书的编辑方法，同时也表明，这是一部与《大英百科全书》截然不同的作品。

在许多方面，这部百科全书都让人回想起古代世界。"纯粹科学"部分包括逻辑学、修辞学、数学、形而上学、道德和神学。"混合与应用科学"包括机械学、气动学、光学、天文学、热学、声光学。"美术"包括绘画、纹章学、音乐和雕刻。"实用技艺和自然史"包括农业、木工、防御工事、解剖学和动物学。这些都是篇幅很长且相对细分的研究，内容深入细致，充满了编写者的学术热情。读者不适合在一个天气恶劣的周日随意翻阅这些书籍。如果你购买了这套《大都会百科全书》，你就拥有了一个由关于核心专题的小书组成的大图书馆。

例如，"钱币学"（Numismatics）的条目就长达 31 页，文字紧凑，采用双栏排版，约有 3 万字。每一个朝代的每一枚钱币的正反面都经过仔细研究，每一场战争、每一位神、每一次战车竞赛的符号都配有一个故事及其铸造目的。读者会发现，希腊钱币上的符号"大多是农产品",其中包括葡萄酒、甜瓜和欧芹；罗马的钱币在尺寸上有所缩小（这标志着货币的通货紧缩）；金字塔的符号显示了从公元前 300 年到公元前 200 年这类钱币的相对价值［1 塞斯特提（Sestertius）等于 2 奎纳里乌斯（Quinarius），20 奎纳里乌斯等于 2 西斯（Tremissis）］；此外，一些钱币上还有表示高级职位的缩写［Trib Pot 表示有执政官权力的军事指挥官（Tribunitiâ Potestate），Pont Max 表示祭司长（Pontifex Maximus）］；奥古斯都时代黄铜、铜和银制货币具有不同价值——针对每枚硬币，专家都做了评估。最后，作者还向读者展示了适合不同级别收藏家的钱币柜和钱币箱，并就如何排列藏品提供了建议。在此处，作者也没有采用字母表的排列顺序，而是采用"更符合事实的排列系统"。这里的"事实"，一方面指的是年代学意义上的事实，另一方面指的是曾经流通过这些钱币的地点（在那里甚至还可能找到埋藏在地下的钱币群）：高卢、色雷斯、马其顿、帖撒利、伊利里亚、伊庇鲁斯、尤博伊亚、扎辛图斯、科马吉尼、腓尼基、帕提亚和宙吉塔尼亚。

这样的内容排布意味着读者很难在中途获得休息机会。诸如此类的条目（我选取了其中涉及面最广的一个条目）仿佛是从悬崖峭壁上凿出来的一块平地，而一旦你进入其中，就会发现这些内容并非毫无趣味（借助钱币的故事，读者能了解到古罗马的昔日辉煌）。但是，这些长篇幅的条目彼此紧挨着，中间几乎没有给读者留下喘息的机会，四周也缺乏其他百科全书中

158

可能编排的地理或文学小知识，实际上，那些供人休息的小方块既有启发性，又引人入胜。

　　例如，在与 1830 年至 1842 年出版的《大都会百科全书》同时出版的第 7 版《大英百科全书》中，当人们搜索詹姆斯·穆勒（James Mill）关于新闻自由的思想时，还会发现"大墓地"（Necropolis）、"尼泊尔"（Nepal）和"荷兰"（Netherlands）这些简短条目。相比之下，在《大都会百科全书》第 5 卷中，"气象学"（Meteorology）的内容有 165 页，"雕刻"（Engraving）的内容有 51 页（之后还有 20 页关于"雕刻"的注释）。这些条目的作者都是值得人们尊敬的各行各业领军人物，但他们都不认为简洁明了是一种美德。英国皇家学会会员、主教、牧师、天文学家威廉·赫歇尔（William Herschel）、数学家和计算机先驱查尔斯·巴贝奇（Charles Babbage）、剑桥大学圣约翰学院和牛津大学奥里尔学院的教授——他们都是伟大、杰出的人，也是擅长写学究式文章、夸夸其谈的人。

　　此外，在《大都会百科全书》的第四部分中发生了一些让人意想不到的事情。其中的最后几卷突然变成了按字母顺序排列、涵盖诸多主题的著作。其中包含《地理词汇大全》、《哲学词典》和《英语语言史》，似乎试图涵盖那些先前的条目中没有考虑到的内容，也许是为了满足大家对传统百科词典的期待（因为这些读者已经习惯了此类词典）。

　　尽管柯勒律治拥有非凡的哲学视野，但这一远见卓识实际
上是逆潮流的，以至于如今都没有什么人记得这部作品了。这
部书在大学中拥有广泛的受众，但未能在普通读者心里留下持
久的印象。评论界对其的评价也是褒贬不一。1862 年，《英国辩
论者》（*British Controversialist*）月刊的编辑著文表示这是一部"宏
伟巨著"，"绚丽多彩的智识令人目眩……"，逻辑学和修辞学
方面的条目"使人们大大提高了对百科全书的评价"。但一年
之后，《季刊评论》（*The Quarterly Review*）的编辑讥讽道："诗人
柯勒律治的建议……根本不切实际，如果有什么的话，也只是
有些诗意。"这本杂志指出，在随后的几年中，《大都会百科全
书》的大部分内容"都被人们从废墟中挖掘出来，由新的出版
商分卷重新出版，这些出版商获得了这部作品的'资产'，而他
们明确承认，《大都会百科全书》只不过是一个有价值的知识采
石场"。*

　　可想而知，《大英百科全书》并没有因柯勒律治的批评意见

---

*　尽管在当前这个时间点，《大都会百科全书》的可读性并不比当时更高（甚至
　　可能更低），但如今，这部书仍有拥护者，尤其是那些认为其在建立应用科学
　　框架方面发挥了重要作用的人。科学史学家罗伯特·巴德（Robert Bud）指出，
　　《大都会百科全书》后来的编辑之一 H.J. 罗斯（H.J. Rose）担任了伦敦国王学
　　院的校长，在这里，许多关于应用科学的合理论述在包括铁路和采矿在内的许
　　多工程领域以及艺术和制造业的一部分领域得到了实际应用。在新生的理工
　　学院运动当中，《大都会百科全书》也被视为有价值的教学工具，参见 Robert
　　Bud, "'Applied Science': A Phrase in Search of a Meaning", Isis, University of
　　Chicago Press, September 2012。

而改变自己的行事风格。第8版（1853~1860）收录了作家兼文学评论家托马斯·德·昆西（Thomas De Quincey）撰写的柯勒律治传记，其中，这位作家对柯勒律治进行了连续不断的抨击：他"为诗歌做出了巨大贡献"，他的诗歌"简洁又明快"；然而，从他的文学评论和《大都会百科全书》的行文（这是隐含的）当中可以看出，柯勒律治的散文"冗长且用词生硬，难以卒读"。同时，他还没什么幽默感。德·昆西总结道，柯勒律治"活在未来；而很可惜，他的未来是一家糟糕的银行；其开出的支票总是没法兑现"。

1803年，柯勒律治第一次展露出自己的雄心壮志，即出版一套旨在"为读者做好准备，让他们能够立即了解相互关联的思想和事实，并为休闲阅读提供一部令人愉快的杂录"图书，但这一雄心壮志早已被抛弃。1858年，在柯勒律治去世34年后，第2版《大都会百科全书》完稿，那些编辑已经彻底抛弃这个目标，新一代的读者想要从百科全书当中寻找些其他东西。

《大英百科全书》的出版商也面临如何与不断变化的世界保持同步的问题。没有什么比电灯更能改变现代人的生活了：电灯延长了工作与休闲时间，改变了人们的交通和娱乐方式，为人们提供了更多的安全感；百科全书的印刷速度进一步加快，销售渠道也更广阔，人们的阅读时间也变长了。但是，要想真正解释光的科学原理，人们还是需要按旧式的字母排列顺序在百科全书当中寻找答案。此外，传统的出版方式与撰稿人的拖延也有可能让读者没有办法及时了解到最新的知识。

19世纪70年代，《大英百科全书》仍是分卷出版的。第9版第1卷于1875年出版，而最后一卷，即第24卷，直到1888年才出版。负责"杂技演员"（Acrobats）条目的撰稿人需要比负责"牦牛"（Yaks）一条的撰稿人早十余年交稿。如果你负责的是"光"（Light）这一条目，那么，假如你在第14卷（Kaolin-LON，1882年付印）之后再提交稿件的话，就没有办法出版了。

除非你是瑞利男爵三世约翰·威廉·斯特拉特（John William Strutt，1842~1919）。瑞利男爵实在是太聪明了，以至于过了截稿日期都不能妨碍其条目的出版。作为伊顿公学和哈罗公学的学生、剑桥大学的教授和校长、英国皇家学会的主席以及许多科学奖章的获得者，瑞利男爵在数学、流体力学、黏滞性、爆炸、声学、摄影和电磁学方面都是专家。他发现并分离出了稀有气体氩（argon），并因此获得了1904年的诺贝尔物理学奖。

《大英百科全书》的编辑邀请他为第9版撰写"光的物理性质"这一条目。虽然编辑规定了截稿日期，但由于事务繁忙，他没能按期交稿，这部书也因此缺少了他的真知灼见（另一个人匆匆忙忙地填补了这一空缺）。不过，读者仍有读到瑞利男爵文章的可能性，一位有魄力的编辑为瑞利男爵在第17卷（MOT-ORM，1884年出版）中留了"光学"（Optics）条目的版面。但是，类似的情况再次发生：瑞利男爵未能按时交稿。之后，随着第 23 卷（T-UPS）出版日期的临近，编辑再次为瑞利男爵留了"波状光"（Undulating Light）条目的版面。但是，这一次他还是没交稿。在几乎失去所有希望的情况下，瑞利男爵向第 24 卷（1888 年出版）的编辑提交了他的著名论文《光的波动理论》（Wave Theory of Light）。在此之后，全世界的人都学习到了，在关于光作为波传播的众多假设中，"最著名的假说是把光比作弹性固体的横向波动。为了解释偏振现象，波动只能是横向的"。这种说法到底是极富启发性，还是模糊不清，只有读者自己才能判断。*

K

163

　　这是《大英百科全书》面临的另一个问题：如何将知识转化成读者可以理解的东西。对于首次接触某一主题的非专业读者来说，专家编写的条目往往很难提供什么帮助。例如，虽然很少有条目能像《大都会百科全书》中的那样富有专业性，但其中的许多条目实际上缺乏可读性。第 9 版《大英百科全书》是

---

* 当《大英百科全书》计划于 1902 年推出第 10 版（同时重印第 9 版，并附有增补卷）的消息传出后，瑞利男爵被邀请编写"氩气"（Argon）这一条目。除了和他合作发现氩气的威廉·拉姆塞（William Ramsay）爵士外，世界上没有人能比他更了解这种惰性气体。因此，如果由其他人来撰写《大英百科全书》中关于这种惰性气体的条目，那就太滑稽了。瑞利男爵撰写了大约 3000 字的文章，其中经常提到他在学术期刊上发表的原创研究成果。他解释了自己是如何从空气中分离出氩的，以及他和拉姆塞是如何在 1895 年向英国皇家学会展示他们这一令人震惊的发现的。同样令人吃惊的是，他成功地将自己的独到见解按时交给了《大英百科全书》的编辑，从而使得相关内容能在 A-AUS 一卷中发表出来。

一部汇集了英国顶尖大学学者的高水平杰作，但学术上的出彩之处并没有为其赢得相对应的销量。像瑞利男爵这样的人，即使按期完成了任务，也只是在为同行写作，这不可能扩大《大英百科全书》的读者群体。但后来发生了一件事，这件事彻底改变了《大英百科全书》的命运：两个才华横溢又没什么羞耻心的美国人来到了这里，一心想把这个项目拖进现代世界。

K

L

解放？

LIBERATION?

在 19 世纪的最后几年里，《泰晤士报》上登出了整版广告，出版商以 27 英镑的价格出售整套 24 卷本《大英百科全书》，这还不到原价 65 英镑的一半。这还是全羊皮面装帧的价格。半羊皮面装帧版仅售 20 英镑（原价 45 英镑），而无羊皮面装帧的布面版仅售 16 英镑（原价 37 英镑）。

你还在等什么呢？出版商向买家保证，虽然价格大幅下降，但他们所获得的价值丝毫未减，"一个字都没有减少"。他们能获得与那些支付了高价的人（真是可怜！）一样的非凡体验：全书共 3000 万字，22000 页，有 338 幅整页插图和 671 幅地图，另附共 499 页的索引卷。斯温伯恩（Swinburne）负责撰写济慈（Keats）的条目；罗伯特·路易斯·史蒂文森

（Robert Louis Stevenson）负责撰写法国诗人兼作曲家皮埃尔 –
让·德·贝朗瑞（Pierre-Jean de Béranger）的条目；数学家们
从高高的讲台上走了下来，用人们不太能理解的行文风格向读
者解释那些复杂的证明过程。购买者只需支付 1 几尼，就能买
到和图书馆以及其他机构专供图书一样的全套书籍，而且其用
的是同样优质的纸张。

　　当然，这当中也存在一个问题。虽然书是新印刷的，但

166

L

平衡中的世界：1910~1911 年出版的第 11 版《大英百科全书》

内容是旧的内容。便宜的版本是第9版，即"学者版"，其中的条目很精妙，或许太精妙了，里面的部分条目已有23年的历史。两个商人重新把这一版进行了包装，并公开销售，他们对内容没有进行任何编辑，实际上也没有时间阅读其中的内容。但对《大英百科全书》来说，这并不是什么坏事：降价促销改变了公司的命运和未来，也为多年亏损的《泰晤士报》带来了利润。在降价之前，如果不考虑成千上万的盗版印刷品的话，第9版10年的销量约为5000套；而《泰晤士报》上的广告在几个月的时间内就将这一销量翻了一番。除此之外，这两个商人都是美国人，他们带来了美国式的"硬推销"理念，改变了人们对百科全书的整体观感，即什么是百科全书，谁会去购买百科全书，以及他们应该如何为百科全书付费。

从此时起，百科全书不再只是为富人或受过良好教育的人准备的资料。它不再以撰稿人的同行为目标对象。现在，百科全书的目标客户是所有受过一定教育、希望更好地了解周围世界的变化、希望改善家人生活的人。人们开始追求全方位的知识，分期付款的模式也让他们负担得起这笔开销，由此，百科全书开始从市场的边缘走向主流。

《泰晤士报》上的降价广告在篇幅和外观上各不相同，几乎与法庭报道一样成为固定栏目。作为回报，以及编辑部对《泰晤士报》的支持，每售出一套《大英百科全书》，《泰晤士报》

就能得到 1 几尼的报酬。这真是天作之合：两家都是古板的权威机构，也都是缺少维生资金的知识库，在走向现代化的世界中苦苦挣扎。其中一则广告称"《大英百科全书》广为人知，无须赘述"，但接下来，这则广告用 5000 多字的篇幅对其进行了描述。

> 《大英百科全书》本质上是由那些凭借丰富知识写作的男性编写的作品。19 世纪的精彩故事是由那些创造了 19 世纪伟大成就的人讲述的……那些与无知做斗争、为他们那一代人带来启蒙的人，亲自讲述了光明是如何传播开来的。*

168

L

广告业务主要由亨利·哈克斯顿（Henry Haxton）负责，他是赫斯特（Hearst）集团人脉广泛的新闻记者，也是巴纳姆（Barnum）式的文艺表演家。他乐于借助任何噱头或计划

---

* 然而，尽管《大英百科全书》反映了人类在世界范围内取得的伟大进步，但这一版不知何故，忽视了其中一半的人，直到 20 世纪，女性在《大英百科全书》中的价值才逐渐得以展现并获得承认。在第 9 版的一卷（1888）中有一个明显的例外："与女性相关的法律"（Women, Law Relating to）这一条目。该条目开头写道："与女性相关的法律是逐步实施的，不过，其趋势倒是十分明显。无论是已婚的还是未婚的女性，其所受的限制都被一一消除。直到今天，在大多数国家，就私人权利而言，女性的法律地位与男性相差无几。在政治与职业方面，两性仍未实现平等，但即使在这方面，女性的权利也比过去大得多，而且，认为女性在智力和道德方面低人一等的旧理论实际上已经不攻自破。现在，那些为排斥女性而辩护的人必须以其他理由为自己辩护。"

来提高发行量，但也是一个具有较高文化素养的人，一个会参与城市沙龙的积极分子，也是詹姆斯·麦克尼尔·惠斯勒（James McNeill Whistler）的好朋友。

哈克斯顿受雇于霍勒斯·胡珀（Horace Hooper），在这个美国人的眼里，《大英百科全书》的学习性质与其商品性质没什么区别。胡珀是芝加哥出版学派的一分子，这些人出版了大量的廉价图书、山寨书、多卷本著作以及《圣经》，同时也孕育了向每一个希望被当作真正美国人的人出售参考书的思想。百科全书正是这一思想的最佳载体。如果说纽约和波士顿是图书贸易中礼仪周全的精品店，那么芝加哥就是喧闹的超市。在成功销售了大量名声不那么响亮的次品和盗版套装书之后，胡珀认为《大英百科全书》在美国以及英国的市场上都未得到充分开发。为了解决这个问题，他和同事们成功地与《大英百科全书》的所有者布莱克公司（A. & C. Black）谈妥了再版权，并着手唤醒这个沉睡的巨人。

不过，胡珀和哈克斯顿对第 9 版的大胆操作只是他们取得伟大成就的前奏。第 10 版仅仅是对第 9 版的一点补充，除了忠实地延续第 9 版的内容外，并没有什么特别之处，但第 11 版可以说是有史以来内容最丰富、最强大的通俗百科全书。事实上，第 11 版内容丰富多彩，经久不衰，以至于 90 年后维基百科开始运营之时，几乎将第 11 版的内容全部照抄到了自己的网站上，由此，这一版的《大英百科全书》为数字革命奠定了坚实的基础。*

　　和先前的宣传一样，哈克斯顿字斟句酌地考虑了第11版
《大英百科全书》的宣传语。他先是概述了这套书内容的广度、
深度（"历史与各民族的发展……传记、法律与物理……"）和
时效性（"《大英百科全书》能在……禁酒令、选举权、关税、
货币、水路、交通和政府所有权方面为您提供启迪"）。他称新
版的《大英百科全书》为"通识教育版"，这个词同时彰显了其
内容的全面性与平易近人的特征："在回答你、你的妻子和孩子
每天想到的上百个问题时，这部书将为你提供比任何其他来源
都更为精确的信息。"

　　这一版的核心主题是"进步"——世界的进步、英国在世界
范围内地位上的进步以及百科全书自身的进步。与前几版相比，
编辑们打算将其打造成一部更加吸引人的出版物，而且要让它
变得更加人性化。新的百科全书将邀请读者与自己展开一场对
话，并为读者提供解放自身的力量。剑桥大学出版社成为新的
出版商，这让《大英百科全书》更加体面。但是，在休·奇肖
姆（Hugh Chisholm）——一个慷慨大方、善于交际，新闻执业
经验仅局限于编辑《圣詹姆斯公报》（*St James Gazette*）的人——
的领导下，《大英百科全书》转而采用了一种更有活力，也不那

170

---

* 因为那时第11版《大英百科全书》的版权已经过期了。

么拘谨的写作方法，当然，行文也不再那么啰嗦，而且采用了一种更温和、更亲切的笔调。因此，这些条目的内容在语气上更接近于绅士俱乐部里的友好讨论，而非讲台上的严肃演讲。

时至今日，第 11 版仍然被广泛视为百科全书业和出版业的巅峰之作。首先是版面设计，每页双栏，排版清晰，字体紧凑，但也相当易读。其次是其中展现出的自信：亨利·哈克斯顿宣称这部书标志着"人类知识最高峰"，这样的说法并非信口开河；《大英百科全书》的编辑们基本认同这一观点，几乎可以肯定的是，绝大部分的读者也都如此认为。丹尼斯·博伊斯（Denis Boyles）在其关于第 11 版《大英百科全书》的杰出著作中指出，这部书"很难被人忽视；它言语精巧、合情合理、行文顺滑，常常有所保留，但又具有绝对的权威性"。他甚至称其为"最后一部伟大的英语百科全书。作为一部通识性的参考书，第 11 版无与伦比，从它出版的那一刻至今，这部书依旧是独一无二的"。*

1981 年，荷兰作家汉斯·科宁（Hans Koning）在《纽约客》杂志上撰文庆祝第 11 版《大英百科全书》的 70 岁生日：其读者群曾经包含了"地球上所有说英语的受过教育的人，他们……期望寻找并最终在这部书里找到了关于一切事物的权威解释"。

---

* *Everything Explained That is Explainable: On the Creation of Encyclopaedia Britannica's Celebrated Eleventh Edition, 1910–1911* by Denis Boyles (Alfred A. Knopf, New York, 2016).

　　科宁认为，1751 年出版的《百科全书》开启了人类的理性时代，而第 11 版《大英百科全书》则宣告了这一时代的终结。他认为，这标志着百科全书最后一次有望"以一套出版物为中心'绘制包含人类所有知识的圆圈'，因为在当时的人眼中，世界'是一个理性的地方，因而从终极意义上讲，也是一个和谐的地方……'1910 年，盎格鲁－撒克逊人的自信与自我满足感是不可动摇的"。

　　从事后来看，配合上我们对经验主义和殖民主义的怀疑，《大英百科全书》的这副腔调显得十分荒谬。我们知道，书中所反映的启蒙主义，以及科宁所谓的"近乎官方、近乎宗教性的乐观主义情绪"在法国和比利时的战场上被彻底击碎了；半羊皮面装帧的书本和其他旧书一样，随时有可能散架。但科宁认为，仅仅在 4 年前，在牛津与剑桥，在英国和美国的所有学术机构里，"有关人类的一切知识似乎很快就能被人完全理解、描述、改进，然后臻于完善"。百科全书就是这一领域的天然宝库，是整个世界的终极沙龙。即使在第一次世界大战之后，在如此多的不确定因素和混乱之下，《大英百科全书》仍然是一个靠山，尽管其并不算稳固；在我们的心目中，这仍然是我们在下一场战争中要保卫的世界，这 29 卷书和其他东西一样，能够为我们提供良好的庇护。

　　第 11 版共有 4400 万字。我最喜欢的是"苹果"（Apple）这

172　一条目，原因很简单。这个条目能告诉你一些你不知道的事情，而且表达简洁，不矫揉造作，令人读起来愉悦。最重要的是，其内容经得起时间的考验。除了有关嫁接、繁殖、施肥和收获的历史性描述和实用指导（共约 2000 字）外，条目内容中还透露出作者对这一主题的真挚热爱。与许多值得一提的条目一样，这一条目也有署名，或者说，至少包含了作者的首字母缩写（A. B. R.）。这是大英博物馆植物学部负责人阿尔弗雷德·巴顿·伦德尔（Alfred Barton Rendle）的作品。

　　一小段摘录：

L

　　苹果（Apple）：日耳曼语系常用词……还写作 aphul、apphal、apfal，现代德语写作 Apfel……苹果树（Pyrus Malus）的果实，该树属于蔷薇科梨亚科。是温带气候条件下栽培最广泛、最著名、最受欢迎的水果之一。在野生状态下，其被称为野生酸苹果，普遍分布于欧洲和西亚地区，生长在挪威的特隆赫姆等高纬度地区。西伯利亚的野生酸苹果属于另外一个种类。果实的外部特征已众所周知，无庸赘述。

　　在高纬度地区，苹果树的栽培比其他任何果树都要成功，最高可以生长在北纬 65° 的地区。尽管如此，苹果树的花仍然比桃树或杏树的花更容易受到霜冻的伤害。其花期比这些果树要晚得多，因此可以避免经受致命的夜间霜冻的打击。不过，北方地区种植的苹果个头小、口感硬、有裂纹，最好的果实还是产自加拿大和美国等夏季气候炎热的地区。

英国可能从罗马时期就开始种植苹果了，但许多品种的名称表明其源自法国或荷兰，而且从时间来看，传入英国的时间要晚得多。1688 年，雷（Ray）列举了伦敦附近种植的 78 个品种，而现在，据统计，这一地区大概存在 2000 个品种。英国有大量的苹果进口贸易，主要进口地为法国、比利时、荷兰、美国与英属北美。

但最令人高兴的是一份清单，一份按照成熟时间顺序排列的苹果目录。在我看来，这份清单实在令人着迷。在看到清单之后，我尤其渴望吃到脆脆的苹果。一想到下次去超市，甚至是去肯特郡最热心肠的苹果种植户那里，我都几乎没办法找到清单上的这些苹果，我就不由自主地感到难过。

　　白苹果（White Juneating）：7 月

　　爱尔兰桃（Irish Peach）：8 月

　　德文郡夸伦登（Devonshire Quarrenden）：8 月至 9 月

　　奥尔登堡公爵夫人（Duchess of Oldenburg）：8 月至 9 月

　　皮斯古德的诺内舒克（Peasgood's Nonesuch）：9 月至

11 月

山姆·杨（Sam Young）：10月至12月

皮蓬国王（King of the Pippins）：10月至次年1月

威克宫廷（Court of Wick）：10月至次年3月

西克豪斯鲁塞特（Sykehouse Russet）：11月至次年2月

费恩的皮蓬（Fearn's Pippin）：11月至次年3月

加拿大莱奈特（Reinette de Canada）：11月至次年4月

阿什米德核果（Ashmead's Kernel）：11月至次年4月

白色冬季卡尔维尔（White Winter Calville）（温室种

174 植）：12月至次年3月

布兰迪克甄品（Braddick's Nonpareil）：12月至次年4月

平度宫（Court-pendu Plat）：12月至次年4月

北方斯珀（Northern Spy）：12月至次年5月

斯卡利特甄品（Scarlet Nonpareil）：1月至3月

兰博修道院红苹果（Lamb Abbey Pearmain）：1月至5月

　　这里只列举了适合做甜点的苹果品种的一半。此外，还有9个此类苹果品种。而且，还有大量适合厨房烹饪的苹果种类，其中包括凯瑟克小苹果（Keswick Codlin）、萨菲尔德勋爵苹果（Lord Suffield）、约克郡格林苹果（Yorkshire Greening）和贝丝池苹果（Bess Pool）。这些信息是多么诱人啊。在我看来，这个条目正好可以在"阿平"（Appin，阿盖尔郡的一个沿海地区）和"内森·阿普尔顿"（Appleton，Nathan，1770-1861，美国商人、政治家）这两个条目之间起到缓冲作用（现如今，这个条目前面需要加上 App Store，后面则需要加上 Apple Computer）。第 11 版《大英百科全书》可能是有史以来最贴近生活、最适合随时随地阅读的一版了。

如果这部书没有那么笨重，你没准就会带着书到处找朋友炫耀了。在传记条目上尤其如此，因为这些内容正是百科全书的编纂者希望让读者读得开心的部分。仅在第 12 卷的第 714 至 715 页的一页中，就包含了从"墨西哥湾流"（Gulf Stream）到"口香糖"（Gum）的 7 个条目。我们从中能够了解到，"马尾藻"（Gulfweed）是哥伦布观察的褐色海藻的俗名。我们还读到了威廉·维特希·格尔（William Withey Gull，1816~1890）爵士的故事，他是一名临床医师，坚信永远不要给病人虚假的希望，他还是第一个（在 1873 年）正式描述如今被称为黏液水肿（myxoedema）疾病的医生，并将其定义为"成年人患的类克汀病"。我们知道了海鸥的鸥亚科（Larinae）、燕鸥亚科（Sterninae）和剪嘴鸥亚科（Rhynchops），并了解到伦敦动物学会（Zoological Society of London）的霍华德·桑德斯（Howard Saunders）如何在 1878 年统计出海鸥的 49 个品种。我们还遇到了约翰·古利（John Gully，1783-1863），他曾担任了 5 年约克郡庞特弗拉姆的议员。为什么这件事情值得单拿出来说呢？因为他的主业是运动员，而且，他每次都差点没法活着离开赛场：

L

175

起初，他是一名出色的拳击手，1805年，他在克拉伦斯公爵（后来的威廉四世）和众多观众面前与"斗鸡"（Game Chicken）亨利·皮尔斯（Henry Pearce）对阵，在打了64轮，耗时1小时17分钟后，他被打败了。1807年，他两次与"兰开夏的巨人"鲍勃·格雷格森（Bob Gregson）对阵，每次奖金200几尼，他两次都取得了胜利。之后，他在伦敦凯里街上开了一家名为普劳（Plaugh）的酒馆。1808年，他退出了拳击场，开始了赛马生涯。1827年，他因在圣莱杰赛（St Leger）中押注自己的赛马"马穆鲁克"（Mameluke，他为这匹马花了4000几尼）而损失了4万英镑。1832年，他与罗伯特·里兹卡莱（Robert Ridskale）合作，凭借"圣吉尔斯"（St Giles）和"马格拉夫"（Margrave）赢得了德比赛（Derby）和圣莱杰赛，赚取了8.5万英镑。1844年，他与约翰·戴（John Day）合作，用"丑巴克"（Ugly Buck）赢得了二千几尼赛（Two Thousand Guineas）。两年后，他用"皮鲁斯一世"（Pyrrhus the First）和"门迪坎"（Mendicant）赢得了德比赛和橡树赛（Daks）。1854年，他用"隐士"（Hermit）赢得了二千几尼赛，同年，他与亨利·帕德威克（Henry Padwick）合作，用"安多弗"（Andover）赢得了德比赛。古利结过两次婚，他和两任妻子各自生了12个孩子。他似乎与后来的议长塞尔比勋爵（Lord Selby）没有什么关系。

"64轮""和两任妻子各自生了12个孩子""似乎与后来的议长塞尔比勋爵没有任何关系"。我们不仅要容忍这些内容，还应该庆幸在书中有这么多有趣的东西；这些条目远不是按算法编排的。第11版中收录的传记比以往任何版本的《大英百科全书》都要多，其中的许多内容都生动地反映了人类的弱点与怪癖。汉斯·科宁对书中收录的大量离奇的德意志人故事既感到高兴又感到震惊，尤其是那些早已被人遗忘的军事战役中的王公贵族和军官，以及"多次出现"的小城镇名称，如因戈尔施塔特（Ingolstadt）。这部书中的条目内容相当详尽。例如，弗里德里希·鲁道夫·路德维希（Friedrich Rudolf Ludwig）有一本诗集在他死后的1700年出版，这本诗集中的"大部分内容都是对法语和拉丁语诗歌枯燥而又呆板的模仿"，但还不至于枯燥和呆板到不值得一提的地步。此外，传记里越来越"年轻化"：克里斯蒂安·海因里希·海涅肯（Christian Heinrich Heinecken）很有学习历史的天赋，他3岁时就会说拉丁语和法语了（可惜，1725年，在刚满4岁之时，他就去世了）。

当然，这部书也有弱点。第11版《大英百科全书》对许多我们现在认为十分重要的问题（如弗洛伊德和精神分析）视而不见，对性讳莫如深〔因为其中没有"性"（Sex）的条目〕。相反，对于我们现在认为十分不可信的话题（例如鬼怪和其他超自然现象、颅相学等），则给予了大篇幅的描述。我们可以尝试用我们现在经常使用的一揽子解释方式来原谅这些遗漏与错误：这部书诞生的时代与我们当下不同，那些人与我们有着不同的价值观和准则；后世之人不应总抓着前人的错误不放。

在导言中，编辑休·奇肖姆小心翼翼地表示，会在这部书中收录那些有争议的概念，这是先前的百科全书编纂者不愿意做的事情（尽管狄德罗和达朗贝尔都有革命倾向，但他们都很谨慎，害怕因其内容而获罪，所以不会特别认可那些有争议的条目，单纯地提一下就已经足够了）。不过，奇肖姆欢迎辩论，因为"公正并不在于隐瞒批评意见，也不在于不去了解那些不同意见，而在于一种科学式的尊重态度"。[*]

不过，我们必须面对名为"黑人"（Negro）的条目。这不仅仅是个问题，更是一种极端的偏见，这种偏见既无法得到合理解释，也无法被原谅。然而，包含这一条目的著作依旧摆放在图书馆的书架上（事实上，那本书就在我自己心爱的伦敦图书馆里，离我写这些内容的地方不到 10 码远，摆在书架的上层）。很难想象还有什么比这更令人不快的了。这一条目很可能会让你喘不过气来，因为这就是历史本身，在 1911 年，人

---

[*] 肯尼斯·克拉克（Kenneth Clark）在其回忆录《森林的另一部分》（*Another Part of the Wood*, 1975）中写道，在第 11 版《大英百科全书》中，"人们从一个主题翻到另一个主题，既为那些事实和日期所吸引，也着迷于作者的思想与特质。这一定算是狄德罗传统中的最后一部百科全书，因为狄德罗认为，只有当信息略带偏见时，才能让人过目不忘"。当然，"略带"一词现在可能被认为是轻描淡写。

们认为其中的内容既符合事实又十分明智。其作者是大英博物馆的首席人种学家托马斯·阿瑟尔·乔伊斯（Thomas Athol Joyce）。

> **黑人（Negro）**：源自拉丁语 niger，意为黑色，在人类学中，指那些皮肤明显黝黑的人，有别于皮肤为白色、黄色和棕色的人……人类之所以会拥有不同的皮肤颜色（以及不同的皮肤质感和体味），并不是因为皮肤当中存在任何特殊的色素，而是因为在内皮或真皮与表皮之间的马氏黏膜中含有的丰富着色物质。这种色素细胞并不是均匀地分布在全身的，直到出生的几周后才会发育成熟；因此，刚出生的婴儿的肤色往往是带一点淡红的巧克力色或铜色。但色素沉着过多并不局限于皮肤，在一些内脏器官，如肝、脾等，也经常能发现色素斑。与白种人相比，他们的其他特征包括排泄器官肥大，静脉系统更发达，大脑体积较小。

L

178

当然，这也是那个时代的产物，这个条目提醒我们那是一个怎样的时代。《大英百科全书》对中国人、阿富汗人、阿拉伯人和美洲原住民都表达了类似的、确定的偏见，这不会让人感到轻松，甚至不会让人感到惊讶（另外一些判断则天真得近乎滑稽：例如，反犹太主义只不过是"文化史上的一个短暂阶段"）。其中一些带有诋毁性质的条目具有很强的政治意味，这与百科全书中的"文明"（Civilization）条目不谋而合，在这一条目中，作者呼吁"借助遗传法则来改良种族"。[*]

179　　在第 11 版《大英百科全书》出版后的许多年里，出版商和

---

[*]　丹尼斯·博伊斯（Denis Boyles）指出，"黑人"这一条目的恶名——公然的种族主义——使得该条目成为第 11 版中阅读量最多的条目之一。没有任何记录显示，百科全书的编辑或其他撰稿人在销售时提出过任何反对意见，读者对此提出的任何反对意见也都可能与对其他条目提出的反对意见被以同样的方式处理，也就是说，被自信的编纂者无视。（你可以选择不继续读下去，但为了便于其他人了解事实，我在下面摘录了一些更具代表性的内容。）

> 从精神层面上讲，黑人不如白人。这是 F. 马内塔（F. Manetta）在对美国黑人进行长期研究后得出的结论，我们可以将其理解为对整个种族普遍的真实情况的描述："黑人儿童敏锐、聪慧、活泼，但成年之后，情况就逐渐发生了变化。他们的智力水平有所下降，活泼的性格转变为慵懒。"
> 还有很多人（尽管不是所有人）认为，美国的黑人在奴隶制下实现了进步，他们在获得解放时比刚来到美国时更有资格成为国家文明的重要贡献者，当然他们也要优于其在非洲的同类，不过，这种看法并不普遍。但是，在自由状态下，黑人进步的速度可能比在奴隶制下更快。
> 美国的黑人在南方各州的工业和经济生活中正发挥着重要且关键的作用，1908年，他们约占南方各州人口的 1/3。但是，这种生活正在以惊人的速度发生变化，变得不再那么简单，因为南方不再只有农业和家长制，还包括了制造业与商业，生活变得更加艰苦、复杂。黑人能否获得平等的机会，证明他们在这样的文明中能够像在即将消逝的文明中一样发挥作用，甚至发挥更大的作用；黑人能否证明自己能够把握住眼前的机会，并在未来不断变化的环境中，像过去一样继续成为国家生活中不可或缺的一部分，现在还言之过早。

《大英百科全书》广泛的影响力和权威性可能会阻碍上述段落中提出的进步的可能性，这是《大英百科全书》发挥的特别不好的作用。
1970 年，纽约一位名叫欧文·斯隆（Irving Sloan）的社会学教师发表了一份调查报告，在其中，他调查了 9 种流传较广的百科全书中对美国黑人的描述。他发现，近几十年来，情况有了很大改善，如有关"非裔美国人"通史的文章更加全面，偏见更少。但他也注意到，关于黑人男性成就的单独条目很少，关于黑人女性的条目也很少。参见：https://files.eric.ed.gov/ fulltext/ED090113.pdf。

推销人员一直将其宣传为能让读者省时省力地获取知识的工具。以前，《大英百科全书》主要以自身的内容为卖点——作者在专业领域的极高地位、条目中列出的独家材料等。而现在，《大英百科全书》逐渐以价格低廉，同时极具价值为自己的卖点。《美国杂志》（*American Magazine*）上的一则广告宣称："以目前的价格计算，这部书是有史以来最便宜的图书。"为什么这么说呢？因为只要购买了这部书，就省去了购买另外四五百本书的开销，而且成本"仅仅为后一种方案的1/7"。这套书还省去了未来16年里购买普通书籍的"艰辛过程"。整套书首付5美元，之后每卷5美元，可37个月或47个月交清，这取决于您选择的是深绿色羊皮版本还是深红色全羊皮面版本（还有一种付31个月的简装布面版本，"对那些只能负担得起最便宜版本的人来说，这一版能做到完全令人满意"；还有一种"全软天鹅绒面革装订"版本，价格根据申请情况而定）。

　　第11版中的"广告"（Advertising）条目由广告经理亨利·哈克斯顿亲自撰写。在其中，他表达了一种相当普遍的担忧："在法国和一部分英国的报纸上，广告往往以新闻的形式出现，读者总是担心自己会遭受蒙骗，这让他们很是苦恼。"

　　但在1913年，即第11版《大英百科全书》出版两年后，哈克斯顿又写了一则广告，庆祝他和他主推的百科全书所取得的伟大成功。这则广告发表在《泰晤士报》上，这与其所推销的产品无疑是相匹配的——哈克斯顿用了大量的篇幅来说明为什么这一版本优于之前的所有版本，而且没有丢掉原先版本的优势。这是"我们这个时代最成功的一部书"。哈克斯顿声称，在过去的两年里，这版《大英百科全书》已经售出了4万套，即116万册，这使得当前的这一广告"不是为了继续推销"这部百科全书，而仅仅是为了完成现有的订单。而现在，这套百科全书只剩下10%的存量可供出售了！读者可以选择不同价格的纸张版本——一种是"厚书纸"，每卷厚度为2.75英寸；另一种是英国制造的不透光印度纸，每卷厚度只有1英寸：这一创新源自"天才的灵感"。

毫无疑问，《大英百科全书》会成为"理想的圣诞礼物"，而且这部书现在非常便宜，聪明的读者肯定想一口气购入多套，这既是对知识的投资，也是对自己的投资。哈佛大学名誉校长C.W. 艾略特（C.W. Eliot）博士高兴地告诉记者："我买了两套，送给我的两个孙子。我觉得这部书的内容太棒了，而我的孙子们正处于最好奇的年龄，他们也非常喜欢这套书。"[*]

但并不是每个人都对这套书做出了很高的评价。约瑟夫·雅各布斯（Joseph Jacobs）在《纽约时报》上发表的一篇评论对第11版做出了批评。在他看来，这部书的绝大部分内容都是根据早期版本重印的：他估计"只有不超过1/5"的内容是新

---

[*] 艾略特博士对书籍的厚度了如指掌。他是50册"哈佛经典"（Harvard Classics）系列图书的编辑，这套书号称要占用"5英尺的书架"。

编写的。休·奇肖姆则回应道，情况恰恰相反，从先前版本中挪用过来的内容不超过 1/5（他声称，在对其中一卷的简单调查后发现，只有 16% 的内容出现在第 10 版中）。"我知道，在先前，没有哪一版不是从前面的版本中照抄来了很多内容，但事实是，与前一版相比，我有幸指导完成的这一版在内容上充满了新意。"

评论家兼诗人威拉德·亨廷顿·赖特［Willard Huntington Wright，他还以 S. S. 范·达因（S.S. Van Dine）为笔名创作过好几本侦探小说］对这一版展开了最有力也最持久的抨击。在 Britannica.com 这一网站上，关于赖特的条目列出了他的许多作品，其中包括哲学入门书《尼采的教诲》（*What Nietzsche Taught*，1915）和《狗舍谋杀案》（*The Kennel Murder Case*，1933）——但遗漏了一部非常重要的著作:《误导一个国家》（*Misinforming a Nation*，1917）。这本书长达 220 页，全书一直在强调美国是如何被英国"装出来的文化优越性"迷惑的，并指出，在美国，英国的一切事物都被高估与过誉了。在赖特看来，英国人对天主教的蔑视，加上他自己对美国信仰和审美等领域的知识偏见，助长了他的抨击。他把火力集中到第 11 版《大英百科全书》上，"这部扭曲的、封闭的、不完整的、相当英国式的参考书"的框架相当狭隘，而且"会在很大程度上威胁到"美国年轻人的思想；如果美国人将其视为权威，那么"我们的思想发展就会整整滞后 20 年"。赖特开足了马力，对其进行批判。他还发现，这部百科全书非但没有实现"广泛的收录",反而"让那些二三流的英国人……获得了巨大的篇幅与赞誉,远远超过其他国家真正的伟大人物……在阐述这部书所谓的优点之时,人们几乎用尽了那些夸张的词语……诚实的商业道德与规范被抛到九霄云外"。[*]

不过,他的这番猛烈抨击似乎并没有影响第 11 版的销量。这一版在全球范围内都取得了巨大的成功,卖出了约 100 万套,超过了之前所有版本的总和。这一版还赢得了一大批著名的书迷,例如欧内斯特·沙克尔顿(Ernest Shackleton),他在"坚韧号"(Endurance)上航行的两年时间里,一直靠这套书度日。之后,他还公开表示,在他和他的船员与南极冰层搏斗的过程中,这套书为他们提供了无与伦比的帮助。他们相信,他们携带的是人类文明的总和,是能保佑他们成为英雄的护身符。

---

[*] Wright, Willard Huntington, *Misinforming a Nation*, New York, B.W. Huebsch, 1917. 赖特很有可能是在评论第 11 版《大英百科全书》的众多美国版本之一,该版本对《大英百科全书》进行了一定程度的改编,可能囊括了美国专家编写的关于美国情况的补充材料,并通过地区性报纸和百货公司目录进行销售。几十年后,当《大英百科全书》的一名工作人员对该版本进行审订时,认为其过于美国化,而且肯定存在对英国的偏见,这很能说明问题。谱系学者查尔斯·莫斯利(Charles Mosley)曾为《大英百科全书》工作过几年,先担任副主编,后来担任伦敦地区主编,于 1988 年在《卫报》上写道,美版《大英百科全书》中的亲美部分"实在是数不胜数"。"很少有人意识到美国编辑垄断的可怕之处。那些负责撰写条目的美国编辑既无知又狭隘……美版《大英百科全书》还相当蔑视英国,以至于在谈到泰晤士河时,编辑都懒得去查一下正确的拼法。"莫斯利还质疑了《大英百科全书》在选择传记时的优先顺序:他不赞成将环球旅行记者艾伦·惠克尔(Alan Whicker)列入其中,并对保守党内阁大臣卡林顿(Carrington)勋爵和惠特洛(Whitelaw)勋爵的缺席表示遗憾。

　　第 11 版是此类产品中的最后一版，也是最后一部对自身有十足信心的作品，更是战前的最后一版百科全书。许多撰稿人都在 1914 年至 1918 年间去世，《大英百科全书》字里行间的帝国式的优越感、冷酷无情与无所不知的自信也随之消逝。正如汉斯·科宁所总结的那样，在那个尚未受到威胁的世界里，人们"几乎要妒忌作者……的不怀疑态度"。这里的关键词是"几乎"。我们需要重新审视一下那些宣称黑人"头发乌黑卷曲，属于毛茸茸或卷结的类型"的条目，或是那些声称海地人"无知又懒惰"，"中国人的性格不如欧洲人"，阿富汗人"残忍又狡猾"的句子。只有这样，我们才能理解，《大英百科全书》读者的下一代（那些曾经被告知，如果不好好阅读《大英百科全书》，就会智力低下的孩子们）的世界观是如何形成的。

小女子

LITTLE WOMEN

　　1926 年，珍妮特·考特尼（Janet Courtney）出版了一本名为《平静中的回忆》（*Recollected in Tranquillity*）的回忆录。她曾在皇家劳工委员会（Royal Commission on Labour）担任秘书，也曾在英格兰银行担任过办事员，但她一生中最有趣的时光是在《大英百科全书》的霍尔本办事处度过的。她负责这套书的行政管理工作，这项工作需要一个谨慎而又品格高尚的人来负责，但这项工作不怎么受人重视。

184   不过，1910 年 12 月，在第 11 版的发行仪式上［当时她的名字还是珍妮特·霍加斯（Janet Hogarth）］，她难得地在聚光灯下度过了一个夜晚。当时，她应邀在庆祝女性在百科全书中所发挥的重要作用的宴会上发表演讲。这场宴会在萨沃伊举行，是四场宴会中的最后一场；前三场宴会只邀请了男性参加。

霍加斯非常喜欢她的工作以及大多数同事。她说："从来没有哪个办公室能像我们这样快乐、自信、拥挤、不舒服却又具有不可抗拒的吸引力。"她为自己在新版中负责的条目感到骄傲，这些条目大多篇幅较短，而且都没有署名，她还为自己作为首席索引员取得的成就感到十分骄傲，这是一项非常复杂的任务，在不到一年的时间里，要对 3 万页的内容进行全覆盖并做到交叉索引，索引中包含了 50 万个单独的条目，这本身就构成了一卷书。

在晚宴上，编辑休·奇肖姆向众人介绍了她，并赞扬了为第 11 版的出版"提供过帮助"的众多女性。与男性相比，女性撰稿人的数量仍然很少，"但在有关社会和纯女性事务的部分，她们还是做出了非常重要的贡献"。*

————————

* 我们并不清楚"纯女性事务"包括哪些内容，但西尔斯·罗巴克公司（Sears, Roebuck & Co）在销售第 11 版时在美国打的广告为我们提供了一条线索。在"大英百科全书中的女性事务"的副标题下，我们读到了该百科全书"为女性提供了政治、经济、儿童福利、家政、食品及其相对价值、卫生、清洁、家居装饰、家具等方面的基本信息"。

　　饭后，霍加斯站起身来，叼着一根香烟，观察舞厅里的灯光是如何"让我们看起来这么漂亮的"。她说，对于"女人来到这个世界上是为了什么"这个问题，最巧妙的回答就是"让男人保持头脑清醒"。她也认为，尽管当时参与贡献的女性数量还很少，但在 35 年前，第 9 版出版之时，"如果有人向当时的编辑与出版商建议，应当承认女性在工作中做出的贡献，而且要大张旗鼓地宣传这件事，那么这一建议要么被视为有伤风化的，要么就是革命性的，甚至是相当下流的建议"。正如《每日电讯报》在霍加斯发表演讲几天后报道的那样，《大英百科全书》"给了她们一个机会，以这种方式证明她们在学术界应有的地位"。*

　　在一定程度上，事实的确如此。的确，《大英百科全书》一直以来都是男性的领地。事实上，自 1768 年第 1 版（该版简明扼要地告诉那些偶然看到"女性"条目的读者，她们相当于"人类"中的雌性，参见"人类"条目）出版后的一个多世纪里，这种情况几乎没有发生什么改变。但即使到此时，已有的改进也是微不足道的。在第 10 版近 1800 名撰稿人中，只有 37 名女性。在第 11 版中，女性的人数实际上还减少到了 35 人

* 1911 年，霍加斯在结婚后改姓考特尼，此后，她发现自己的工作压力越来越大。战后，她担任了第 12 版《大英百科全书》的助理编辑，但很遗憾她没法为工作投入更多的时间。她在 1926 年写道："男人真的不必如此恐惧。他们永远不会发现劳动力市场里充斥着已婚妇女。兼顾工作与家庭并非易事。毫无疑问，这样会有更大的安全感，但同时也要考虑另一个人带来的额外压力。"

（不过负责编纂的总人数也减少到了约 1500 人）。获得"在学术界应有的地位"的女性还不到 2.5%。历史学家吉莉安·托马斯（Gillian Thomas）在其关于这 35 位女性的传记研究《受人尊敬的地位》（*A Position to Command Respect*）中指出，"女性在第 11 版《大英百科全书》中所做的大量工作远没有像霍加斯所说的那样被'大张旗鼓地宣传'，实际上，她们的贡献仍然是不为人知且不被认可的"。[*]

　　吉莉安·托马斯试图通过宣传那些在《大英百科全书》中扮演"文字幽灵"（literary devils）的众多女性来纠正这一现象，"文字幽灵"指那些替男性作者撰写了长篇条目，但未获得署名的女性，以及那些撰写通常不署名的小条目的女性。其中包括牛津大学古典文学导师艾格尼丝·穆里尔·克莱（Agnes Muriel Clay）；都柏林三一学院古典学者、4 本天文学著作的作者艾格尼丝·玛丽·克勒克（Agnes Mary Clerke）；伦敦大学学院古典学者、通俗小说家、剧作家珀尔·克雷吉（Pearl Craigie）；诗人兼文学评论家艾格尼丝·玛丽·杜克洛（Agnes Mary Duclaux），她为《泰晤士报文学副刊》（*Times Literary*

---

[*] *A Position to Command Respect* by Gillian Thomas (Scarecrow Press Inc, Metuchen, New Jersey and London, 1992). 托马斯在序言中回忆道，她的父亲经常会参考第 11 版来解决争论，而她家的百科全书就放在玻璃书柜里。尽管她的父亲和这些书卷一样，岁数都很大了，但《大英百科全书》"仍然是一件令人感到舒适的文化家具"；"作为一个一心想要自我完善的年轻人"，当年的他以分期付款的方式购买了这套书。

Supplement）撰写的文章让英国读者认识了普鲁斯特；民俗学会（Folklore Society）创始人爱丽丝·戈梅（Alice B. Gomme）；光谱学领军人物、皇家天文学会（Royal Astronomical Society）荣誉会员玛格丽特·哈金斯夫人（Lady Margaret Huggins）；《泰晤士报》的"殖民地编辑"弗洛拉·卢加德夫人（Lady Flora Lugard）；以及诗人、散文家爱丽丝·梅内尔（Alice Meynell）。

这些女性的政治观点各不相同，难以捉摸。其中，艾米莉亚·迪尔克夫人（Lady Emilia Dilke）是一名坚定的工会主义者，而艾格尼丝·克莱则参与了妇女教育协会（Association for the Education of Women）的活动。其他人，例如珀尔·克雷吉、玛丽·沃德（Mary Ward）和珍妮特·霍加斯，则支持反选举权运动，她们认为女性应该远离有损尊严的政治活动，她们还担心，一旦获得选举权，妇女在家庭和子女教育中的影响力就会受到不利影响。

但她们的贡献并不都是默默无闻的。她们所擅长的领域越不同寻常，就越能得到人们的认可。爱丽丝·戈梅撰写了"儿童游戏"（Children's Games）的条目；玛丽·沃德负责"西班牙"（Spain）条目；杰西·韦斯顿（Jessie Weston）负责"亚瑟王传说"（Arthurian Legends）条目；弗洛拉·肖（Flora Shaw）* 负责"大英帝国"（British Empire）条目；符号学研究先驱维多利亚·韦尔比

187

---

* 此即上文提到的弗洛拉·卢加德夫人。——译者注

夫人（Lady Victoria Welby）负责"意义"（Significs）条目。她们所负责的条目主要是那些传统大学教学所忽视的内容，一般而言，就是那些不属于古典文学、数学和科学的冷门领域。

可以预见的是，第 11 版《大英百科全书》的内容也是以男性为主的。例如，尽管他们用了大量篇幅来介绍放射性，但没有撰写"玛丽·居里"（Marie Curie）的条目，在她丈夫"皮埃尔·居里"（Pierre Curie）的条目中也只是简短地介绍了她的工作以及她所获得的诺贝尔物理学奖。在其他地方，历史事件似乎也被置于托马斯所谓的"扭曲的镜子大厅"之中。法国大革命中的平民英雄罗兰夫人（Mme. Roland）的故事只出现在了其丈夫"让－玛丽·罗兰"（Jean-Marie Roland）的传记条目中。虽然她几乎占据了 3/4 的篇幅，但"标题和故事框架暗示读者，应当把注意力放在她的丈夫身上，哪怕在条目中几乎找不到关于他的内容"。

最奇怪的是一个题为"女性"（Women）的条目。这一条目的署名为"X"，是第 11 版中唯一一个署名为"X"的长篇条目，据说是编辑奇肖姆本人所写。这一条目长达 7 页［不过，后面的"木雕"（Woodcarving）条目都有 10 页］，从行文中看得出编辑彼此争论的痕迹。条目的大部分篇幅都在讨论女性在历史与婚姻背景下的法律地位，以及教育问题，既体现了作者的骑士精神，也表现出作者的傲慢自大。其将"女性温文尔雅、冷静、认真的性格"归结为中小学和大学教育的成果，这"让所有人都对女性报以钦佩和尊敬之情"。该条目中还指出，女性"入侵"了其他职业，例如新闻、法律抄写、计划跟进和工厂检查等领域，不过，人们还是发现她们"勤奋、坚毅、能干"，而且很能"坚守阵地"；女性还能够成功地当上女王与摄政。另外一个主要话题与女性选举权有关，而《大英百科全书》似乎在很大程度上反对这一点。"选举权"这个词和"投票"这个主题似乎让编辑感到不快，以至于这一部分被"在赋予某些公民参与议会选举的权利方面废除性别差异的运动"所代替。*

"女性"这一条目之所以会引发争议，还有一个原因：木工的错误。第 11 版的套装盒是在这套书完成前一年由出版商订购并被木工制作完成的，当这一版的卷数比原计划多出一卷时，休·奇肖姆面临两难的境地。根据吉莉安·托马斯的说法，他下令尽量减少从 W 到 Z 开头的条目。但撰稿人兼首席索引员珍妮特·霍加斯回忆道，奇肖姆曾试图论证，将"女性"条目全部删掉的做法是合理的。

　　我清楚地记得，在一个冬天的下午，他把我叫到编辑

---

* 20 世纪 50 年代，赫尔曼·科根写道，第 14 版《大英百科全书》的编辑沃尔特·尤斯特（Walter Yust）从历史学家玛丽·里特·比尔德（Mary Ritter Beard）那里得知，与男性传记相比，女性传记少得多时，显然是非常惊讶的。在大约 13000 个传记条目中，只有不到 800 条描述了女性的生活。尤斯特向比尔德索要了一份遗漏的女性人物的名单，她答应了。但此后，相关的工作进展缓慢。

189 室里"商议"……也就是说，那时的我温顺地坐在火炉旁，他走来走去，向我解释道，女性是人类不可分割的一部分，因此没有必要把她们当作一个独立的部分来写！我诚恳而恭敬地表示同意，于是我们决定只用几栏记录一下有关选举权的运动和某些教育领域里取得的进步。

和其他出版物相比，百科全书的存储一直是个问题。但是，套装盒本身也可以是一种装饰品，从 1860 年第 8 版《大英百科全书》出版商向读者提供一个价值 3 英镑的可旋转红木书盒来存放 21 卷本开始，百科全书的套装盒也成为一种身份的象征。

L

到第 11 版时，这个套装盒已成为这套书的一个重要卖点，有三种样式。第一种是红木单层敞开式书盒，顶部有一张小小的"查阅表"。另外两种是黑橡木制成的，带玻璃面板：一种设计紧凑，书卷竖直摆放成三排；另一种则更像老爷钟，所有书横向叠放。这些套装盒都是"免费"的，就像现在的手机一样，只要签订 36 个月的合同，就可以免费获得，而且"送完即止"，这几乎必然意味着"供不应求"。

到 1930 年，套装盒已成为百科全书广告的主要特色。其中一则广告宣称"每套书的套装盒都会附赠一个漂亮的、由实心红木制成的小桌子"，在旁边的配图中，一位父亲坐在一边的椅子上抽着烟斗，他的妻子则坐在椅子边上查阅《大英百科全书》，长长的套装盒摆在画面中央，上面放着台灯和花瓶，后面

190

是两个非常认真的孩子，一个男孩和一个女孩，他们两个人都想从妈妈那里拿过书来看看。

　　几年后，纽约华盛顿港的一间屋子里，一家人坐在两张沙发上，中间的套装盒里摆放着《美利坚百科全书》。雷蒙德·桑德斯（Raymond Saunders）夫人说道：“短短几个月，这套《美利坚百科全书》就让我们 15 岁的女儿凯瑟琳的功课有了真正的提高。当人们问我们是否经常使用《美利坚百科全书》时，我们只是指指套装盒，因为孩子们至少在用其中的一卷书。”来自阿拉斯加古德沃特的霍华德·科尔伯恩（Howard W. Colburn）夫人也这么说，“我的大儿子甚至从‘代数’（Algebra）那一条目当中学会了如何做代数题”。

L

M

方 法

METHOD

　　我们手中并没有编辑为第 11 版《大英百科全书》撰稿人提供的指导说明，但我们有 18 年后，也就是 1929 年出版的第 14 版指导说明。*这是一份很有启发性的文件，它既是一份样式表，也是一份委托书，还包含编辑真诚的呼吁。此外，这份说明性文件还直接表露了《大英百科全书》的出版目标，这让我们有机会洞察 20 世纪早期百科全书的编纂目标。

　　这部书于 1927 年春在《大英百科全书》位于高霍尔本街区

---

*　　第 14 版也是第一次世界大战后的首次全面修订版本。第 12 版和第 13 版是对第 11 版的补充。

的伦敦总部出版，在开篇之处，编辑就说明了为什么需要出版一部"划时代"的新版作品。"这部书计划为普通读者提供一种前所未有的服务。之前，我们只在这方面做过部分尝试，而且是不充分的、断断续续的尝试。"

这里所说的"服务"指的是我们已经非常熟悉的目标：进一步扩大读者面，缩小象牙塔和普通大众之间的距离。在这份长达 12 页的指导说明的开头之处，作者写道："这一编辑策略是……花一年多的时间仔细研究的结果。"

192

> 对于晚近的几代人而言，尤其是近半个世纪以来，知识的增长速度是闻所未闻的。虽然今天的人确实比一两个世纪之前的先辈们知道得更多，但相对而言，也更加无知。原因很简单。没有人试图通过一种组织化的方式，以一种普通人能够理解的形式向广大读者展示现代的研究成果。这是一个专业化的时代，除了少数特例，专家们都只满足于为其他专家撰写文章，而不是向公众提供信息。因此，对普通人来说，当今已知的大部分知识仍然处于被封存的状态。这种情况引起了许多研究当代生活的学者的密切关注。新版《大英百科全书》就是要解决这一问题。*

M

---

* 这是一场持久战。耐人寻味的是，《大英百科全书》在 1768 年第 1 版的序言中就已经承认了这一情况的存在，并宣称"任何普通人，只要愿意，都可以学习农业、天文学、植物学、化学等方面的原理性知识"。这部书的编辑将该书的内容与以前的百科全书和词典进行了对比，并指出那些竞争对手"试图用各种专业术语来传播科学的做法是相当愚蠢的"。

　　为了缩小普通读者与现代专业知识之间的差距，编辑们制订了一项包含十五点内容的计划。概括如下：

　　1. 在撰写每个条目之时需要做到"让任何具有一般智力与教育水平的人"都能理解。编辑们承认，这样的任务目标可能会"严重限制"其中的内容，因为很多主题都很难用简单的语言来进行表述。这是撰稿人必须面对的一个问题……目前有些关于相对论的书籍也面临着这个难题，即如何讲述这个理论，才能让一个聪明人能够理解它。[*]

　　2. 要有趣，要有说服力，要有画面感。"不要引起读者的反感，不要用沉闷和严肃的文字风格将读者拒之门外。"

　　3. 要为"有闲情逸致的读者"写作，帮助读者追求自己的事业或爱好。力求回答那些日常生活中出现的大多数常见问题：新版著作的读者群还包括那些对"如何修理福特

---

[*]　收到这份样式表的人还被推荐阅读这一作品：*The Humanizing of Knowledge* by James Harvey Robinson (George H. Dorian Co., 1924)。其中有一段内容非常关键："受过科学和哲学训练的作家显然不知道他们写下来的内容对普通读者来说有多难；实际上，这些原本旨在面向普通大众的读物几乎没有人能够理解。"罗宾逊的作品在《大英百科全书》的编辑部里一定会引起强烈反响，尤其是因为作者本人也是《大英百科全书》的撰稿人［"文明"（Civilisation）条目的作者］，该书还引用了第 12 版《大英百科全书》（实质上是第 11 版的补充版）中的部分段落。与瑞利男爵负责的条目一样，这部书中有关光的内容特别成问题。"从自然光源直接射出的光与空间之间，除了与传播方向有关的关系外，没有其他任何关系，其特性从任何一个角度观察都是一样的。"作者进一步总结道："就像但丁《神曲》中的恋人一样，单纯的探究者当天很可能就读不下去了。"

汽车或粉刷房屋等普通、实用问题"感兴趣的人。

4.新版的设计要吸引读者的注意力，无论翻开书的哪一页，其中的内容都要牢牢抓住读者的注意力。因此，插图是重中之重，"仅次于正文"。关于作者如何协助艺术部门的问题，请关注我们进一步的通知。

5.条目中的内容不应只关注地方性的事物，而应是面向国际的，应吸引世界各地的英语读者。"作者在撰写工资、工会、军队、船舶等方面的条目时，不应只局限于与英国有关的内容，还应包括美国、德国以及与该主题有关的其他重要国家的情况。"

6.任何外语词句或引文均应翻译成英文。

7.重要的条目不仅应包括参考书目，还应说明相关的书籍是专业读物还是通俗读物。

8.定稿不要超过编辑委托您写的字数。我们为您列出的字数是最高字数，如果您所撰写的内容恰好在这一字数左右，那么对编辑而言会大有帮助。"否则，编辑将不得不对您的稿件进行压缩——这种做法自然不会受到撰稿人的欢迎——或是退给您，请您亲自压缩。"

9.请及时交稿。

10.不要使用"我们""我们的"等模棱两可的排他性词语。

11.在撰写长篇条目时，应提供交叉标题、小标题和页边标题。例如，"一个长篇条目，如'法国'（France）、'电力'（Electricity）、'哲学'（Philosophy），应进一步划分出重要的子领域、时代或其他部分"（如在"法国"条目中的"法国大革命""拿破仑的崛起""马伦哥战役"等）。为了方便编辑和读者，交叉标题应每三千字至一万字出现一次，然后，每一千字至三千字应当列一个小标题，每三百字至七百字设置一个页边标题。三层波浪线、双层波浪线和单层波浪线应区分开来。

12. 如果必须使用专业术语，那么请向非专业人员做出解释。

13. 第一次出现人名时，一定要写全名。

14. 请将您的稿件打印出来，并附上一份副本。一份送交印刷厂，另一份由我们妥善保管。

15. 交稿时，请附上您的学位和其他方面的简短摘要，以便列入撰稿人的介绍信息。

《大英百科全书》的撰稿人由伦敦和纽约的 50 多位副主编负责协调，而且，撰稿人的阵容相当强大：

塞西尔·B. 德米尔（Cecil B. DeMille）["电影"（Motion Pictures）]、丽莲·吉许（"电影"）、G.K. 切斯特顿（G.K. Chesterton）["查尔斯·狄更斯"（Charles Dickens）]、普里斯特利（"英国文学"）、T.E. 劳伦斯（T. E. Lawrence）["游击战"

（Guerrilla Warfare）]、约翰·J. 潘兴（John J. Pershing）["默兹 –阿贡战役"（Meuse-Argonne Operation）]、拉尔夫·沃恩·威廉姆斯（Ralph Vaughan Williams）["民歌"（Folk Song）]、吉恩·腾尼（Gene Tunney）["拳击"（Boxing）]、哈罗德·拉斯基（"布尔什维克主义"）、康斯坦丁·斯坦尼斯拉夫斯基（"戏剧导演与表演"）、小阿尔弗雷德·P. 斯隆（Alfred P. Sloan Jr）["通用汽车"（General Motors）]、海伦·威尔斯（"草地网球"）、J.B.S.霍尔丹（J. B. S. Haldane）["遗传"（Heredity）]、埃泰（Erté）["现代服饰"（Modern Dress）] 和奥维尔·赖特（"威尔伯·赖特"）。还有几百位知名大学的教授。

　　这些人物的稿酬与那些名气较小的撰稿人没有区别：每字2 美分，这一酬劳从 1926 年到 1973 年从未改变。1926 年，萧伯纳（George Bernard Shaw）撰写的"社会主义"（Socialism）条目获得了 68.50 美元的稿酬，而阿尔伯特·爱因斯坦撰写的"时空"（Space-Time）条目则获得了 86.40 美元的稿酬。[除了这些著名的撰稿人外，许多重要的新条目都是关于科学领域的新发现，其中包括"维生素"（Vitamins）、"碳水化合物"（Carbohydrates）、"肌肉运动"（Muscular Exercise）、"胰岛素"（Insulin）、"X 射线"（X-Rays）和"恒星进化"（Stellar Evolution）的最新观点]。

　　在提交稿件之前，编辑还会提醒一遍撰稿人，尽管自己"丝毫"都不会降低其作品的准确性与权威性，也不会降低《大英百科全书》所享有的崇高学术地位，但"请再次注意，所有条目的写作风格都要有趣，让普通读者一旦开始阅读，就能读完"。

毕竟，《大英百科全书》是许多家庭唯一相对重量级的教育类书籍："在信息传播方面，这部书的影响十分深远"，编辑有责任不辜负这份信任。他们的目标十分明确：撰稿人需要撰写"有史以来最有用、最有指导意义，也最有启发性的作品"。

两年后的 1929 年，这部书的第 14 版面世，共 24 卷，前后共印刷了 45 年（中间略有更新与再版）。我们完全可以猜到，百科全书的吸引力在不断扩大，这是因为编辑尽其所能地希望提高这部书的销量。此外，还有其他一些原因：例如，试图提升百科全书在大众心目中的形象。

N

小　说

NOVELTIES

　　这并非什么小工程。百科全书有自己的形象，那就是，其重量预示着书中内容的密度以及编辑的负担。换句话说，百科全书这个行当并不欢迎小丑。而通俗小说中对百科全书的描写也往往会将重点放在编纂百科全书有多么艰巨上。

　　总体而言，无论小说家在其作品中描绘的是编写百科全书的过程还是购买百科全书的过程，小说中的它们往往都意味着一份沉重的责任。大多数情况下，它们是苦差事的化身，像家具一样笨重。狄更斯为百科全书的形象定下了基调，阿瑟·柯南·道尔（Arthur Conan Doyle）则紧随其后，到库尔特·冯内古特（Kurt Vonnegut）和博尔赫斯拿到一套百科全书时，这项工程已经成了荒诞不经的蠢事，成了人类徒劳无功的纪念碑。

198

N

　　想象力丰富的小说恰好处在此类多卷本参考书的对立面，直到1910年，《大英百科全书》才给出了"小说"（Novel）的定义，以及"小说"名称的由来。"小说"一词源于拉丁语 novus，意为"新的"。这是"现代文学作品中的一种类型，其建立在对当代或晚近一段时间社会生活的观察之上，其中的人物、事件和情节都是作者想象出来的，因此，对读者来说，这些故事都是'新的'"。此类作品"建立在和真实发生的历史事件平行的基础上"。

　　该条目将小说归类为"一种现代文学形式"，不是历史事实，但"很容易被人们当成事实"。小说是"讽刺、教导、政治或宗教劝诫、技术信息"等内容的载体，但这些都并非其核心目的，因为小说的主要目的在于"通过对自然场景的连续性刻画和对情感的叙述"来愉悦读者的身心。

　　这一条目的作者是诗人、传记作家兼评论家埃德蒙·高斯（Edmund Gosse），他是《星期日泰晤士报》（Sunday Times）的主要评论家，主张人们应当重视那些被忽视的诗歌，同时是上议院图书馆的管理员。他指出了法国、西班牙、德国和俄国的主流文学趋势［自果戈理（Gogol）在19世纪30年代开创先河以来，俄国的小说基调一直是"不甘与遗憾，但完全不是多愁善感"］。与此相反，中国的小说则主要以宣扬道德和美德为主旨，其中的典型就是16世纪（也可能是17世纪）诞生的旷世绝作《金瓶梅》。说回到英国，高斯将康格里夫（Congreve）、菲尔丁（Fielding）、理查森（Richardson）和斯特恩（Sterne）视为英国早期小说发展史中的核心人物。他的口味比较偏传统，对大多数通俗作品嗤之以鼻。他写道，直到 19 世纪，小说才成为文学作品中的"绝对主流"，在此之后，无论自己是否有相关的能力，每个人都似乎想在小说的领域一展身手：

> 对于那些只想精通小说写作的人来说，小说所需要的个人能力与背景知识比其他任何种类的作品都要少。不过，这并不妨碍这样一个事实的存在：最伟大的小说家总是极少数的，从艺术角度出发，他们的作品与最优秀的诗歌一样令人钦佩。但是，小说的读者群体如此之广，在刻画日常生活方面覆盖的领域如此之大，以至于其算是文学领域当中独一无二的分支，小说的作者可以在没有任何真正的特色或技巧的情况下展开创作，但还能在瞬间击中读者的内心。

199

N

60 年后的 1974 年，安东尼·伯吉斯（Anthony Burgess）负责撰写《大英百科全书》中的"小说"条目。在此条目中，伯吉斯谈到了多种形式的小说，有严肃的，也有不那么严肃的，可以想见的是，他更侧重讲述现代派小说和实验小说。不过，他也突出了自己的喜好：他列举了《堂吉诃德》（*Von Quixote*）、《战争与和平》（*War and Peace*）和《大卫·科波菲尔》（*David*

Copperfield），认为"世界上最受推崇的小说篇幅都相当长，这可能是偶然的，也可能并非偶然"。实际上，他自己的作品也在贯彻这一宗旨。在"幻想与预言"（Fantasy and Prophecy）这一类别中，伯吉斯特别提到的小说有奥威尔的《一九八四》（*Nineteen Eighty-Four*）和自己的《发条橙》（*A Clockwork Orange*），而在讨论对古典神话的颠覆之时，他选择的案例包括乔伊斯的《尤利西斯》（*Ulysses*）和自己的《城垛映像》（*A Vision of Battlements*）。

　　他撰写的条目字数达 22000 字，结构严谨——在"情节"之后是"人物""背景""叙事方法""视角"。他认为"情节"和"故事"之间并无区别，两者都能推动小说"写到 100 页甚至1000 页"。一部小说的情节可能非常简单，"仅仅是一个核，一个旧信封上的记号"。他举了三个例子。查尔斯·狄更斯的《圣诞颂歌》（*A Christmas Carol*）讲的是"一个厌世者在圣诞夜经历了一系列神奇的故事，从而改过自新"；简·奥斯汀（Jane Austen）的《傲慢与偏见》（*Pride and Prejudice*）讲的是"一对注定要结婚的年轻夫妇首先要克服傲慢与偏见的障碍"；陀思妥耶夫斯基（Dostoevsky）的《罪与罚》（*Crime and Punishment*）讲的则是"一个年轻人犯了罪，并逐渐迎来了对自己的惩罚"。

　　1974 年，当包含伯吉斯的这一条目的百科全书出版后，读者可能会从他的说法中体会到一种挫败感，即小说家"总是面临这样一个问题：是展现现实生活的无形式性（在现实生活当中，没有开始，没有结束，行动也很少有明确的动机）更重要，还是构建一个像桌子或椅子一样平衡、具有经济性的艺术品更重要"。伯吉斯的结论是，"因为自己是艺术家，所以艺术性或巧思的重要性常常占据上风"。他的理由在于，小说家需要表现出自己的巧思。"戏剧家可以从小说或传记中拿走现成的情节——这是莎士比亚认可的一种剽窃方式——但小说家必须创作出那些看上去十分新颖的作品。"

小说里的百科全书从来都不是一个让人喜欢的东西。在《大卫·科波菲尔》中，顺服又只懂得埋头苦干的职员汤米·特拉德尔（Tommy Traddles）梦想着从事法律职业，但苦于没有足够的资金支持。当大卫来到他在卡姆登镇的家中拜访他时（他们是老同学），特拉德尔正在为一个"编纂百科全书"的人工作；他也称自己为"编纂者"，但很明显，他只是个抄写员。他从事这项工作的理由在于，这项工作对他来说再合适不过了，因为他"完全不需要创新，一点也不需要"。他认为，"没有哪个年轻人比我更没有创新意识"。

大约 40 年后，在《红发会》（The Red-Headed League）中，福尔摩斯遇到了被华生形容为"肥胖、自大、迟钝"的当铺老板贾贝兹·威尔逊。他也是靠抄写赚钱的，他负责抄写的是《大英百科全书》中的"修道院院长"（Abbots）、"射箭"（Archery）和"建筑学"（Architecture）等条目，但在开始抄写"B"之前，他发现了雇主让自己从事这份沉闷又极耗精力的工作背后的真正原因：他们不是出版商，而是劫匪，其目的在于挖一条地道，最后直通他的当铺。

　　在 1964 年的短篇小说《我住的地方》（*Where I Live*）中，库尔特·冯内古特将关注的重点转向了商业。他描述了在科德角（Cape Cod）北岸一个叫巴恩斯特布尔村（Barnstable Village）的破旧地方，推销员试图向一名图书管理员推销最新版本的《大英百科全书》。图书馆里已经有一套 1938 年版的《大英百科全书》，还有一套 1910 年版的《美利坚百科全书》。推销员说，在这些书问世之后，世界上发生了很多事情，例如青霉素的发现和世界大战，如果不买最新版本的百科全书，那么这里的孩子肯定就会落伍。但是，图书管理员在没有咨询理事的情况下是无法做出采购决定的，而理事又都不知去向。于是，推销员开始在村子里四处游荡，并把他看到的一切都记述下来，之后，这位推销员就离开了这里，开始寻找下一个买家。在故事的结尾处，读者得知，这里的图书馆确实买入了新版《大英百科全书》和新版《美利坚百科全书》，这两套书也都提到了"铁幕"（Iron Curtain）。"但到目前为止，孩子们的学习成绩和成年人的聊天内容都没有发生什么变化。"

　　1975 年，阿根廷作家豪尔赫·路易斯·博尔赫斯的笔下描绘了另一名推销员，只不过，这名推销员卖的是《圣经》。在小说中，他敲开了"我"的家门，但"我"已经有了很多版本的《圣经》，其中还包括不少稀有版本（推销员和"我"都没有名字）。推销员说他还有一本书，很特别，是《沙之书》（*Book of Sand*）。之所以说这本书特别，是因为其页数在不断增加，而且页码难以预测（第 40514 页之后是第 999 页）。书中的粗糙插画也是一样，时而出现，时而消失。[*]

推销员自称是来自奥克尼群岛的苏格兰长老会教徒，这可能与他的身份有关，也可能无关（不过这确实与《大英百科全书》的第一任编辑威廉·斯梅利有关）。在交易达成之后，推销员离开了这里，而"我"购入的这部书立刻就成了自己的负担，这是一个"亵渎、玷污现实本身的骇人之物"。他决定将这部书丢弃在偌大的阿根廷国家图书馆当中，就像往森林中丢一片落叶一样，这样一来，这部书只有在偶然的情况下才能被发现。

这就是永无止境的百科全书的恐怖之处，它的最终归宿让人想起了博尔赫斯的另一个故事——1941 年的《巴别图书馆》（*The Library of Babel*）。在这个故事中，图书馆本身就是一个宇宙，一个由六角形房间组成的拜占庭式建筑，里面藏有世界上用各种语言写成的各种主题的所有书籍。图书馆本身是有限的，但书籍是无限的，其中大部分都是胡言乱语，而图书管理员和读者的任务就是找到并解读那些并非胡言乱语的书籍。在这个

---

[*]　理查德·杨（Richard Yeo）教授指出，在博尔赫斯的日常生活当中，百科全书是重要的一部分。在一篇自传体文章中，博尔赫斯回忆了他父亲的《大英百科全书》中的钢版画，以及他在 1929 年获得文学奖后，是如何买到自己原先卖出的第 11 版《大英百科全书》的（*Book History*, 2007, vol. 10, Johns Hopkins University Press）。

迷宫的某处，可能会有一名真正了解关于这些书的分类系统的图书管理员，还可能有一本附有所有其他书籍名字的索引书。

博尔赫斯的寓言绝望地承认，文字和知识的不精确性令人难以忍受，试图解决这一问题的努力也都是徒劳的。但人们并非完全没有希望：在某个地方，有一个神话般的人物能够理解并解释这一切，他就在山顶之上。而那位百科全书推销员的口头禅一直都是，"这个人可能就是你"。

除非你的名字叫克拉伦斯·威尔莫特（Clarence Wilmot），约翰·厄普代克（John Updike）的《圣洁百合》（*In the Beauty of the Lilies*）一书开头那个陷入困境的人物。威尔莫特是新泽西州帕特森的一名教堂牧师，但此时的他失去了信仰。为了养家糊口，在看到当地报纸上一则招聘上门推销员的广告之后，他打算前去应聘。这肯定是一份很难做的工作：1913 年，帕特森的丝绸厂工人发起了罢工。几乎没人有闲钱买百科全书，有闲钱的人也不打算在这上面消费。

他们尤其不想要《大众百科全书》（*The Popular Encyclopaedia*），因为这个书名极具误导性。《大众百科全书》共 24 卷，每卷售价 3 美元 15 分，一旦你买下整套书，出版商还会"免费"给你一个胡桃木书柜，这套书外加这个书柜能成为传家宝。每卖出一卷，威尔莫特就能得到 1 美元的报酬，然而，威尔莫特的三个孩子一直都只能饿着肚子。当他在雪地里跋涉时，"惊恐的女仆们"会"在他面前把门'砰'地关上，他还能听到被帘子遮住的房间里传出的命令"。当他被允许入内，跨过几道门槛之后，他发现自己只不过是来帮房主打发时间的。他展开手中的样书，翻到示例页，熟练列举出一连串的统计数字：3000 多万字，来自 1000 多位撰稿人的 25000 个条目，从"亚琛"（Aachen）一直写到"茨维考"（Zwickau）。克拉伦斯·威尔莫特宣称，85%的作者都是美国人，"这与某个不知名的竞争对手形成了鲜明对比，他们的撰稿人基本是英国人，内容重点也都是英国的事物"。

　　威尔莫特偶尔也会受到别人的欢迎，但随后，他就发现自己被玩弄于股掌之间。有一次，主人把他带到一间书房里，给他展示书架上最近出版的第 11 版《大英百科全书》，尽管威尔莫特反驳道，任何一个真正的美国人都会在《大众百科全书》中找到更多他们感兴趣的东西，而且这套书价格要便宜得多，但主人几乎没再听他说话。在故事当中，主人——那个面色灰黄、戴着眼镜的退休会计师（也可能是职员）——告诉他："我一点都不羡慕你的工作……在一个无知者高高在上的城市里，试图推销写满知识的书籍，本身就是不可能的。"

　　有一两次，他找到了愿意听他推销的人。一位波兰移民说："我的英语不好。不识字。但我的孩子，也许可以。他们已经说得很好了。"威尔莫特告诉这个在工厂工作的人，他推销的百科全书能确保他的孩子在学校拿到高分。但接下来，推销员和这位潜在的客户都很伤心："现在还不是时候，先生。罢工……等罢工胜利后再来吧。你是个好人。我喜欢你的想法。美国是最

204

好的国家。"

之后，克拉伦斯·威尔莫特遇到了梅维斯，她是一个热心肠而且愿意出钱的买家，但她是克拉伦斯家人的朋友，当她提出想要看看商品时，他动了怜悯之心。"真的很不值钱。一部价格便宜一些的《大英百科全书》的仿造品……你可能会说，百科全书是对上帝的亵渎，这东西在商业模式的运作下企图扮演上帝，他们想用印刷品重新造世。"

但梅维斯并没有就此罢休。她听说现在到处都在流行百科全书。是的，他同意这一点：现在，百科全书和无线电、飞行器一样，正风靡全世界。"你可以说，百科全书始于一个叫狄德罗的法国人……你不会想要这些书的，梅维斯。"

威尔莫特不愿意把这套《大众百科全书》卖给他的朋友，有另外一个原因。他认为，百科全书中的信息"最后都会让你感到心碎，因为这些知识会让你感到孤独、困惑，仿佛你什么都不知道一样"。

威尔莫特说得很有道理，显然，厄普代克也是如此。他的这部小说出版于 1996 年，当时个人电脑已走进千家万户（苹果公司当时已拥有 20 台个人电脑），信息存储和检索问题已经有了可行的解决方案。但在 1913 年，当威尔莫特四处奔波之时，以一种设定好的方式掌握知识的想法既令人生畏，又极具吸引力。这必然是一种新的宗教，这部书的编辑是神明，条目的作者是神职人员。我们只需看看第 11 版《大英百科全书》，就能知道这一新秩序有多么可靠，以及它是如何不留任何怀疑或争论的余地的。我们早已过了古希腊人渴望打造一个人们可以完全记住的"知识圈"的阶段：面对 24 卷本的百科全书，读者只能承认他们还没有学到什么，他们是多么的不专业，甚至是多么的缺乏常识。威尔莫特的顾客就这样面对着自己的不足和恐惧，因为他们的书卷就摆放在那里，纤尘不染，小牛皮的封面上还没有褶皱，庄严肃穆得甚至让人不敢直视，它们仿佛是印刷品中的"伦敦塔"，总是立在那里，但很少让人接触。*

现在，我们刚刚迈过字母表的一半，也由此来到了这样一个关口：百科全书到处都存在问题与谬误，是不再适合当下环境的东西。也许，百科全书会再次兴起。但就目前而言，除了多卷本的密集知识体系外，人们似乎还有其他选择。

在厄普代克笔下的威尔莫特开始在新泽西州推销百科全书的几年前，两个野心勃勃的比利时人正在构思一种完全不同于百科全书的知识编纂与检索方法，他们希望这个信息系统能让人们在一个地方就能获得世界上的所有知识。这个系统包含大量 3×5 的索引卡，尽管在我们现在看来，这一尝试很是荒谬，但它曾经代表了一个大胆而又可行的未来。

----

* 的确有一本名为《大众百科全书》的出版物，但那是苏格兰人而非美国人的作品，1841 年在格拉斯哥印刷出版，共 7 卷。此外，还有 20 世纪 60 年代初在伦敦出版的《纽尼斯大众百科全书》(*Newnes Popular Encyclopaedia*)，共 38 卷，每卷售价 3 先令。这两部书都不是厄普代克脑子里想的百科全书；事实上，他小说中的《大众百科全书》是《世界之书》(*World Book*)、《美利坚百科全书》和《康普顿图解百科全书》的汇编产物。

O

保罗·奥特莱

OTLET, PAUL

在比利时西部城市蒙斯（Mons）的步行街中心处，坐落着一座为梦想而建的纪念碑——知识检索博物馆。这是一栋三层楼高的文物保护建筑，里面有许多规划图纸和照片、一个大地球仪、一个被称为"Mondothéque"的"多媒体"办公桌复制品以及一大堆高高的木制文件柜。原先的主人希望能将这里打造为"百科全书式的综合体……囊括我们所知道的一切知识"。如今，这里已成为一个颇受人们欢迎的旅游景点，在 2015 年蒙斯成为"欧洲文化之都"后，这里的受欢迎程度更上一层楼。前后几位馆长还在这里普及了一个概念，即知识检索博物馆"就像谷歌一样，只不过是纸面上的谷歌"。

人们怀着崇敬的心情在这栋建筑里参观来，参观去；看上

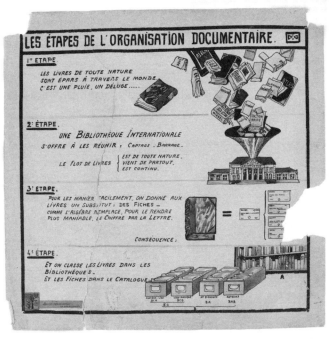

LES ÉTAPES DE L'ORGANISATION DOCUMENTAIRE.

1ʳ ÉTAPE.

LES LIVRES DE TOUTE NATURE
SONT ÉPARS À TRAVERS LE MONDE
C'EST UNE PLUIE, UN DÉLUGE......

2ᵉ ÉTAPE.

UNE BIBLIOTHÈQUE INTERNATIONALE
S'OFFRE À LES RÉUNIR : CAPTAGE . BARRAGE.

LE FLOT DE LIVRES { EST DE TOUTE NATURE.
VIENT DE PARTOUT.
EST CONTINU.

3ᵉ ÉTAPE.

POUR LES MANIER FACILEMENT, ON DONNE AUX
LIVRES UN SUBSTITUT : DES FICHES —
COMME L'ALGÈBRE REMPLACE, POUR LE RENDRE
PLUS MANIABLE, LE CHIFFRE PAR LA LETTRE.

CONSÉQUENCE :

4ᵉ ÉTAPE.

ET ON CLASSE LES LIVRES DANS LES
BIBLIOTHÈQUES.
ET LES FICHES DANS LE CATALOGUE.

当归档成为未来：保罗·奥特莱（Paul Otlet）在知识检索博物馆
（Mundaneum）中展示的四步分类法

去，这里仿佛是自己大脑的解剖图。这里展出的物品最初是为
建立一个概念性与实用性的知识压缩工厂而设计的，因为当时
人们相信传统的印刷百科全书已经过时，新的电子通信系统应
该把最丰富的知识带给最广泛的人群，尤其是那些有学习意愿
的人。这个系统的创始人是保罗·奥特莱和亨利·拉方丹（Hen-
ri La Fontaine），这两个人都是戴眼镜、举止严肃、面部毛发浓
密的爱书人。拉方丹出生于 1854 年，奥特莱出生于 1868 年，他

们都致力于追求和平，并努力为妇女权利而斗争，他们还有一个就连最乐观的《大英百科全书》编辑也不敢想象的梦想——推出一部完整的世界知识目录。*

两人在19世纪90年代初相识，当时，他们正在协助编纂一部比利时法学权威书籍。但是，就像百科全书一样，一部权威法律书籍的生命力会随着法条的变动而丧失。在奥特莱和拉方丹看来，在他们生活的各个领域都出现了信息爆炸的情况，这尤其体现在生产和运输领域的技术进步，以及随之而来的关于信息流向的哲学理论当中，现实里的一切进步都令他们着迷。他们看到了在全球范围内实现通信的可能性——世界一边在扩大，一边在缩小。他们不仅没有被这种不可阻挡的趋势所吓倒，反而十分兴奋地想要控制这种信息爆炸的趋势。当晚年的奥特莱总结自己的思想时，他谈道，我们需要新的工具来理解人类，"否则智力将永远不知道如何克服这些困难，也没有办法实现人类渴望的进步"。

209   在1900年的巴黎世博会上，这一思想第一次被展示给公众（此次展示的规模也是空前的），当然，这一梦想引发了一部分人的嘲讽。比利时人曾经拥有过一个不断扩张并残酷剥削被殖

---

*   奥特莱是一个害羞且内向的男孩，从小就开始安排自己的生活；放学后，当别人玩篮球时，他却喜欢把学生图书馆里的书重新分类。拉方丹在1913年获得诺贝尔和平奖时，被誉为"欧洲和平运动的重要领袖"。然而，拉方丹失败了，而且是一场颇具讽刺意味的惨败：次年，在第一次世界大战的第一场冲突中，英军在蒙斯等地被德军血洗。

民者的庞大帝国，而此时，是时候将那些零散的殖民知识誊写到干净的白色卡片之上，再带回欧洲了。毕竟，世博会是炫耀民族主义的好地方，而最吸引观众眼球的展台就是那些最新奇的展台。奥特莱和拉方丹的展品无疑就是其中最新奇的部分。*

　　他们告诉路过的每个人，即使是最好的百科全书也有其局限性，因为它们属于旧秩序的一部分。这些百科全书更新起来很是麻烦；此外，尽管顶尖的编辑们尽了最大的努力，但要在主题或理论之间建立起有意义的联系也几乎是不可能的。不过现在，人类有了一种新的方法。拉方丹和奥特莱，外加亨利的妹妹莱奥妮·拉方丹（Leonie La Fontaine），试图将百科全书的最佳编纂原则与新的通信技术和全球范围内的变化结合起来。显然，这不是一个小目标——更像是要屠龙。即使是最有远见的百科全书编辑也不敢有这种级别的雄心壮志。

　　他们这一项目的最早实物表现形式叫"世界文献目录"

O

---

* 当然，也可以说巴黎世博会本身就是百科全书式的。亚历克斯·赖特（Alex Wright）观察到，当时的巴黎世博会还没有像现在这样，成为企业赞助的华丽大游行。当然，当时也有喧闹的场面，新的电影技术、自动扶梯和食品保鲜技术（金宝汤罐头很早就出现了）让人兴奋不已，但这些都与一系列"听起来很庄严的国际会议"结合在一起，使得世博会既是一场博览会，也是一系列学术会议。讨论的新颖话题很快就在《大英百科全书》和《布罗克豪斯百科全书》中占据了新的一页："心理学"（Psychology）、"航空学"（Aeronautics）、"素食主义"（Vegetarianism）、"顺势疗法"（Homeopathy）、"登山运动"（Alpinism）和"软饮料"（Beverage-yielding Fruits）等。参见 Alex Wright, *Cataloguing the World: Paul Otlet and the Birth of the Information Age* (Oxford, 2014)。

（Repertoire Bibliographique Universel），如今，我们可能会觉得这一作品既古朴，又相当熟悉。最初，1895 年左右，这一目录很像是——事实上就是——一个很结实的木制文件柜，其中包含72 个文件盘，每个文件盘都有一个金属把手和一个可拆卸标签槽。没仔细看的参观者可能会以为他们在推销办公家具。*

对奥特莱和拉方丹兄妹来说，这个文件柜更像是一座银行保险库，每个文件盘都是一个保险箱。因为这里保存着世界上所有出版物之间的联系，或者至少是这项大工程的起点。索引是根据麦维尔·杜威（Melvil Dewey）1876 年提出的美国图书馆十进制分类法（American Library Decimal Classification）编制的，不过，奥特莱和拉方丹很快就发现这一分类法过于局限，根本无法满足他们的需求。

他们在划分主题的方式上与 18 世纪 20 年代编纂《百科全书》的埃弗拉姆·钱伯斯之间并不存在很大的差别。他们利用了杜威的分类法：0－通论；1－哲学与心理学；2－宗教和神学；3－社会科学；4－［空缺］；5－自然科学和数学；6－技术；7－艺术；8－语言、语言学和文学；9－地理、传记和历史。4 的空缺（因为他们将语言和文学合并为一类）是为了适应未来发展

---

*　莱奥妮·拉方丹是比利时和平运动和女权运动的领军人物。她认为，知识检索博物馆可以将全世界志同道合的人联系起来，从而推动这两项事业的发展。1909 年，她成立了一个早期的网络团体——妇女文献中央办公室（Office central de documentation féminine）。

的需要，为未来几年可能出现的新主题知识留出空间。新系统并没有利用杜威十进制分类法中的十进制，而新的做法能够让各主题之间的关联性互动变得更加流畅：例如，51+53 可以将数学和化学连接起来，而 63∶30 则可以表示与农业有关的统计问题。[*]

这背后是一个被亚历克斯·赖特称为"暴力索引"（bruteforce indexing）的系统，它是一种将所有人类知识分为四个要素的硬性方法：事实、对事实的解释、统计与来源。这种方法将创新的内容取出来。奥特莱认为，"理想的做法是，将书中每篇文章或每个章节里的细枝末节、重复性或铺垫的内容剥离，将任何新增的知识单独收集在卡片之上"。奥特莱预见到了现代计算机的搜索引擎。正如赖特所言，"翁贝托·艾柯（Umberto Eco）对'待读之书'和'待查阅之书'的区分似乎很是贴切"。

到 1895 年底，这几个比利时人已经在他们的目录中积累了40 多万个条目，到 1897 年底，这一数字增加到 150 万个。当他们在巴黎世博会上通过一系列演讲与展示提出自己的这一想法时，积累的条目已将近 300 万个。他们还获得了王室的批准，成立了国际书目办公室（Office of International Bibliography）。亨利·拉方丹将自己的目标归结为"建立一个世界仓库，将人类

---

[*] 这是一种早期的多学科编辑方法，但与柯勒律治在《大都会百科全书》中所进行的尝试相去不远。

的所有思想自动储存起来，然后以最小的代价和最高的效率在人与人之间传播"。保罗·奥特莱希望能大量复制这些卡片，并将其分发给世界各地的主要图书馆，进而建立互惠的投入机制。由于技术的限制，他们的雄心壮志受挫了：比利时出版商没有复制他们的卡片系统，而是不得不将其编纂成一本非常厚的书，然后鼓励读者将每页上的信息条剪下来，贴在卡片之上（这本书并不是百科全书，而是关于在哪里可以获得信息的资料集）。

比利时的媒体将奥特莱和拉方丹称为"庄严的傻瓜"，在他们看来，这两个人想把整个喧闹的城市变成卡片。但奥特莱似乎对外界的嘲讽早已习以为常，他还将自己的思维扩展到索引卡片之外的许多领域，在所有这些领域，他都是相当乐观的，有些想法可以被称作狂妄自大，有些想法甚至可能是从《奇异故事》（*Amazing Stories*）杂志上撕下来的某个奇闻怪谈。在第一次世界大战的最后一年，他的儿子去世了，这让他深受震动。他经常宣称，只有做到全球范围内的信息共享，才能避免未来冲突的爆发。他参与了国际联盟的创建，并决心用毕生精力去"建立一个完全致力于和平的伟大人类城市"。

我们十分幸运，还能看到奥特莱和拉方丹在其 50 年的创作历程中制成的大量实物材料（更不用说参观者可以随意翻阅在文件柜中的索引卡片）。有些平面图就像宏大而又十分复杂的金字塔，上面布满了细小的文字和大量的箭头；有些则像是多林·金德斯利（Dorling Kindersley）公司出版物中的图片。在理想的国际博物馆的草图旁边，摆放着一本地缘政治地图集，而在理想的"教学材料分类与展示"的三维平面图旁边，悬挂着一幅国际协会联盟（Union of International Associations）管理架构图。多年来，这些展品一直被收藏在布鲁塞尔富丽堂皇的"世界宫"（Palais Mondial）当中。但1923年，由于要举办一场橡胶交易会，奥特莱不得不将这些材料分别存放到各种不合适的地方，其中包括他的家和比利时各地建筑物的地下室。直到1998年，也就是他去世54年后，这些作品才被永久性地安放到蒙斯的新知识检索博物馆中。

　　传统的百科全书编辑是如何看待这一切的呢？他们没发表意见。当然，他们似乎并没有受到奥特莱和拉方丹新系统的威胁；大多数编辑似乎都在忙着更新手中的百科全书。但是，保存在蒙斯的这些资料深具先见之明。尤其是保罗·奥特莱，他对超链接信息检索的未来充满信心。尽管奥特莱的观点主要受到慈善和政治自由主义的影响，但人们还是不可避免地将其与互联网联系到一起。正如他的传记作者亚历克斯·赖特总结的那样，他孜孜不倦的努力之所以重要，"不仅仅是因为这是一堆古玩，更是因为他设想了一种截然不同的连接网络：一种不是由企业利润和个人虚荣心驱动的网络，而是由知识进步、社会平等主义甚至精神解放的乌托邦愿景驱动的网络"。

　　这就是未来。在战争似乎不可避免之前的最后一个夏天，

213　**O**

也就是 1937 年 8 月，在巴黎特罗卡德罗举行的一次集会上，这一方案发展到了顶峰。如今的技术史学家普遍将这次为期 5 天的会议视为信息时代的曙光，尽管在当时的人们看来，这只是一次普通的世界文献大会。来自 45 个国家的代表讨论了图书管理员最喜欢的获取、检索和存储方式等问题，并特别关注了微缩胶片的巨大潜力。保罗·奥特莱再次就他的重要议题发表了讲话，即新兴技术在促进学术信息交流方面的潜力，以及建立一个和平的全球政府——一个超前的联合国——的必要性。并非所有与会代表都有如此宏伟的国际主义计划：例如，一个来自德国的代表团就发表了题为"知识的统治"（The Domination of Knowledge）的不祥演讲。

其他发言人包括 H.G. 威尔斯（H.G. Wells），他对如何殖民、控制全世界的知识有一种不合时宜的帝国式愿景。与保罗·奥特莱一样，威尔斯也认为答案就在一个世界性的网络中；如果组织、传播得当，那么单靠知识就能拯救世界。

P

人类知识综合体
PANTOLOGY

P

　　两个月后，1937 年 10 月 14 日晚，威尔斯所搭乘的船只在纽约靠岸，他由此开启了自己在美国的首轮巡回演讲。那年他71 岁。他计划在 6 周内举行 7 场演讲，沿途还安排了其他一些重要活动，包括在底特律会见亨利·福特，在华盛顿会见罗斯福总统。码头边的一位记者问道，他是否认为近期会爆发战争，但威尔斯预测，两年内，各国之间不会爆发冲突，"因为它们都还没有完全准备好"。

　　他有一个阻止战争爆发的计划。他希望借助被自己称为"世界百科全书"（World Encyclopaedia）的东西，能实现人类的长久和平，并促进全球范围内的繁荣昌盛。他对波士顿和芝加哥的听众说道，这是一个野心十足但确实可以实现的目标，"这

P

知识拯救世界：威尔斯在肯特郡的家中查阅他的书卷

是一个思想交流中心，是一个接收、整理、归纳、消化、澄清
与比较知识和思想的仓库"。这将成为一个充满活力的"世界大
脑"。他的理论是人类知识综合体系论的代表。

　　自第一次世界大战以来，威尔斯一直在完善这一理念。但
前景从未如此暗淡过：他宣称，只有在现在这个时刻，灾难即
将到来的景象才能将这样一个微弱的幻想转变为迫切需要被实
现的目标。

　　在此次巡回演讲的 10 年前，他的照片出现在了《时代》周
刊的封面上，照片上的他留着浓密的胡子，一脸自我满足的神
情。他显赫的名气，最初还要归功于他的几部科幻小说——《莫
洛博士岛》（*The Island of Doctor Moreau*）、《隐形人》（*The Invisible
Man*）、《世界大战》（*The War of the Worlds*）——但在之后的岁月
里，他成为一名颇为严肃的历史学家。他既为公众预言了末日
的到来，又提出了一套自己的解决方案，这一末日预言家和问
题解决者的双重身份使得他受到了媒体的大力追捧，尤其是因
为他一再抨击当权者是一群"只懂得向后看的蠢人"。

　　1936 年，《纽约时报》在他那能俯瞰摄政公园的家中采访
了他，在之后的采访稿中，记者称他为"一个极好的伦敦东区
人"，以及"这一代中杰出的乌托邦主义者"。他是个工作狂，
当有新论文要写时，他根本不会抽出时间去看戏剧或歌剧。年
龄的增长让他变得越发坚强、刚毅，在跨大西洋公共事务的舞
台上，他的重要性仍然"不容人们忽视"。

216

P

先前，威尔斯曾放弃过在美国举行巡回演讲的计划，原因在于他的准备还不够充分，此外，他的嗓音也不够洪亮。他宣称，"麦克风是个伟大的工具"，不过，这也是让威尔斯既惊奇又害怕的新发明之一。飞机让整个世界变小了，但从飞机上扔下的炸弹也能摧毁城市；对独裁者来说，麦克风简直就是福音。

他演讲的开头总是这样一句话，"我们的世界正在发生改变"（实际上，在不同城市的演讲稿几乎没有什么不同），"整个世界的暴力程度正与日俱增。一个古老的世界正在消亡"。罪魁祸首是那些政治家，尤其是那些在凡尔赛和会上遭遇惨败，还没能成功指引国际联盟发展方向的政治家（他们拒绝承认科技的进步导致自己老套的价值观落后于整个时代）。在世界大战与当今飞速发展的科技进步之间，已经出现了一条鸿沟，他担心我们的领导人正站在错误的、摇摇欲坠的那一边，随时可能堕入深渊，粉身碎骨。

不仅是政治家，教育家也是如此。他看到了世界上最聪明的一群人——大学里的知识分子、工业巨头、律师和医生、科学家，同时也观察到，这些人并不怎么回应现代社会对他们提出的要求。威尔斯指出，他们的才能很少用来造福大众。

他有自己的一套解决方案：建立一个由理性和启蒙思想连接起来的世界共同体。他认为，从某种意义上讲，这样的东西已经存在于世。"当今世界各地散布着巨大的、不断增加的知识财富，这些知识财富［可能］足以解决我们这个时代的所有重大难题，但这些知识仍然是分散的、无组织的，在暴力与大众的狂欢面前无能为力。"

因此，他提出要设计"一套更大的百科全书……一个足以控制、指导我们集体生活的知识权威"。他想象了"一个不受先例束缚的永久性机构，我们只需在世界各地的大学中增添一些组织架构，将它们彼此联系起来，进而让世界各地生产的新知识相互协调"。他提到了狄德罗和达朗贝尔在法国取得的伟大成就，以及他将如何利用这些成就的火花启动这项更为宏大的计划。

在当时，这些百科全书达到了自己的目的，但无法满足我们当前的需要。世界百科全书项目……将与世界上的每一所大学、每一家研究机构、每一次有影响力的讨论、每一次调查、每一家统计局保持联系。该项目将组建一个领导机构，并配备自己的行政人员、专业编辑和负责编写摘要的人士。他们将成为新世界中非常重要且杰出的人物。这个百科全书式的组织不必集中在一个地方办公；其可以采取异地在线办公的形式。他们需要在精神上实现集中，但也许不必在物质上实现集中。

218

P

他在美国的巡回演讲是对前一年在伦敦皇家学院（Royal Institution）演讲的提炼。在演讲中，他称"教授的寡头政治集团"和其他特别能干的人是"现代的神职人员"，尽管宗教本身并不参与其中。相反，就像柏拉图一样，"他们会让哲学家成为国王"。

为了便于论证，威尔斯将自己置于"受过教育的普通公民"的角色之上。

> 请大家想象一下，这个世界百科全书组织将如何融入自己的生活中，又将对自己产生怎样的影响。从一个普通人的角度来看，世界百科全书就是摆在自己家里，或邻居家里，或附近的一家公共图书馆里，或一所学校里的一排排书卷，借助这些书籍，个人可以不费吹灰之力，在清晰易懂的语言中找到最新的关于我们社会秩序的主流观念、所有知识领域的概要和主要内容、我们宇宙的精确图景、世界通史类读物……

在此之后，那些愿意求知的人还可以继续深入探索。一排排的书卷将为读者提供更为详细的原始资料。在尚存争议的领域，人们会用"精心挑选、相互关联的"论点取代原先那些"随意排列的观点摘要"。威尔斯建议，这部世界百科全书"要成为世界上每一个有才智之人的精神背景板"。

威尔斯预见到了奥威尔日后提出的那个观点："如果每个人的想法都一样，那将是一个多么可怕的世界。"然而，他坚持认为，事情不会发展成这个样子，他谴责知识独裁，但不可否认，在知识领域还是需要基本的统一秩序。"需要指出的是，如果一个城市里的所有钟表都各自按照自己的时间走，没有海图，没有时刻表，火车会开往那些未标明的目的地，那么这确实无法提高生活的多样性与美感。"他优先考虑的是打造一片花园，而非沼泽地。

　　他早就设想好了这项新事业应该包含哪些内容。首先，要对世界范围内的各种哲学思想进行"批判性、探究性的比较研究"。语言史会很有趣，紧随其后的是文字的起源和发展。然后是数学符号和象征，以及时间和空间概念。之后是纯粹的物理学。物理学之后是化学和天文学。然后是生命科学和科学家的传记，接着是人体健康和医学，"其中包括精神健康与身体健康"，再之后是体育与消遣活动。按照这一方式，希腊和罗马的历史被放到了先前人们无法想象的位置，紧接着是杰出人物的故事，然后是教育、宗教和伦理。"两个庞大的平行部分将同时处理经济生活的相关问题"，其中第一部分涉及生产和经济组织，第二部分涉及分配与金融。威尔斯在财产原则和法律理论上的左派立场在这里体现得十分明显，此外，这部分还包括经济地理与全球地图集。

　　最后一部分的基调与前面的都不太一样，因为这部分会涉及美学、文化和艺术生活。在这一部分中，"审美批评将继续保持其不可估算、非标准化的研究方法，继续神秘地"对电影、广播、建筑和"高深莫测"的小说进行评判。

220

　　这真是一个"蛋奶酥"。威尔斯承认,《百科全书》和《大英百科全书》中已经涵盖了很多内容,但现在是"适当更新这些先驱"的时候了。他自问道,这样做要花多少钱。每年只需约 50 万英镑的维护经费,但"要想让其从无到有,那么消耗的经费将不亚于一艘现代战舰的开销"。

　　一家报纸曾报道说,威尔斯会亲自撰写百科全书。"全靠我自己的小手和我自己的小脑袋……别忘了我已经 70 岁了!"在他看来,这种说法未免太荒谬。相反,他只打算亲自负责"微不足道"的一小部分。他建议成立一个"百科全书协会"(Encyclopaedia Society)来负责管理相关事务。他希望这部书能用英语撰写,但应该设置一个翻译小组,以便世界上的每个人都能阅读。他设想,全部的参考文献应为一万条到两万条。同时,这项庞大的工程最好能在世界范围内形成垄断,不必面临严重的竞争,从而能够用销售收入来偿还投资。*

P

---

* 类似的"世界大脑"(World Brain)概念于 1990 年在比利时问世,尽管提出者承认受到了保罗·奥特莱和威尔斯的影响,但这一概念远比他们想象的要概念化得多。弗朗西斯·海利根(Francis Heylighen)所著的《控制论原理》(Principia Cybernetica)以进化控制论为基础,涵盖了记录知识的新型网络形式,不过,这一理论不在本书的讨论范围之内。和位于布鲁塞尔的全球大脑研究所(Global Brain Institute)一样,这仍然是一个正在进行的项目,亚历克斯·赖特将其描述为"试图通过将哲学思想的整个范围分解为网络中的'节点',创建一个哲学理论的大综合体……"这些"节点"可能是一本书的一个章节、一篇文章的一个段落,甚至是更有针对性的信息单元。海利根教授说,这个计划是要把网络"变成一个智能的、自适应的、自组织的共享知识系统"。

在伦敦，威尔斯明确表示，虽然他的想法尚未付诸实施，但他并不是"将随便什么想法抛给大家的"。相反，"我要把我最好的东西带给你们"。

1932 年，威尔斯在《人类的劳动、财富和幸福》（*The Work, Wealth and Happiness of Mankind*）一书中写道，需要组建一个智力合作委员会来编写一部百科全书。这是他这一思想的最早体现，尽管此时，他在这一问题上的思想还不算完善。书中的一张照片展示的是大英博物馆图书馆的中央阅览室，标题是"世界大脑的一个细胞"（A Cell of the World's Brain），而图中的阅览室里几乎没什么人。

书中专门介绍百科全书的部分对研究当时的百科全书很有帮助，这是一部有作者自身观点的简明历史著作，与本书类似，不过要简明得多。威尔斯对百科全书史的基础部分进行了梳理：亚历山大图书馆（他称为"博物馆"）、亚里士多德、普林尼的《自然史》。威尔斯赞扬了狄德罗和他创作的"第一部百科全书"，并指出，这部作品在当时的思想运动中拥有举足轻重的地位，尤其是书中内容的思想性和对大革命的推动作用。他认为，"这部作品解放了思想"，开了承认观点多样性的先例。

他对《大英百科全书》后续出版的版本印象不深。他只称赞了其中的部分内容，特别是（对他而言）近期出版的"建筑"（Architecture）、"陶器"（Pottery）和"瓷器"（Porcelain）的条目。但他更希望《大英百科全书》能成为一个"关于财产观念、

金融或政治重组的创造性可能等总体观念"的辩论舞台。换句
话说，威尔斯希望实现思想的激进化，即"能够深入指导人类
教育的意识形态方面"。撇开狄德罗的冒险不谈，现代百科全书
通常并不精通或不希望做到这一点。[*]

　　不过，这正是他关于世界百科全书的早期构想的出发点。
他建议，世界百科全书不一定要按字母顺序排列，因为这会限
制其不断更新的可能。这部著作将同时具备哲学性与事实性，
做到辩证和有机的统一，并保证确立全书一致的自由主义而非
反动主义立场。

　　就这样，几年之后，威尔斯的简明历史研究就与世界范围
内日渐升级的暴力产生了冲突，在战争前夕，这项研究萌发
（也可以说是凝结）为他那宏大的百科全书计划。"你能看到，
这样一个百科全书式的组织如何能像一个神经网络、一个精神
控制系统一样遍布全球，通过共同的兴趣和共同的表达媒介，
将全世界所有的知识工作者编织成一个越来越自觉的合作统一
体，并日渐意识到自己的高尚之处，在没有压力或宣传的情况
下为公民提供信息，在没有专制的情况下为普通人进行指导。"

——————————————

*　威尔斯忍不住挖苦了那些给《大英百科全书》撰稿的专家——那些生活在空中
　楼阁里的专家。"这些人要么住在大学威严的学院里，要么住在精心挑选的乡村
　隐居地……总之，这些人通常都不太合群……有些人衣冠不整，神情沮丧，但
　大多数人看起来都得到了很好的照顾。"威尔斯发现，这些人一般都不引人注
　目，而且效率不高。换句话说，他们没有足够的政治头脑，也没有前瞻性思维。
　"一家造船厂在工作时发出的噪音比世界上所有原创思想加在一起还要大。"

尽管只是昙花一现，但威尔斯和之前的保罗·奥特莱一样，似乎正在规划着互联网的方案。或者说是理想中的互联网，一种只由有原则的人负责引导的善的力量。也许，他更接近维基百科，更接近一个孩子的世界观，一个孩子的永恒乐观主义，以及一个能巧妙地解决我们所有重大困难的天真方案。

蒙提·派森（转移一下话题……）

PYTHON, MONTY (a diversion . . .)

埃里克·伊德尔（Eric Idle）怀着恶意来到一家住户的门口。他面带微笑，但别被骗了：他是冲着你家的银子来的。应门的是约翰·克莱斯（John Cleese）扮演的一位略显紧张的女士。这一幕出自 1969 年 11 月 BBC 播出的《巨蟒剧团》系列喜剧的第一部，这一集名为"20 世纪后半叶人类的身份危机"。

女人问男人想干什么。他说想进来偷点东西。女人便起了疑心："你是来推销百科全书的吗？"

不，男人重复道，他是来偷东西的。

女人仍心存疑虑，认为他可能是百科全书的推销员。

不，他坚持道，他真的不是。

女人想知道，如果她让这个男人进来，他会不会卖给自己一套百科全书。

他说得再清楚不过了：他只想进来把这间公寓洗劫一空。

"完全没有百科全书的事儿？"她问。

"没错，根本没有。"

她还是很警惕，但最终，这个女人打开了门。

一进门，男人就说："需要提醒你一下，我不知道你是不是真的考虑过，拥有一套精美的现代百科全书能给自己带来什么好处……"

下一幕切换到了迈克尔·佩林（Michael Palin）这里，他坐在书桌前说道，那个人是一位相当成功的百科全书推销员。但并非所有人都那么成功。

画面接着切换：一个人从高楼坠落。

佩林说道，你看，这就是两个不那么成功的百科全书推销员。

画面又切换了一下：另外两个人从高楼坠落。

佩林："我认为这给我们所有人都上了一课。"

佩林一直都记着这一幕。20 世纪 80 年代，他与"巨蟒剧团"的同事特里·琼斯（Terry Jones）一起出版了《费格博士的世界百科全书》（*Dr. Fegg's Encyclopaedia of ALL World Knowledge*），但实际上，这部书里基本没包含任何知识。费格博士是一个手持沾满鲜血的斧头，四处搜罗猎物的怪物。他基本只在帕克赫斯特监狱里受过教育，他曾因严重人身伤害罪在那里服刑过一段时间。这部百科全书以前的书名叫《伯特·费格为孩子们提供的下流书》(*Bert Fegg's Nasty Book for Boys and Girls*)，而且，在这个更新版里，作者新加入了很多错误的信息。你没法在其他出版物里找到这些条目："阿拉丁和他可怕的问题"(Aladdin and His Terrible Problem)、"巴塔哥尼亚的擦鞋鼠"(Patagonian Shoe-Cleaning Rat)、"自动咀嚼的牙齿"(Do-It-Yourself Teeth)。"巴塔哥尼亚的擦鞋鼠"并不可怕，反而很可怜："这只老鼠靠出租自己的身体当鞋刷为生。一旦秃了头，那么它的职业生涯也就到头了，只能靠卖巴塔哥尼亚鼠奶酪来维持生计（可以想见的是，这种奶酪并不受欢迎）。"

相比之下，在"室内游戏"(Parlour Game)这个条目中，我们却能找到危险的元素：传孟加拉虎。这个游戏需要7个男孩、7个女孩、一堆椅子、包装纸和老虎。游戏规则是将包装好的老虎传递给旁边的人，一旦音乐停止就不能接着传了，此时，手捧这个包裹的孩子需要解开一层包装纸（祝你好运！），最后解开包装纸的孩子就是游戏的输家。

Q

225

疑 问

QUESTIONING

对于现实世界中的孩子们来说，1910 年是充满疑问的一年。动物知道自己受到了善待吗？乡村生活比城市生活更健康吗？为什么苏格兰经常下雨？

因为我们曾经生活在一个简单的时代，这些问题曾经都有更为简单的答案。如今，上述问题出现在《儿童版百科全书》（*The Children's Encyclopaedia*）中，这部书在美国被称为"知识之书"（The Book of Knowledge），在很大程度上影响了两次世界大战之间的青少年的观念（这批青少年在成年之后也深受这套书的影响）（鉴于读者的年龄层次，我们可以合理地认为，青少年百科全书的影响力总是会比目标受众为成年人的百科全书要大）。这些问题的答案分别是：我们不知道，但这么做肯定对人类有益；如果你喜欢纯净的空气和阳光，那么乡村生活就更好，但如果你希望能有更好的供水与排水系统，那么城市生活会更好；苏格兰比英格兰更靠北，因此当地寒冷的气候使大气中凝结了更多的水（此外，苏格兰的西海岸支离破碎，海水往往可以借此深入陆地）。

这套书最初在 1908 年至 1910 年间每两周出版一期，主要在火车站的月台售货亭出售，每期的内容都是百科全书式的"知识宝库"，但这部书与之前的大多数百科全书都不相同。首先，这部书不是按字母顺序排列的。它是一部规模巨大、引人入胜、什么内容都有的"大杂烩"，因为其缺乏适当的整理与安排，所以读者对此既感到惊讶，又觉得匪夷所思。这部书甚至没有按主题排布，只是杂乱无章地将内容堆在一起；人们在阅读的时候可能会疑惑编辑阿瑟·米（Arthur Mee）的索引卡片是不是被大风吹散了。

第 1 卷的目录页列出了 19 "组"条目，但这些条目本身也很难被归类。例如，第 2 组"男人和女人"（Men and Women）的条目中囊括了"第一个飞起来的人"（The First Flying Men）、"音乐之王"（The Kings of Music）、"威尼斯名人"（The Famous Men of Venice）和"法国革命家"（The French Revolutionists）。又如第 16 组"思想"（Ideas）的条目中收录了"运动"（Movement）、"正义"（Justice）、"勇气"（Courage）、"真理"（Truth），同时收录了大量的英雄事迹。《儿童版百科全书》获得了巨大的成功：其出版商"教育图书公司"（Educational Book Company）声称，《儿童版百科全书》在头十年的销量达到了 80 万册，其中很多都卖给了学校和图书馆。

"真理"条目的内容揭示了这部书的另一个目标，即使孩子们坚定对上帝的信仰。书中引用了蒙田（Montaigne）的话："我们生来就是为了探求真理，'我们应该将真理时刻铭记在心'"。但这还不够。"他没有说真理藏在某个源泉之处。他说真理就在高处的神那里。真理就是上帝，追寻真理就是追寻我们的造物主。"

对于一个刚刚在同一卷书中学习了如何自己制作糖果，以及如何用一双手套做糖果袋的孩子来说，这真是令人兴奋的东西。于是，对真理的追求变成了一场游戏，"有史以来最伟大的捉迷藏游戏。上帝把真理藏了起来，我们在这个世界上可能永远也找不到它；但祂把追寻真理的过程变得如此刺激与精彩"。在下一页，即共有 764 页的第 1 卷中的第 501 页，孩子们又可以学习如何制作一个测量风力的玩具（"……把垫圈放在木柱上面……"）。

这部百科全书是在帝国鼎盛时期编写的，其中也坚持了英国人引以为豪的生活方式（除了书名，在 20 世纪 20 年代这部书打入美国市场时，书名中的"百科全书"的英文拼写从 Encyclopaedia 改为了 Encyclopedia）。关于奴隶贸易的内容就很明显地体现了这一点——傲慢、试图维持超然中立的态度、非常自信。

这一条目名为"很久很久以前的好探险家和坏探险家"（The Good Explorers and the Bad Explorers of the Long Ago）。

> 早期的探险家分为两类：一类是单纯的牧师。他们凭借着惊人的胆识进入荒凉野蛮的国度，即使语言不通，也为那些异域国度的男人、女人和儿童施洗。另一类是西班牙和葡萄牙的奴隶贩子。到17世纪中叶，他们每年从非洲向巴西贩运1万名可怜的人。在巴西，这些不幸的人需要像驮兽一样劳作。如果他们非常强壮，而且很幸运的话，能够活上7年，但绝对不会超过7年。
>
> 说来惭愧，在奴隶贸易中，英国也曾参与其中。在美国《独立宣言》发表之前的一个世纪里，我们将300万名非洲奴隶运到了新大陆；这当中有25万人死在了我们的船上，并被扔进了大西洋里。新大陆上的黑人现在已达数百万人，他们都是被从黑暗大陆上残酷地掠夺来的奴隶的后裔。

Q

这是我在学校里读到的百科全书，现在重新读到这些话时，我总会觉得有点恶心，尤其是因为编辑在序言中宣称，自己要将这部书"献给全世界所有热爱儿童的人"。阿瑟·米宣称，他想让孩子们读到所有相互关联的东西。他将用每个孩子都能理解的方式进行写作，其中最难的单词就是"百科全书"本身。他并不打算"偷走孩子们童年时的快乐，并让他们在苦涩无味的百科全书中获得磨砺"。相反，这是"献给整个国家的一份礼物"，他希望每个打开这本书的孩子都能在其中找到自己感兴趣的东西，尤其是不同性别的孩子会感兴趣的东西，如"男孩对机械的兴趣，女孩对家务的兴趣"。

他还提出了一系列问题。"世界的意义是什么？我为什么会在这里？去世的人都去哪儿了？天上的星星由谁掌管？"

起初，在这一赛道中，阿瑟·米没有竞争对手。拉鲁斯出版社（Larousse）出版的《青少年百科全书》（*La Petite Encyclopédie du jeune âge*）自 1853 年后就没有更新过，也没有英文版。1917 年大获成功的《世界之书》（*World Book*）是一部图文并茂的百科全书，同时面向儿童和成人，但这部书也不比阿瑟·米作品有特色与魅力。20 世纪 20 年代，阿瑟·米真正意义上的竞争对手出现了。美国的出版公司出版了 10 卷本《康普顿图解百科全书》（*Compton's Pictured Encyclopedia*），在市场推广的过程中，这部书被誉为比《大英百科全书》更与时俱进、更以课堂教学为中心（"这部书能让学生们快乐地学到知识……同时准确地提供信息……"）。《康普顿图解百科全书》逐渐成为中端市场的重要竞争者，并与高雅的《大英百科全书》相抗衡，不过，这套书实际上是为成人和青少年编写的通识类出版物。

《大英百科全书》曾计划于 1914 年推出少年版，但一战及后来的一系列事件使得《儿童版大英百科全书》（*Children's Britannica*）直到 1934 年才成功出版。1969 年，第 2 版的编辑罗宾·塞勒斯

（Robin Sales）在给小读者的信中写道："这是一部为你们打造的真正的百科全书，但其目标在于帮助你们在长大后阅读成人版的百科全书。"与成人版的《大英百科全书》一样，书中的条目也是按字母顺序排列的：在第 2 卷中，"獾"（Badger）之后是"羽毛球"（Badminton）、"巴格达"（Baghdad）和"风笛"（Bagpipe），在短短几张彩页中，编者就带着读者领略了动物王国、体育世界、古老的伊斯兰文明以及木管乐器有争议的起源。最后一卷也是如此："胡桃"（Walnut）之后是"罗伯特·沃波尔爵士"（Sir Robert Walpole），然后是"沃勒斯"（Walrus）与"华尔兹"（Waltz）。由于这套"薄薄"的 19 卷本只是通往更高境界的垫脚石，书中还详细介绍了如何使用索引，因为在编者看来，为了应对日后 4000 万字的大部头，这些知识本身是不可或缺的（儿童版大约 400 万字）。因此，当你翻开第 8 卷想要查找"金翅雀"（Goldfinch）的相关内容时，如果没有找到这样的条目，也就不必失望了。聪明的孩子会去查索引，并从中发现金翅雀属于雀科鸣禽，然后就可以高兴地翻到第 7 卷第 132 页。求知的过程通常会涉及一些侦探工作——这是为成年之后查阅《大英百科全书》所做的有价值的准备。[*]

《儿童版大英百科全书》第 1 卷列出了数百名作者的名单，

---

[*]　也叫《儿童版大英百科全书》（*Britannica Junior*）的书曾在美国投放过这样一则广告，广告中一对父母在远处看着他们的孩子："看！他真的在自学，而且乐在其中！"

231   "他们帮助这部百科全书增加了许多知识"。他们中的许多人没有为儿童写作的经验，因此《大英百科全书》办公室的一个专业编辑小组负责确保每个条目都通俗易懂。他们还会请一所小学的师生来阅读相关条目，如果他们有什么不明白的地方，编辑就会在条目中加入更多说明性的内容。然后，编辑会将改后稿件寄回作者处，以确认新增的说明性内容没有出现什么错误。然后，再由一名"教育顾问"重新检查一遍更新过的条目。

　　与成人版百科全书不同的是，《儿童版大英百科全书》每一卷的结尾处都会给孩子们列举一个有关爱好和消遣活动的建议——如何表演莎士比亚的戏剧、如何画动物——而最后一卷则包括一个按字母顺序排列的小测验，好让你赶紧再翻开前几卷看看自己还记不记得这些知识：

Q

　　　安德罗克勒斯（Androcles）是怎样和狮子做朋友的？

　　　灌溉是什么意思？

　　　软焊料由哪些金属组成？

　　这是一本面向小学生的出版物，不过《大英百科全书》编辑部仍希望开拓更小年龄段的市场。为此，他们于 1954 年出版了一本名为《与学龄前儿童一起阅读〈儿童版大英百科全书〉》（*Using Britannica Junior with your Preschool Child*）的小册子（封面插图是一位面带微笑的母亲站在扶手椅后，椅子上坐着一位面带微笑的父亲，一个 4 岁左右的男孩站在一旁，一个女孩则坐在父亲的腿上。他们都在读同一本书）。这本书的前言由牛顿·R. 卡尔霍恩（Newton R. Calhoun）负责撰写，他是伊利诺伊州温内特卡市温内特卡公立学校的心理学家。他问道："您的孩子是否觉得家庭环境过于压抑，无法在其中发现新的乐趣？""要想让孩子从早到晚都充满兴趣，就需要很多不同的主题。"

　　在这本小册子中，作者解释道，《大英百科全书》是满足孩子永无止境（"而且，让我们承认吧，有时我们自己没法帮助他们解答疑惑"）的好奇心的理想工具。"孩子之所以反复问同一个问题，往往是因为他仍然感到困惑，或是希望得到确证。重要的是，如果他的问题确实指向的是他的感受，那么，您就不要为孩子提供过多的事实性信息。"《大英百科全书》选择的例子会让人认为，这实际上是编辑们曾被自己的孩子问过的问题：你为什么喝这么多咖啡？实际上，大人应该意识到，"有时候，行动比语言更能说明问题"：

　　　　他可能想知道为什么你可以喝，但他不行。如果这是他关心的问题，你的回答就不能让他感到不安，但又要让他明白这是有原因的。或者，同样的问题可能意味着他想知道你怎么会喜欢那种东西：在他看来，咖啡的外观不好看，气味也很难闻。如果是这样，对他而言，你让他品尝一下咖啡会比让他单单听你说话更有满足感。你可以给他一些用牛奶稀释并加足甜味的咖啡。这样，他就会感到满足，因为他与成人之间的差距缩小了。

然后，他可能会问："咖啡是从哪里来的，在装进罐子之前是什么样子的？"这时，手边的《大英百科全书》就能真正发挥作用。当然，泡咖啡也需要水，因此孩子可能还会问其他问题，比如水从哪里来，是如何进入水管的，水流进下水道后又去了哪里。"针对这些问题，相关简明版答案可见'雨水'（Rain，第13卷第30页a栏）、'供水'（Water Supply，第15卷第58页a栏）和'污水处理'（Sewage Disposal，第13卷第292页b栏）条目……您一定能在《儿童版大英百科全书》中找到这些问题的答案。"

《牛津儿童版百科全书》（*Oxford Junior Encyclopaedia*，1948）重新采用了专题编排的方式。编辑们认为，如果12卷中的每一卷都有一个内容更广泛但也更具关联性的主题，那么对11岁以上的读者来说会更"有益于教育"，而字母表在每一卷中会单独发挥作用，以排列同一主题下的不同条目（这一做法可追溯至塞缪尔·泰勒·柯勒律治）。这些主题包括人类、自然史、宇宙、通信、伟人、农业和渔业、工业和商业、工程、娱乐、法律和社会、家庭和健康以及艺术。

在序言当中，编辑强调了这部书的严肃意图：本书经牛津大学出版社监督委员会批准发行。编辑们希望他们的百科全书能帮助读者养成整体性阅读的习惯。对许多儿童（甚至对许多成年人）来说，阅读并不是一种自然的活动；他们并不是为了阅读而阅读。不过，可以培养他们为了特定目的去阅读《牛津儿童版百科全书》，从而"养成一种终身受用的习惯"。

这套书主要供学校图书馆使用，编辑劳拉·E.索尔特（Laura E. Salt）和杰弗里·布姆弗雷（Geoffrey Boumphrey）在序言中解释道，他们希望为那些认为标准百科全书过于厚重、技术性信息过于密集的人提供一套合适的参考书。他们希望数以千计的插图能减轻读者的负担，同时也希望省略"纯科学"的主题。他们的观点是人文主义式的，更关注现代世界而非过去，更关注实用问题而非抽象问题。与词典不同，百科全书"只涉及有意义的词汇和主题"。

但是，举例来说，《牛津儿童版百科全书》第 1 卷（"人类"主题）是如何介绍美国人的呢？在对人口和社会阶层进行细分之后，作者写道："美国人的血统非常混杂——英国人、法国人、德国人、斯堪的纳维亚人、俄罗斯人、芬兰人、巴尔干半岛人、意大利人、荷兰人、希腊人、波兰人、犹太人，甚至中国人和日本人。"我们了解到：

234

美国人是精神上非常活跃的民族。他们始终坚持自由和

Q

民主的伟大原则，尽管他们之间贫富悬殊，资本家和劳工之间经常发生激烈的斗争。在美国，自由企业精神仍然是最为重要的，虽然这肯定会激发人们的主动性，但也可能会导致个人主义的过度发展，从而威胁到共同利益，并导致美国人过于看重经济和物质层面的成功。

在题为"英国人"（British Peoples）的条目中，有 3 张照片展示了英国人的日常生活：萨福克郡的干草生产、斯塔福德郡陶器区的鸟瞰图（100 个烟囱冒出滚滚浓烟）以及特拉法尔加广场［标题为"帝国的心脏"（The Heart of the Empire）］。英国人的特点是喜欢把话说得保守一些（"'还不错'这个说法就是一个典型的例子"），而美国人却认为这"属于虚伪的谦虚"。此外，人们也经常会认为英国人"冷漠"，不过一旦了解他们，就会发现他们实际上"很好相处"。

英国人的另一个特点在于，他们经常把崇高的道德理想主义与现实的领土和商业诉求结合在一起。例如，著名的帝国口号——"白人的责任"（White Man's Burden），在英国的竞争对手看来就相当虚伪。

我们应该提醒自己注意这一条目的写作日期：1948 年。这一年，"帝国疾风号"（Empire Windrush）在泰晤士河畔卸下了来自牙买加的乘客，英国结束了在巴勒斯坦的委任统治，乔治六世失去了"印度皇帝"的头衔。读过这些书的少男少女如今都已 80

多岁，他们管理国家、影响世界进程已有约 50 年。*

　　评论界对《牛津儿童版百科全书》的反应不一。由于每一卷都有不同的主题，主要由专业杂志进行评论。1953 年的《现代法律评论》（*Modern Law Review*）就对第 10 卷《法律与秩序》进行了评论，一个名叫 J.A.G. 格里菲斯（J.A.G. Griffith）的人认为该书内容多样，印刷精美，但他对书中存在的大量错误不太满意。格里菲斯指出，尽管书中列举了不同的说法，但没有什么可以阻止国家煤炭委员会（National Coal Board）的成员参加议会选举；地方当局早在 20 世纪 20 年代就开始建造住宅区；对国民医疗服务体系（National Health Service）的解释也是错误的。作者总结道，尽管存在上述错误和许多其他错误，这部书仍然取得了"相当大的成就"。

　　1950 年，《历史》（*History*）杂志评价道，在前三卷（《人类》《自然史》和《宇宙》）中有许多值得称道之处，但在历史方面，这套书有很多的不足之处。历史学教授 R. F. 特里哈恩（R. F. Treharne）写道："历史教师有很大的不满情绪，由于这部书的随

Q

_____

* 　阿瑟·米的《儿童版百科全书》无疑在几十年前也产生了类似的影响。关于大英帝国南非部分的一个条目赞扬了"我国在开辟非洲大陆方面所发挥的作用……人们普遍没有意识到，大英帝国（1910）在非洲控制的面积比它在加拿大或澳大利亚控制的面积还要大"。但我们的开发进展缓慢。"究其原因，在非洲大陆，只有一小部分地区的气候适合白人健康地生活和从事白人的生产活动。"在某种程度上讲，贸易仍然是可以进行的，因为非洲大陆有大量的人口，"他们大多未开化，但能够把文明人需要的东西带到海岸，特别是金粉和象牙"。

236   意性，这一学科似乎在很大程度上被人遗忘了。"

《伯灵顿杂志》（ *Burlington Magazine* ）通过隐喻指出这部百科全书可以"食用"（非常实用）。作者威尔弗莱德·布朗特（Wilfrid Blunt）是艺术专家兼间谍安东尼·布朗特（Anthony Blunt）的兄弟，他表示，为年轻人写作是一件相当困难的事。一方面，稍大一些的年轻人"可能会接受一些简单的营养品，但他们肯定不想吃流食"；另一方面，年纪偏小的年轻人"的肠胃还不能吸收成年人的食物"。在布朗特看来，无论年龄大小、消化系统如何，所有年龄段的读者都会认为这套书很不错："书中提供的知识很容易消化，但又不是被其他人提前消化过的；其写作方式很吸引人；还非常有营养。"他认为，只有在少数情况下，编辑们的水平会让人怀疑。比如，不应该为"五行打油诗"（Limerick）设置一个条目。他也不赞成在出版物中提及蓝调音乐（the blues），在他看来，这些音乐"令人恼火"，"最好赶紧被遗忘掉"。评论家的偏见与作品本身的偏见发生了冲突。至于准确性问题，仍有待观察。*

----

*   在一页纸的"爵士乐"（Jazz）条目中，蓝调音乐只有几行的内容。而且最后一句话值得商榷。作者指出，许多蓝调歌曲"深深地表达了悲伤、恐惧，但绝不是报复之意或仇恨之情"。

R

统治不列颠?
RULE BRITANNICA?

　　20 世纪 60 年代初，一位名叫哈维·艾因宾德（Harvey Ein-binder）的美国物理学家从他为国防部承包商提供导弹项目咨询的工作中抽身出来，制作了一系列电视节目，旨在向普通观众解释科学上的重大突破。为了制作关于伽利略（Galileo）的节目，他查阅了《大英百科全书》，读到了伽利略曾从比萨斜塔上投下重物，从而推翻了古老的重力理论的故事。可惜，这不是真的。即使在 1935 年，一本关于伽利略的传记就指出了这一错误，但《大英百科全书》仍将其保留了 30 年。

　　于是，哈维·艾因宾德开始思考：这部百科全书中是否包含着许多类似的错误？其中的错误多吗？他开始运用自己的知识审查"热"（Heat）、"蒸发"（Vaporization）和"康普顿效应"

（Compton Effect）的条目，并从中发现了一些缺陷。随后，他开始了更为广泛的研究，其原则与 1919 年范·达因所遵循的原则相一致，最后成果是长达 390 页的《〈大英百科全书〉的神话》（*The Myth of the Britannica*，1964）。该书成为一部颇具影响力的畅销书。其中指出的不少错误在曾被当作不争的事实。不过，同样有问题的一点在于，他发现许多条目已经有 50 多年的历史了，长期以来一直未经修改；有些条目自 1875 年后就没有修改过。其中的观点过时，还存在大量的偏见。总而言之，社会对许多话题——女性的地位、种族问题、与性有关的政治、审查制度等——的态度都发生了明显的变化，变得自由化了，但在许多问题上，《大英百科全书》仍停留在维多利亚时代。艾因宾德发现，《大英百科全书》的编辑往往会忽视新的历史证据，尤其不愿意修改那些由著名人士撰写的条目。

艾因宾德博士选择对 1958 年和 1963 年出版的版本进行调查，这两个版本都是对 1929 年第 14 版的更新。在美国，如果你购买过 1963 年的版本（20 世纪 60 年代初，每年这套书都能售出大约 15 万套），你可能会被其广告中的说法所吸引，即这部《大英百科全书》是“最完整的事实与知识的集合，相关领域的权威人士对各种各样的主题做出了充分的解释，通过这部书，您可以了解园艺、导弹、哲学、科学，几乎所有您听说过的主题和成千上万您没听说过的主题”。如果事实并非如此，你的确有理由感到不满。

　　艾因宾德仔细研究了这两部书，制成了一份包括 666 个条目的清单，其中的每个条目在这两套 20 世纪中叶的印刷品中都至少占了半页的篇幅，这些条目自 1911 年后就没有发生过变化，有些条目甚至从 1889 年起就没有发生过变化。其中许多条目是人物传记——"哈德良"（Hadrian）、"亨利·菲尔丁"（Henry Fielding）、"歌德"（Goethe）、"乔纳森·斯威夫特"、许多"亨利国王"和"查理国王"——还有一些是关于对重大历史事件的评价的条目，这当中并没有囊括 20 世纪以来的新发现或新解释："火药阴谋""法国大革命""三十年战争""滑铁卢战役"。J. A. 西蒙兹（J. A. Symonds）曾为《大英百科全书》撰写过"文艺复兴"条目，篇幅长达 12 页，内容宏大。不过，尽管现代的学术研究已经推翻了其中的许多观点，但 50 多年来，这一条目几乎从未被改动过。

　　20 世纪 60 年代关于这套书的广告宣称，最新版的《大英百科全书》是"200 年来最好的版本"，其内容由 10300 位"世界级权威人士"负责撰写，共 3600 万字。广告中还声称，这一版修订了大约 17900 个条目（不过其中也包括那些只更正了单词拼写错误的条目）。艾因宾德发现，其中一些修订甚至还增加了新的错误，如贝多芬的四重奏清单和亚伯拉罕（Abraham）的传记细节有误。

　　《〈大英百科全书〉的神话》中也列举了动物学方面存在的很多问题。从历史来看，百科全书中最有意思的部分是动物，

239

尤其是普林尼的《自然史》和蒂尔伯里的杰维斯《给皇帝看的消遣之书》中的神兽。但这些都是古代经典，人们可能会对 20 世纪中叶的作品抱有更多期待。但《大英百科全书》的这两个版本中仍然写道，在骆驼身上，水"主要储存在驼峰中"（其实不然——驼峰是脂肪组织，是骆驼的能量贮存库）。显然，"自愿自杀"和"盲目冲动"导致成群的旅鼠跃入水中死亡的说法也不正确，但至今这种说法仍在流传。实际上，那些旅鼠既不是盲目冲动，也不是自愿自杀，而是为了解决族群数量过剩的问题或寻找食物。同样，关于狼是否会成群结队地捕猎，鸟类是否会每年快乐地迁徙，《大英百科全书》中的说法也都存在问题。

可能会直接影响读者观念的社会类条目也需要进行全面的修订。例如，关于节育的内容反映了一种非常保守且沙文主义的态度，显然，这是一种冷酷无情又顽固不化的立场。1963 年，《大英百科全书》仍在强调"最贫穷、最不成功的家庭，通常在健康、教育以及经济资源方面都有缺陷，但他们生的孩子超过了他们所占的人口比例"。与此形成鲜明对比的是，"工业化程度较高的所谓成功人士似乎会因繁衍的后代数量不足而消失"。

在种族问题上，《大英百科全书》中的歧视无处不在，而且往往存在于边缝当中。在一个不那么显眼的例子中，艾因宾德引用了 1958 年出版的"私刑"（Lynching）条目，这一条目自 1910 年首次收录后一直未变。

R   240

在内战重建工作之后，随着黑人犯罪的增加，私刑也增加了。这是因为偏见的存在、重建后一段时间内政府的软弱无力（尤其是在黑人人口多于白人的地区）、黑人几乎总是包庇自己种族中的罪犯以对付白人，以及黑人男子强奸白人妇女的罪行时有发生。

艾因宾德指出，"这段话并非基于事实，而只是为南方暴民的暴力行为进行辩护的说辞。"这一条目是由范德比尔特大学（Vanderbilt University）的一位院长负责撰写的，而在当时，范德比尔特大学是南方的一所白人学校。"虽然这一条目在过去十年中进行过一定程度的修订，还加入了关于私刑的最新统计数据，但其中那些明显带有歧视性的内容里，编辑唯一的改动就是修改了标点符号，并将'黑人'一词大写。"

哈维·艾因宾德在其 1964 年出版的《〈大英百科全书〉的神话》中要求《大英百科全书》尽快出版修订版，他声称，这就是他的初衷。他之所以要展开这项调查，主要是因为自己相当热爱《大英百科全书》，而不是因为对其抱有愤怒之情。他说，他一直把《大英百科全书》当作值得信赖的资料来源。他强调《大英百科全书》仍然是一项有价值的事业，其中有许多严谨的内容；他只是希望所有的内容都能变得更好、更新。最后，他几乎要为自己的审查工作道歉了，他表示，对于这样一个庞大的项目而言，编辑们不可能紧跟科学期刊上发表的一切突破与

241　R

自然史的新发展。

又过了十年，全新版的第 15 版才于 1974 年大张旗鼓地出版，我们能看到这部新的《大英百科全书》在何种程度上实现了重生。但与此同时，还有大量的旧版等待出售。

R

S

销 售

SELLING

1964 年 10 月，17 岁的伦敦人彼得·罗森加德（Peter Rosen-
gard）被《伦敦标准晚报》（*Evening Standard*）上的一则广告所吸
引，上面写道："国际出版公司推出了一种重要的新刊物，目前
正招募对此项事业充满热情的年轻管培生。"他的父母希望他成
为一名牙医，但他看中了一辆运动款软顶的"阳光阿尔卑斯"
（Sunbeam Alpine）轿车，而应聘成为管培生似乎是来钱最快的
方案。50 多年后，罗森加德回忆起了当时的场景：他接受了一
个"穿着牛仔靴、戴着大头礼帽"的美国人的面试，对方许诺，
他能在这项工作中拥抱整个世界。但很明显，这中间并不包括
任何形式的管理培训。[*]

---

[*]　参见 *Talking to Strangers: The Adventures of a Life Insurance Salesman* (Coptic, 2013)，其中
的叙述稍微有些差别。

244

这个戴帽子的美国人经营着一家科利尔出版社（Collier's）的特许经营店，这家纽约出版公司自19世纪80年代后一直从事着百科全书的相关业务。此时，20卷本《科利尔百科全书》（*Collier's Cyclopedia*）将首次在欧洲市场上进行销售，而且，该公司将采用在美国市场上得到充分实践的销售技巧。罗森加德记得，这套书的售价是240英镑，但有些人不必花这么多就可以拿到货。[*]

在面试时，面试官告诉他："我们正在英国开展一项预售活动，例如，我们会挑选一些家庭，赠送给他们一套百科全书。这样一来，他们就能告诉大家这一产品到底有多好，当我们正式销售时，市场就已经打开了。"

还有其他一系列活动。"除了这套书外，我们每年还会提供信息服务和更新的单行本，好让读者了解世界范围内的新进展。我们只要求那些被选中的家庭掏一笔注册费，每年12英镑，为期20年；但他们也可以选择分24个月支付，每月10英镑，如此一来，他们就无须像还抵押贷款一般支付长达20年的注册费了。你觉得怎么样，彼得？"

"嗯，这真是个绝妙的提议。所以他们可以免费得到整套百科全书？"

---

[*]　1882年出版的《科利尔百科全书》承诺为读者提供"商业与社会方面的信息"，以及"关于艺术、科学、消遣、文学和美国家庭感兴趣的其他许多主题的知识宝库"。其中比较诱人的条目包括"口吃者可用的提示"（Hints for Stammerers）、"各种形式的邀请"（Various Form of Invitations）、"溺水"（Drowing）。

"你说得对！完全免费，彼得！"

第二天，罗森加德发现自己加入了一个由大约 50 名新员工组成的团队。"每天早上，我们都要开动员会，最后大家都站在椅子上。'好了，伙计们。你们有什么？''热情！'我们喊道。'你们想要什么？''钱！'我们喊道。'你们打算怎么办？''干起来！''让我们干起来！'然后，我们就一起从小楼里跑到街上，坐上组长的车，向乌普明斯特或斯劳驶去，开始挨家挨户地推销。"

他上门推销的第一家主人邀请他进了屋。"我们必须逐字逐句地学习长达 10 页的推销文本。在这对年轻夫妇的小客厅里，我表现得还不错，然后，我准备打开公文包，拿出这套 20 卷本百科全书的目录……但这时，我的大脑突然一片空白。我知道我已经进行到文本第 6 页的一半了，但我一下忘记了接下来该做什么。"

"非常抱歉，这是我第一天上班，你们又正好是我的第一波客户，现在，我有点卡壳了……但我带着文本，如果你们不介意的话，我可以把剩下的读给你们听。"

"令人惊讶的是，他们非常理解我，于是我拿出了推销文本，把目录扔在了一边。然后，他们就签约了。第一周结束时，我已经签了 9 个家庭，赚了 144 英镑。由于 1964 年人们的平均收入是每周 15 英镑，这个数字太惊人了。在周五的晨会上，我获得了最高级别的奖励——一个银质登喜路（Dunhill）打火机。虽然我不抽烟，但这个奖励也很让人开心。我感觉棒极了。就这样，我成了一名推销员。"

S

　　现年 70 多岁的彼得·罗森加德一生都在从事销售工作，不过在大部分时间里，他推销的都是人寿保险（他在克拉里奇酒店的早餐桌上成功签下了相当一部分保单）。此外，他还兼任过 80 年代流行乐队"好奇害死猫"（Curiosity Killed the Cat）的经理，同时是伦敦"喜剧商店"（Comedy Store）的联合创始人。

　　1964 年，他花了足足 3 个月的时间才意识到自己是在卖东西。他写道："当时我很生气，我觉得自己被骗了。"但公司告诉他："你不能一上来就敲门说：'你好，我是百科全书推销员，你想买一套吗？'你要让他们觉得自己是被选中的。每个人都希望自己能与众不同。例如，我们选中你来做这份工作，不是吗？记住，你是在拯救他们的孩子，使他们免于陷入无知的困境之中，不会因此过上贫穷的生活。"

　　1964 年版的《科利尔百科全书》是 1962 年版的更新版，其中包含约 15000 幅插图和 1500 幅地图。书脊上的内容丰富多彩［"新艺术（Art Nouveau）—甲壳虫（Beetle）""供暖（Heating）—步兵（Infantry）""无限（Infinity）—加德满都（Katmandu）"］，而且，其编辑质量与《大英百科全书》相去不远。彼得·罗森加德已经成功销售了 5 个月，每周的收入可达 250 英镑，这时，他被叫去肯辛顿的一家酒店开会。

　　有人告诉他："伙计们，我们有一个好消息！今天之所以只叫了你们这一小部分人，是因为只有你们这些精英才有资格获得这一奖励。伙计们，你们被挑中去德国了！"

他的雇主解释道，英国的消费者保护法规定客户有 7 天的冷静期，这导致大量的客户选择取消订单。而德国就没有这样的政策。

罗森加德回忆说："在前往加莱的渡轮上，我打开了公司发给我们的公文包。等一下！这是什么？我拿出了我们即将卖给德国家庭的样书，［但］这不是《科利尔百科全书》。封面上的金色字体写着'卡克斯顿百科全书'（Caxton Encyclopaedia）。我从来没听说过《卡克斯顿百科全书》。它怎么会出现在我的公文包里？我从来没听说过，我怀疑人们只知道那个发明印刷术的卡克斯顿，而且我敢肯定，他一定不会在业余时间编一部百科全书。"*

他的老板回答说："听着，这很简单，彼得。你只需要把推销文本上第 1 页的'让我给你看看新的《科利尔百科全书》'改成'让我给你看看新的《卡克斯顿百科全书》'就可以了，你能做到，对吗？"

在美国，一个名叫詹姆斯·W. 墨菲（James W. Murphy）的更有经验的推销员也在挨家挨户地推销着百科全书。1969 年，墨菲在北佛罗里达成功地为 IBM 做了几年打字机推销员后，转

---

*　几乎可以肯定，罗森加德要推销的是第 1 版《新卡克斯顿百科全书》（*New Caxton Encyclopaedia*），即普奈尔（Purnell）《新英语百科全书》（*New English Encyclopaedia*）的合订本，这是一部由 216 个部分组成的作品。作为一个推销百科全书的人，我想，他应该知道卡克斯顿实际上并没有发明印刷术，这可能只不过是一种比喻。

行推销起了 1917 年在芝加哥出版的《世界之书》。作为《大英百科全书》的替代品，这套书对学生更为友好，学术性也更低。在为该百科全书出版公司工作的 22 年里，墨菲赢得了许多销售奖项，他领导的肯塔基州销售团队年收入经常超过 500 万美元。2014 年，他的儿子詹姆斯·D. 墨菲（James D. Murphy）指出，多年来，父亲对推销时所用的话术套路了如指掌。"他知道顾客可能会提出的反对意见，也知道如何宣传商品的价值，他能从你翻书的方式看出你是否准备好下单。"

小墨菲的父亲钟爱自己推销的这套产品：家里到处都是书，他经常在吃饭的时候匆匆忙忙地跑去找一本书，以便查询一个事实或解决一个问题。他有一个漂亮的公文包，里面装着"A"卷的样书，这是这套书中最厚的一卷，其中包含了最多的科学知识以及最好的插图——"动物"（Animals）、"艺术"（Art）、"航空"（Aviation）以及其他条目。

248

小墨菲的父亲经常说，他的核心销售技巧就是"撕"和"粘"。他每天会拜访 10 户人家，通常会选在丈夫上班、孩子上学，家中只有妻子一人的时候。如果他发现妻子们在没有征求丈夫意见的情况下犹豫不决之时，他就会留下"A"卷的样书，让这户人家可以仔细读一读，他相信，这样的"无声推销"是相当有效的。除了价格外，当一家人聚在一起的时候，还可以讨论一下有关这部百科全书的其他内容。整套书的价格是 500 美元，但一旦孩子们看了书中的图片，并用它来辅助自己做作业，任何家长都很难再把书还回去。

小詹姆斯·墨菲也当过一段时间的推销员，但他知道自己永远比不上父亲。"他会采取一系列行为，好让你答应买书。"《世界之书》的推销文本本身就是一部百科全书，涵盖了使被推销者将"我买不起"转变为掏钱成交的一切方法。他的儿子说："他将自己的工作当成了一项运动。这很有意思，像是一种心理攻防游戏。"[*]

小墨菲鼓励父亲写一本回忆录，而在《谁说你没法把冰卖给爱斯基摩人？》（*Who Says You Can't Sell Ice to Eskimos?*）一书中，墨菲揭示了一些推销技巧，他希望这些技巧能帮助到所有想要把东西推销给别人的人。其中有一条永恒不变的原则：永远不要说自己是卖百科全书的。相反，你正在做的是一门与教育相关的生意。[†]

墨菲的许多建议听起来就像是大卫·马梅特（David Mamet）的剧本：

"做销售的第一件事：先要推销我自己。"

249

S

"一旦我们给出真正能说动买家的理由，我们就能做成这单生意了。"

―――――――――

[*] 小詹姆斯·墨菲在成为战斗机飞行员之前曾销售过东芝复印机，后来他创立了咨询公司 Afterburner Inc 并担任 CEO。

[†] 这本身并不是一个不光彩的说法：《世界之书》当时是由菲尔德企业教育公司（Field Enterprises Educational Corporation）出版的。*Who Says You Can't Sell Ice to Eskimos?* (CreateSpace Independent Publishing Platform, North Carolina, 2013). 感谢小詹姆斯·墨菲的引用许可。

"让我随机出现在任何地方吧。我是认真的。你可以给我一本《世界之书》的销售手册和一张订货单，然后把我空降到英语世界的任何地方，我保证，在 8 个小时内，我至少会做成一笔交易——很可能会做成三笔。我保证。"

墨菲从不对潜在客户撒谎，他总是比客户聪明。他最喜欢的一个手法就是让潜在的买家认同这套百科全书的价值。尽管《世界之书》能给学生带来很多好处——其中有那么多有助于学生学习生物知识的人体图像、所有总统的小传——但这套 26 卷本的图书的标价高达 500 美元。谁买得起这么贵的书呢？但他们肯定承担得起分期付款的金额：也许每月支付 20 美元，分期两年，或者每月支付 10 美元，分期四年。*

如果每月 10 美元都有点多，那么每天 30 美分怎么样？墨菲

---

*   在我的研究过程中，与我交谈过的几位朋友回忆了他们在年轻时推销百科全书的经历。彼得·罗森加德指出，这份工作算是一份利润丰厚的临时工作。和罗森加德一样，他们最初也不知道自己在卖什么。当真相大白时，他们的良心也受到了谴责。建筑师罗伯特·戴伊（Robert Dye）回忆说，20 世纪 70 年代中期，他在看到招聘广告后，应聘成为推销员。为期一周的培训让他学会了如何迈开脚步，达成交易，他还记得自己和其他四人一起乘车前往外伦敦郊区。在那里，他说服了一户人家，让他们相信自己需要百科全书（同时也意识到他们几乎买不起），就在父亲要签字的时候，他良心发现了。他告诉这家人他要重新考虑一下，在没有签合同的情况下就离开了。第二天，他就提出了辞职。另一位朋友艺术家纳奥米·弗雷斯（Naomi Frears）记得，她曾向诺丁汉郡的矿工家庭出售过百科全书。她的样书中包含整套书里最令人印象深刻的彩色插图，包括人体的分层透视图。有一种技巧是在谈话时不断翻阅并在制作精良的页面上暂停一下。"我们的目标是让他们当场签字，公司还规定了我们登门推销的时间，他们希望当时只有妻子一人在家。"

总是随身带着一个袖珍本形状的钱箱（"他们总是会收下的"）。250 然后，他会将 3 枚 10 分的硬币投进去，叮当，叮当，叮当。"每天 3 枚硬币，就能让你的孩子接触到西方世界的所有知识。他不需要去图书馆，不用排队借他们最想要的书。不用烦你的丈夫。我知道他是世界上最聪明的人。你能不能每天往里面存两枚硬币，让你丈夫存一枚——然后坚持一个月？"

　　这是个著名的推销方案。还有个小插曲，墨菲会说："我当然不希望你为了买这套书而节衣缩食。但你丈夫每天都在外面吃午饭，不是吗？如果服务员对他特别好的话，他会给多少小费呢？然后，我会沉默一会儿，让这句话在她的心中生根发芽。"

　　《大英百科全书》出版方有这么卖力吗？有必要这么卖力吗？良好的声誉与崇高的地位会让这套书免受此类竞争吗？

　　现在，百科全书已然泛滥成灾。《格罗里百科全书》《科利尔百科全书》《新卡克斯顿百科全书》《康普顿图解百科全书》《美利坚百科全书》等产品的卖点各不相同，但都在美国和欧洲各地颇受欢迎。由于价格较高，生产成本也较高，《大英百科全书》的广告和销售队伍现在不得不更加努力地维护其享有的主导地位和市场份额。

　　这就解释了为什么在 20 世纪 60 年代初，当人们翻开《星期六晚邮报》（*Saturday Evening Post*）、《好管家》（*Good Housekeeping*）

或《纽约时报》时，很难不在上面看到《大英百科全书》的广告。在越战相关内容占据新闻版面之时，《大英百科全书》的出版方也打响了一场新的争夺战："有史以来最伟大的知识宝库……数以千计的主题，您和您的家人在日常事务中都会参考得到……您可以选择合适的支付方式……这一版是历史上最具可读性、最有趣、最易使用的一版……相当于一个拥有 1000 本书的图书馆……好好想想吧！"*

在这一阶段，百科全书的广告在一个方面发生了根本性的变化。在先前的很长一段时间里，这套书都只面向成年读者（"任何一个家庭都需要一套《大英百科全书》……其中的条目不仅仅是提纲挈领式的，对于任何想要搜寻信息的人来说，这套书都必不可少"），但在 20 世纪 50 年代末，广告宣传的重点转向了年轻的父母和他们的孩子。教育后代的义务——以及如果不教育后代就会产生的负罪感——一直是营销话术的组成部分，但现在，这一点成为推销的核心原则。

"如何才能表达您对孩子难以言表的爱呢？"1961 年，美国的一则广告这样问道，而在广告中，一位母亲看着自己的孩子，脸上洋溢着自豪之情。你猜对了：教育。D. 阿兰·瓦尔特

---

* 尽管他们很少在广告中透露图书的价格，但 1963 年版的价格根据装帧不同而不同，从 397 美元到 597 美元，比任何小型百科全书都要至少高出 100 美元。同年，30 卷本《美利坚百科全书》的定价为 299~499 美元，而 1961 年 19 卷本的《世界之书》采用红色封面，售价为 129 美元。

（D. Alan Walter）博士指出，只有通过教育，孩子们才能实现"全方位的成功，获得幸福"。因为你希望你的孩子幸福，所以应该"教孩子'查阅《大英百科全书》'，这就是教他们去探究、去追寻、去学习、去思考。你还能想到什么比这更好的礼物吗？"*

　　但这一切话术都带有根本性的误导信息。《大英百科全书》内容的详尽风格——由相关领域的世界级权威负责撰写，其中大多数都是专家，且只为同行写作，而不一定是出色的教育工作者——完全是针对成年人打造的。正如哈维·艾因宾德在1964年解释的那样，"《大英百科全书》不是为儿童准备的——由于其学术性和技术性内容过多，儿童根本无法参阅这部书，但对广告文案撰写人来说，这并不重要。他们的任务是增加销售额，文案的真实性是次要的。"†

252

----

* 同样，在20世纪60年代《康普顿图解百科全书》的一则广告插图中，一个男孩站在金属栅栏前，神情惆怅。广告上写道："您孩子的心灵是否遭到了禁锢？"

† 《大英百科全书》的出版方并不是唯一采用这种方式的。1958年，《美利坚百科全书》的一则广告中出现了一个一脸茫然的男孩，他四周环绕着最新出版的30卷本《美利坚百科全书》，广告语是"知识让梦想成真"。广告语还解释说："每个雄心勃勃的年轻人都梦想成为成功人士。但成功并不仅仅来自梦想。"同一出版物的另一则广告吹捧了这部书的质量，而非其对孩子的价值，例如："还有爱伦·坡的传记。读起来像小说。其作者是著名作家兼评论家约瑟夫·伍德·克鲁奇（Joseph Wood Krutch）。"一年前的一则广告中，一个男孩和一个女孩爬上了用几卷《世界之书》做成的楼梯；另一则《世界之书》的广告说，"为了给您和您的孩子带来最新版本的《世界之书》，我们花费了200多万美元"，画面中一名少年正在翻看一卷《世界之书》，并惊叹道："天哪，里面什么都有！"但这的确是一本更加以儿童为中心的出版物，它的成功可能是《大英百科全书》出版方在销售其标准成人版时采取类似方法的原因之一。

无价之宝：你不是在做百科全书的生意，而是在做教育生意

欺骗性销售

SELLING DECEPTIVELY

20世纪60年代，除了市场竞争激烈外，这些平面广告不得不如此卖力的一个原因在于：挨家挨户上门进行推销的工作受到了政府部门的打压。1914年，为了保护并促进消费者权益，美国政府成立了联邦贸易委员会（The Federal Trade Commission, FTC），该机构经常给百科全书公司开罚单。因为对于这些公司来说，如果打破眼前的规则对自己有利，那么一个成功的销售团队就会毫不犹豫地这么干；事实上，这也是其成功的主要原

因之一。

　　1960 年，美国联邦贸易委员会发现大英百科全书公司的推销员在推销过程中会向买家虚报价格。其在销售手册上会故意将样货价格标高，这样，当买家得知有很大力度的折扣优惠时，就会觉得这很划算。《纽约时报》在报道调查结果时指出，该公司声称"折扣优惠时间有限，而实际上，他们一直用的都是相同的价格与销售条款"。大英百科全书公司选择上诉并在一定程度上获得了胜利，联邦贸易委员会承认，销售手册上的样货并非如其最初认定的那样价值 120 美元，而只有 49.50 美元（一整套"皇家红"装帧版的价格略低于 400 美元）。与此同时，《销售管理》（*Sales Management*）杂志刊登了对大英百科全书公司高级副总裁 G. 克雷·科尔（G. Clay Cole）的采访。他在接受采访时说道，《大英百科全书》的推销员会让买家感受到一种"温和的压迫感"，他们为买家"创造了迫切的需求"。当然，我们也可以换一种说法，即这样一套由 1000 多位世界级权威参与编写的终极知识宝典，其销售方式与市场中其他种类的低端产品毫无差别。

　　当然，《大英百科全书》远非孤例。《美利坚百科全书》和《新标百科全书》（*New Standard Encyclopedia*）也因一些经典的销售伎俩而遭到了大众的指责：其推销员宣称当前的价格是限时优惠价；说潜在买家是极少数获得了特别优惠的顾客；或者说只有当买家订购了他们独家提供的电话信息服务后，才能免费获得这些书。

254

S

1971 年,《波基普西杂志》(*Poughkeepsie Journal*)披露了更多的花招。该报记者乔治·伯恩斯坦(George Bernstein)在 20 世纪 60 年代曾做过百科全书的推销工作,但他并不是一位非常出色的推销员:"毕竟,向人们推销他们实际上并不需要的东西是非常困难的,尤其是当这些家庭明显更需要面包和黄油之时。"他没有掌握的销售技巧包括:尽可能多地让客户说"好,对","这样他们就会更倾向于答应你的要求;其实这很简单,比如问他们'这些彩色照片漂亮吗'"?推销文本上还说,千万不要将手头的产品称作"书",因为大多数客户会因此"心生抗拒"。下面这句话偶尔会起到作用:"没有百科全书的房子只是房子,而不是家。绝对不是一个家。"伯恩斯坦发现,如果一对夫妻中只有一方在场,那么试图达成交易就没有什么意义了,因为"没有听到推销的另一方很可能会取消合同"(他没提到自己推销的是哪一款百科全书)。他还被告知自己要戴上婚戒,因为这样会显得他更加诚实可靠。*

1970 年,在纽约州罗切斯特市的《民主与纪事报》(*Democrat and Chronicle*)上,调查记者 A.F. 埃尔巴(A.F. Ehrbar)以实习生的身份与一名来自格罗里公司的经验丰富的推销员一起上门推销百科全书(直到最后,那名推销员也对埃尔巴的真实身份一

---

* "Remembrances of things as an encyclopedia salesman", *Poughkeepsie Journal*, 29 July 1971, p. 4.

无所知）。他们来到一对新婚夫妇的家中。这名推销员的一名同事后来告诉记者："千万不要试图向有钱人推销。他们太聪明了，不会上当的。"

当这对新婚夫妇打开门时，推销员告诉他们："您好，我是格罗里公司宣传部门的员工。我想你们一定很奇怪我为什么会出现在这里。别担心。我不是推销员，也不会向你们推销任何东西。"

这对夫妇虽然有点怀疑，但还是对他的话很感兴趣。这名推销员解释说，他希望能将这对夫妇列为新活动的"赞助家庭"，作为回报，他们将得到一套很棒的书。只不过，他没有将其称为"书"。[*]

紧接着，他说道："作为回报，我们只需要你们帮我们三个忙。"首先，他希望在格罗里公司的广告中使用他们的名字。其次，他希望他们能写一封信，"告诉我们你们对产品的看法，每年写一次，连续写十年"。最后，他们还需要给他 5 个可能会想购买这套百科全书的家庭的联系方式（其他家庭甚至可能会有点嫉妒这家人，因为他们的这套百科全书是赠送的）。

这时，推销员让这个冒充实习生的记者回到车上去取展示书盒。推销员事后说道："千万不要在进门时把展示书盒带进去，否则他们就会认为你是推销员。"他在这对年轻夫妇的地板上排

---

[*]　"The Encyclopaedia Pitchmen", *Democrat and Chronicle* (Rochester, New York), 6 July 1970.

了 3 英尺长的样书。他们还以为这套《格罗里百科全书》[以及其他各种书籍，包括《大众科学图书馆》（ *Popular Science Library* ）和《儿童指导计划》（ *Child's Guidance Program* ）]是送给他们的。但事实上，在 45 分钟的拜访结束后，他们最终同意支付 554.50 美元。

推销员告诉这对夫妇，很不幸，他的公司不能将这笔开销列为广告费进行核销，因此，他们还需要支付一笔纸张费与装订费。他们每年只需支付 49.95 美元，分 10 年付清即可。为了跟上时代的步伐，他们也可以选择购买年鉴，其价格几乎减半（从每年 12 美元降至 6.95 美元）。如果他们不打算要年鉴了，只需提前写信告知即可。以这样的方式，每卖出一套百科全书，推销员就能得到 88 美元的佣金。《民主与纪事报》的记者注意到，在推销结束之时，他会巧妙地告诫顾客："千万不要告诉你的朋友你拿到了这个级别的优惠。"

有一段时间，《大英百科全书》的推销员也会以这样的方式进行推销，同样暗示买家将参加广告促销活动；不过，他们的主要区别在于，《大英百科全书》的推销员只需买家提供 4 位邻居朋友的联系方式，而非 5 位。而且，对《大英百科全书》的男推销员（以及极少数女推销员）来说，他们并不完全依靠佣金生活。他们的月薪为 700 美元，但有一定的条件。他们必须每晚进入 3 户人家，并完成完整的推销工作（每月需完成 60户），潜在买家必须在一份文件上签字，证明他们已经接受了推销（无论最终是否达成交易）。推销员还必须以每条 3 美元的价格购买"推销线索"（目标客户的姓名和地址），这笔费用会从他们的工资中扣除。

结局还算圆满：第二天，罗切斯特的那对年轻夫妇改变了主意，拒绝了这笔交易；甚至当另一名推销员打电话来，以低100 美元的价格向他们提供同样的服务时，他们也拒绝了。

在 20 世纪 70 年代的企业界，人们普遍认为联邦贸易委员会"没什么威胁"；获得的利润越丰厚，成功的公司就越觉得罚款和其他类型的处罚——通常是停业整顿令——是值得付出的代价。《大英百科全书》上一版的一个关于联邦贸易委员会的条目似乎承认了这一观点。在提到对金宝汤公司虚假推广（该公司利用玻璃弹珠使其蔬菜的照片看起来比实际情况更丰富）的处罚时，该条目说道："然而，联邦贸易委员会并没有掌握有效管理与监督广告所需的法律武器，也缺乏足够的人手。此外，在许多情况下，联邦贸易委员会在很大程度上依赖于与公司签署相关同意令的方式，以尽可能减少带有误导性或虚假内容的广告。"

1971 年，纽约消费者事务部（New York Department of Consumer Affairs）报告称，欺骗性的百科全书推销员"仍屡禁不止"。该部门收到了大约 500 份个人投诉。因此，该部门说服大英百科全书公司签署了一份包含十点内容的"保证书"，保证其推销员在入户推销时不会"向顾客灌输恐惧与焦虑之情"，也不会向家长暗示，如果不买百科全书，他们的孩子就可能拿不到好成绩；此外，保证不宣称自己提供的是"特价版"，即推销的百科全书售价比最初标明的便宜，那些售价确实更便宜的产品是因为其装帧更差。大英百科全书公司在辩护时说，其很乐意签署这份保证书，但同时也声称自己除了"个别情况"外没有任何不当行为。当时正值其上门推销的高峰期：1970 年，大英百科全书公司大约雇了 2000 名上门推销员。*

258   该部门还发现，《世界之书》的出版商菲尔德企业教育公司经常不给买家留附有邮资的回复卡，使其无法在三天的冷静期内取消订单。格罗里公司对这一指控进行了反击，声称这些指控毫无事实依据。公司总裁威廉·J. 墨菲（William J. Murphy）说："所有人都喜欢把矛头对准我们，这个时代是反商业，反一切的时代。"†

一年后，联邦贸易委员会发现，大英百科全书公司的推销员在进入顾客家中时，仍然不会向其透露他们登门的真正目的，而是声称自己是在进行"广告调研"。此外，该公司还被指控在招聘广告中欺骗那些可能前来应聘的推销员。大英百科全书公司将此案提交到了美国联邦上诉法院，但未获成功，法院要求其停止此类欺骗性行为，并向顾客充分披露上门推销活动的性

---

*   1996 年，即 Google.com 注册为域名的前一年，这一数字约为 1000 名。两年后，大英百科全书公司裁掉了最后一批销售人员。

†   *New York Times*, 26 September 1971, p. 1.

质。1979 年，在一起类似的案件中，联邦贸易委员会命令《格罗里百科全书》的出版商"停止虚假陈述的活动，必须做好相关披露工作，并禁止采用任何其他带有不公正或欺骗性质的方式招聘上门推销员、推销商品和服务以及收取拖欠账款"。[*]

　　也许，在这些故事当中，最令人遗憾的一点在于，他们销售的产品一般都是好产品。百科全书公司通过它们的市场营销和推销员，以某种方式给整个行业——这个庞大的教育资源——带来了相当坏的名声。这才是真正的讽刺之处：他们以卑鄙的手段推销着这些带有善意的、值得信赖的宝贵信息。这个行业到最后也没能摆脱坏名声。

性（转移一下话题……）

SEXUALITY (a diversion . . .)

　　用菲利普·拉金（Philip Larkin）的话来说，同性恋（Homosexuality）始于 1929 年。这对第 11 版《大英百科全书》

---

[*]　1974 年，在第 15 版《大英百科全书》的发行仪式上，《大英百科全书》的教育规划总监莫蒂默·阿德勒 (Mortimer Adler) 博士被问及"托名推销"(switch selling) 问题，即推销员以进行教育民意调查为借口进入家庭后展开的推销活动。他在英国电视节目《举国上下》(*Nationwide*) 的镜头下的回答有些慌乱，但他向观众保证说："我想这已经是 10 年前的事了。我很高兴地表示，在这套新百科全书问世之前，我们公司已经对这种销售方法进行了改革。大家可以在书店里买到这套百科全书，也不会有任何推销员来按门铃——只有当你想看样书的时候，他们才会应邀前来。在美国，所谓的'施压'推销策略已经成为过去式。"

（1910~1911）来说有些晚了，因为该版并没有在"同形异义词"（Homonym）和"霍姆斯"（Homs）中间给"同性恋"条目留下位置；第12版（1922）的增补卷也没有在德国神学家"海因里希·朱利叶斯·霍尔茨曼"（Heinrich Julius Holtzman）和"洪都拉斯"（Honduras）之间加上这个条目；第13版（1926）也没有在英国画家"查尔斯·霍尔罗伊德爵士"（Sir Charles Holroyd）和美国动物学家"威廉·坦普尔·霍纳戴"（William Temple Hornaday）之间加上这个条目。

第14版稍有进展。但"同性恋"只占了1页篇幅，相比之下，"家用设备"（Home Equipment）（软水器和电热器具）都占了6页，而"荷马"（Homer）占了14页。唉，从1929年到1973年，"同性恋"条目当中出现的都是诋毁与恶意中伤的内容。

这个主题被称为"性倒错"（Sexual Inversion）。该条目从研究动物，尤其是猿类开始，其暗示性非常明显。其中解释道，在希腊人和某些古代"未开化"社会中，同性恋被视为一种正常行为，但在现代社会里，即使受到压制，同性恋也依然存在："死刑都未能将其彻底消灭。"

随后，这一条目的作者开始寻找原因，他认为，同性恋不是"基因畸变"与"内分泌失调"的结果，并否定了同性恋是罗马帝国崩溃的原因（"现在人们认为，罗马帝国的衰退即便不是出于政治或经济层面的原因，也是因为疟疾等疾病，我们不能将其灭亡归结为性倒错"）。这一版的《大英百科全书》还认为，现代"社会"在这一方面最令人担忧。同性恋性交易者经常敲诈勒索，这"解释了同性恋者有时在社会上地位低下的事实"。另一方面，"并非所有男同性恋者都是娘娘腔，有些人还可能会做出危险的暴力行为"。一些同性恋者"对社会做出了宝贵的贡献，尤其是在艺术方面，尽管这不可能是其拥有特别才能的唯一原因，甚至也绝非主要原因"。

直到第 15 版《大英百科全书》（1974）中才出现了更为现代也更为冷静的观点，尽管其中的内容还带有很大程度的负面评价色彩。该条目称，同性恋是指"同性之间产生的性兴趣与性吸引。这种吸引通常（但并不总是）会导致进一步的身体接触"。

该条目还提到了女同性恋（lesbianism），以及"gay"一词是如何变为一种为人接受的替代表述的。《大英百科全书》指出，从历史来看，在不同的文化中，同性恋要么被认可，要么被疾病化，要么被禁止。而在现代西方世界，对同性恋的态度也是在"不断变化的"。直到 20 世纪 70 年代初，美国精神病学机构都一直将同性恋归类为一种精神疾病，但随着相关政治活动的增加，以及同性恋者努力让社会将同性恋视为一种个人偏好，而非病态人格，他们最终将同性恋排除出精神疾病的范畴。科学家对可能的成因进行了研究（例如，弗洛伊德认为，胎儿在发育中遭遇的一系列生理事件可能会使其成为同性恋者），认为不能一概而论。

261　　　　《金赛报告》（The Kinsey Surveys）指出，女性同性恋者人数仅为男性的一半左右，其还首次提到存在"大量双性恋者"。

20世纪50年代到60年代初，有关所有男性同性恋者都是娘娘腔，或者所有女同性恋者都是男性化的、具有攻击性的刻板印象在西方十分盛行，但如今，这一观念已基本为人们所摒弃。同样，认为同性恋者是"病人"，只要遇到合适的异性就能"治愈"的观念，也在很大程度上遭到了摒弃，目前，人们已或多或少地采取了宽容或接受的态度，尤其是在同性恋人口众多的地区。[*]

正如人们所预料的那样，宗教类百科全书对同性恋的态度依旧十分消极。《新天主教百科全书》（New Catholic Encyclope-dia）认为：

通常来说，暂时性的同性恋倾向是因为受到了特殊环境因素的影响，如监狱、军营和寄宿学校，也有可能是因为一时的感情冲动或青春期的好奇心。有些人在一段时间内成为同性恋者，是因为其没有其他选择；而有些青少年则

_____

[*]　先前的《大英百科全书》完全无视了1948年发布的第一份《金赛报告》，尽管（或者可能恰恰是因为）其研究结果表明，有1/3的男性受访者都曾有过某种程度的同性恋经历。

是因为好奇。绝大多数同性恋男孩都会很快度过这一阶段。另一方面，持久的同性恋行为则是确凿无疑的性倒错。[*]

这一条目的作者继续深入研究了这种反常现象，分析了其发生率、原因和背后的道德问题，还提供了教牧指导。在这一问题上，作者再次区分了青春期同性恋和成年同性恋，以及"表面的同性恋"和"真正的同性恋"。牧师必须对同性恋青年进行再教育，让他们了解爱的本质。"所有真正的爱都是一种走出自我的过程，是一种自我奉献；但是，同性恋者的爱都是无意识的，是在一个封闭的圈子里朝向自我的爱，是一种自我的、无生育力的爱，只不过被伪装成了对他人的爱。"关于成年同性恋，

> 应该强调的是，只要同性恋者在恩典的帮助下真诚地努力控制自己，他就会像异性恋者一样讨上帝喜欢……上帝必须成为同性恋者生活下去的驱动力，否则，同性恋者就无法感受到团契的存在，而只会感到孤独，在这种情况下，他们只会被自爱所吸引，为此，必须找到一种更强烈的爱来取代这种同性之间的感情。

---

[*] Produced in nineteen volumes by the Catholic University of America in Washington DC, and published by McGraw Hill in 1967.

　　1972 年在耶路撒冷出版的 16 卷本《犹太百科全书》
（ *Encyclopaedia Judaica* ）中也有类似的表述。根据《律法书》
（ *Torah* ）的规定，同性恋是一种“性变态”，可处以极刑；《塔木
德》（ *Talmud* ）将其减为鞭刑，并将规范的内容延伸至女同性恋
方面。从历史上看，这些“令人憎恶的行为”与埃及人和迦南
人有关。约瑟夫·卡罗（Joseph Caro）的《完备之席》（ *Shulhan
Arukh*，16 世纪的犹太法典）中没有禁止同性恋的内容。对此，
《犹太百科全书》解释道，“这一遗漏说明犹太人中几乎没有同
性恋，而不是说他不认为这是犯罪”；同时，该条目的作者指
出，卡罗有必要补充这一内容，“而且，在我们这个淫乱猖獗的
时代，一个男性应该避免与另一个男性单独相处”。*

　　同性恋之所以被认定为非法，有三个原因。第一，这一行
为可能会导致男性抛弃妻子；第二，这可能会贬低男人的尊严；
第三，同性恋会导致无法生育后代。这种做法应仅存在于“罪
恶之城所多玛”。《犹太百科全书》于是总结道：“一些较为自
由的基督教团体可能会由于重视‘爱’而默认这种行为，而犹
太教法则认为，将享乐主义包装为‘爱’的做法并不能为同性
恋的道德性质进行辩护，就像其不能为通奸、乱伦或一夫多妻
正名一样，无论这些行为是不是在爱以及双方同意的前提下进

---

*　同样，13 卷本的《伊斯兰百科全书》（ *Encyclopaedia of Islam*，published by
　　Koninklijke, Netherlands, latest update 2004）也没有将同性恋视作历史上或当前
　　伊斯兰生活的一个特征。

行的。"

　　为什么在如今，我们还需要思考这些条目？为什么不能把这些内容当作这些团体反复申述的反动意见？因为这些内容的存在质疑了"百科全书"这一概念本身。这些多卷本的出版物会被人们视为权威知识的压缩版。这些百科全书绝非历史上的废话合集，而是山峰上的纪念碑。它们所能产生的影响是巨大的，而这些特殊的条目（我主要是从伦敦图书馆的书架上的书中摘录下来的）具有改变生活的力量。例如，《新天主教百科全书》（*New Catholic Encyclopedia*）中明确指出，"被告知自己是同性恋者的青少年自杀的情况并不少见"（这一版最初的出版年份是1967年，这并不是对自身立场的道歉；1996年，当这套书进行第四次更新时，这些文字仍保持原样）。

264

　　此类条目的存在让我们意识到，有必要对所有百科全书的内容进行检查，同时对条目的作者与意图抱有质疑态度。在数字时代，尤其是随着开放编辑权限的情况出现，我们越来越意识到，某些观点会将自己伪装成事实。但是，即使是针对最受推崇的印刷版本，我们也应当抱有类似的态度，而且从历史的角度来看，我们确实也会对其中的内容产生疑问。百科全书是当时知识背景的一种呈现，是当下学习知识时所用的聚光灯，我们有理由质疑，在易受外界影响的年纪里，这些表面上无可辩驳的文本促使我们形成了什么样的观点。无论是在家里，还

S

是在学校或当地图书馆里，这些参考书是如何塑造我们个人的
思想观念的？我想说的是，这种情况肯定存在，而且其所造成
的影响肯定不局限在学术层面。

　　说回到《大英百科全书》，早期的遗漏以及后面持续的诋毁
与《大英百科全书》一直以来对可能令成年人感到尴尬的行为
（但儿童必然很感兴趣）的审慎态度是一致的。在名人的传记条
目中，任何有悖于道德或"正常"行为的性问题都遭到了掩饰。
例如，奥斯卡·王尔德（Oscar Wilde）曾因"违反《刑法修正
案》（Criminal Law Amendment Act，因保护未成年女性权益而广
为人知）"而被关押在雷丁监狱（Reading Gaol）。早年在牛津大
学时，王尔德"就经常表现出女性化的一面，蔑视男子汉的运
动，留长发，用孔雀羽毛、百合花和向日葵装饰房间"。

　　除了调查百科全书中存在的事实错误外，哈维·艾因宾德
还在其中发现了许多拙劣的掩饰话语。当"陌生的年轻诗人
让·阿蒂尔·兰波（Jean Arthur Rimbaud）闯入他的生活"后，
保罗·魏尔伦（Paul Verlaine）的生活受到了一定的干扰；后来
的参考文献将他们的关系描述为"无节制的"。关于博物学家亚
历山大·冯·洪堡（Alexander von Humboldt），我们了解到"在
他的晚年，一位忠实的老仆人对他的影响力远远超过了他的妻
子"。柴可夫斯基（Tchaikovsky）与安东尼娜·伊万诺夫娜·米
柳科娃（Antonina Ivanovna Milyukova）的婚姻被称作"不可能的
婚姻，但这并不是她的过错，而只是因为柴可夫斯基自己的性

情反常"。

"在维多利亚时代的人看来，艺术家和诗人最好也是道德上无可指摘的完人，而为了达到这一目的所进行的操作有时却会让人觉得可笑不已，"艾因宾德引用了"罗伯特·勃朗宁"（Robert Browning）的条目，"他经常出入文学和艺术圈，对戏剧情有独钟；但他完全没有受粗俗的波希米亚主义影响，据说他在睡前一定会亲吻自己的母亲"。20世纪30年代关于狄更斯的条目在谈到他与埃伦·特南（Ellen Ternan）的关系细节时，也同样含糊其词。切斯特顿写道："该说的都已经说过了。"在那篇内容全面的传记中，这样的评论显得非常简短（更重要的是，在百科全书当中，作者实际上根本没有提到过相关的内容）。艾因宾德的结论是："切斯特顿是在维多利亚时代理想的影响下成长起来的，维多利亚时代的理想要求英雄人物在道德上完美无缺。"同样，类似的观念也导致威廉·萨克雷（William Thackeray）的个人生活实情被掩盖了。

《大英百科全书》的影响力远远超过一篇普通的传记，其影响在全球范围内回荡了几十年。艾因宾德总结道："'（在性问题上）故作正经'就像一种罕见的疾病，虽然不常发作，但会留下严重的后遗症。"实际上，百科全书在面对真实生活时表现出的虚伪，"隐藏了人类经验当中的重要领域，使其无法得到人们的认真审视，并让那些不再为受过教育的读者所接受的禁忌延续了下去"。

266

　　1974 年出版的第 15 版《大英百科全书》确实对这些问题进行了修改。条目的作者承认柴可夫斯基是同性恋者，他的弟弟莫德斯特（Modest）也是。柴可夫斯基正是为了掩盖这一事实而匆忙成婚的。书中引用了 1878 年他写给另一个弟弟阿纳托利（Anatoly）的一封信："直到现在……我才终于开始明白，没有什么比不遵从我的本性更没有意义的事情了。"

　　现在，对奥斯卡·王尔德的审判和对他的监禁也有了新的解释，尽管仍有人对他"不计后果地追求享乐"的做法表示不赞同。在其他人那里，也有一系列经过仔细研究的新成果。亚历山大·冯·洪堡是一个"经常出现在巴黎社交沙龙中"的"好客"之人。他"总是愿意并急切地帮助那些初出茅庐的年轻科学家"。

　　百科全书——人类统一性与正确性的坚实堡垒——将同性恋视为让人讨厌（往好里说）或令人憎恶（往坏里说）之事的情况应该不会让读者感到奇怪。不过，更令人吃惊的或许是，随着 20 世纪的不断发展，编纂者竟然将如此多的精力投入这一事务，并坚定地维护自己的偏见。这才是真正让人感到好奇的地方。人们不禁要问：《大英百科全书》的一部分编辑是否也存在性取向上的问题，以及编辑部内占绝大多数比例的男性编辑所塑造的办公室氛围究竟是什么样的。

T

单卷本

THE SINGLE VOLUME

　　20 世纪 30 年代初，哥伦比亚大学决定开拓一个新领域。该校希望利用自己的声誉出版一套新的百科全书，并打算将所有内容都集中到一本书当中，从而在与其他竞争对手的比赛中占据优势。这本百科全书的全名是《一卷本哥伦比亚百科全书》（ *The Columbia Encyclopedia in One Volume* ），于 1935 年出版，人们拿到手后第一个查阅的主题是"疝气"（Hernia）。你还能在这本书中找到面包板的表面积以及床垫的厚度等内容，因此，这本书的篇幅突破了常规的界限。这本书共 1949 页，在翻阅这本书时，读者可能会出现各种意外，例如肠子破裂、四肢骨折，以及（如果你故意把书掉到别人头上）谋杀。后来，这本书被人们称为《哥伦比亚书桌百科全书》（ *Columbia Desk Encyclopedia* ），不仅因为它经常放在图书馆的问讯台上，还因为搬动它就像搬动一张书桌。

　　这本书最大的创新点是什么？这不是一本儿童版百科全书（其中没有插图），也显然不是一本浓缩版百科全书（包含 52000 个条目，整套《大英百科全书》也只有 45000 个条目）。在序言中，编辑解释道，先前，一部百科全书"基本上包含了牧师、医生、律师、教师、商人、科学家和历史学家所拥有的全部知识。但现在，各领域专业化的发展使得任何这样的尝试都变得毫无希望……一本普通的百科全书现在能够做到的就是为读者提供紧急的帮助"。

　　这部百科全书没有收录论文；条目也没有署名；没有地图和插图；任何专家都不得在未经他人检查与修改的情况下对某一主题进行解释（例如，一篇关于罗马天主教主题的条目将由新教徒或犹太教徒阅读并进行修改）。该书主编克拉克·F. 安斯利（Clarke F. Ansley）解释道，一本像该书这样希望具有权威性的参考书，如果其准确性受到撰写者本人观点的影响，那就永远不会取得成功。如果这样做会使得阅读变得相当枯燥但可靠（一般来说确实如此），那么这也是一种可以接受的妥协。此外，这本书还避免了任何可能引起争议或冒犯的内容，因此，其中没有提及同性恋，甚至没有提及任何性行为，"性"仅限于动物的生殖器官。相比之下，就连"六分拱顶"（Sexpartite Vault）都有 30 行的篇幅，其第一行的开头处写道："这是一种在中世纪的砖石建筑中发展起来的建筑方式，由于仅用完全半圆形的肋骨建起一个长方形的空间很困难，对角线上的肋骨较长，不可避免地会上升到比横向肋骨更高的顶点"。*

《纽约时报》认为《一卷本哥伦比亚百科全书》是人们在瞬息万变的世界中必不可少的参考工具，并称赞其简洁易懂。不过，这本书的科学性强于文学性，尤其是在传记方面。关于拉尔夫·沃尔多·爱默生（Ralph Waldo Emerson）和纳撒尼尔·霍桑（Nathaniel Hawthorne）的条目对他们的生活只进行了大概的描述。书中条目长度不一："凯撒大帝"（Julius Caesar）有2800字，但"拿破仑"（Napoleon）只有1350字；"墨索里尼"（Mussolini）只有850字。但总的来说，这本500万字的书是参考书书架上的又一亮点，而且装帧非常精美。†

《一卷本哥伦比亚百科全书》引领了一种潮流。严谨、精确、方便查阅——百科全书再次将整个世界囊括在一本书中，

269

---

* 但到 20 世纪 60 年代第 3 版问世时，大众舆论和市场竞争迫使这部书改弦更张：增加 42 页插图和 20 幅地图，"同时又不损害这部令人钦佩的作品的知名度和受喜爱程度"。这就需要增加 200 页的篇幅，并继续为《圣经》中提到的每个名字写传记，以及提及美国人口超过 1000 人的所有社区，外加世界上几乎所有人口超过 1 万人的地方［因此，在"疝气"之后是"赫宁"（Herning），这是一个人口为 10866 人的城市，位于丹麦日德兰半岛林克约宾以东，是一个铁路和贸易中心］。

† 精致的装帧和耐用的纸张确实是这本书成功的关键。将近 90 年过去了，我想这本书在威斯康星州图书馆的使用率应该很高，但我现在拥有的这本书保存得非常好，没有松动或破损的页面。

T

但现在，这真的是一本书了。在没有多卷交叉索引的情况下，用一卷本就能解释整个世界，这简直是上帝般的成就。

还能缩小到什么程度？可以变得更小。"袖珍百科全书"（pocket encyclopaedia）的概念本身就带有一种荒诞感，好像世界本身突然比以前更容易被收纳了。或者，这也算是对先前努力已告失败的一种承认——世界上的知识实在是太庞杂了，人们没法将其完整收录到适合家庭阅读的多卷本百科全书中，因此，取而代之的是一些适合放进背包里的小册子。

袖珍百科全书的种类几乎与通常版百科全书一样丰富。《华兹华斯版百科全书》（*Wordsworth*，"不断变化的世界的最新指南"）按主题（社会、艺术、科学与技术）进行了编排，面向成年人读者："联合国"（United Nations）的条目包括大会、安全理事会、经济及社会理事会、托管理事会和其他三个机构的单独章节；"北约"（NATO）的条目也有类似的细分领域。

《哈钦森袖珍百科全书》（*Hutchinson Pocket Encyclopedia*）源自 1948 年首次出版的大型单卷本。其中几乎每个条目的篇幅都在 6~12 行。我们很难通过篇幅来确定一个主题的相对重要性，因为"加缪"（Camus）只比"加拿大"（Canada）的条目少几行，而"混沌理论"（Chaos Theory）只有 6 行，"查理·卓别林"（Charlie Chaplin）有 10 行。1995 年《哈钦森袖珍百科全书》首次出版时，从"亚里士多德"（Aristotle）到"禅宗"（Zen），从"黑洞"（Black Holes）到"智能武器"（Smart Weapons），从

DNA 到 MS-DOS，所有东西都一样重要。人们不禁要问，书后所列的诺贝尔奖获得者会如何看待这一切。

理查德·P. 费曼（Richard P. Feynman）于 1965 年获得了诺贝尔物理学奖，他自己也希望对知识进行浓缩，并提出将向任何能够进一步浓缩知识的人提供现金奖励。1959 年 12 月，他在加利福尼亚理工学院举行的美国物理学会（American Physical Society）年会上发表了题为"底部有足够的空间"（There's Plenty of Room at the Bottom）的演讲。他认为，现在人们几乎可以把任何有用的笨重物体做得更小，这同时也许会使物体更有用。他并不是特指微型芯片，尽管他承认，有朝一日，不再像一个房间那么大的计算机可能会对人类更有益。当时，他向听众提出了一个严峻的挑战：把一本书的一页缩小到正常大小的 1/25000，并在电子显微镜下阅读此页。谁能做到（他用了"任何人"这个词），谁就能赢得 1000 美元的奖金。*

---

* 他同时提出了另一项挑战：制造微型电机。全文请访问：http://calteches.library. caltech.edu/47/2/1960Bottom.pdf。1981 年，费曼教授在英国广播公司的节目《地平线》（*Horizon*）中说："我们家里有《大英百科全书》。甚至在我还是个小男孩的时候，[我的父亲] 就经常让我坐在他的腿上，读给我听……我们会读，比如说，关于恐龙的，可能会讲到雷龙或霸王龙。说到这东西有 25 英尺高，头有 6 英尺宽时，他总是停下来，说：'让我们看看这意味着什么。这意味着，如果它站在我们的前院，它的高度足以让它的头穿过窗户。但这也不一定，因为他的头有点宽——当它走过来的时候，会把窗户打破的。'我们读到的所有东西都会被尽可能地转化成现实。所以我也学会了这样做：对于我读到的每件事，我都会试着弄明白它的真正含义，它到底在说什么。"

T

271　　实际上，费曼打算微型化的不止一页纸，也不止一本书。他问道："为什么我们不能把整整 24 卷《大英百科全书》写在一根针的针尖上呢？"然后，他从直径为 1/16 英寸的针头开始，研究了可能涉及的内容。他推断，只要把百科全书中的所有文字缩小到原来的 1/25000 就可以了。然后，他想出了把这些文字刻在针上的方法。最后，他得出结论："我不知道为什么还没有人做到这一点！"*

　　当然，百科全书也可以反其道而行之。实际上，我们可以重新开始，完全重新思考现代版的百科全书应该是什么样子。也许未来的方向不是更小，而是更大、更精致，销售一部百科全书的前提是它能够一直存在下去。

T

---

*　费曼随后计算出，要复制世界上所有的书，需要大约 100 万个针头，如果将这些书平放，占地面积约为 3 平方码（1 平方码约合 0.8 平方米）。在之后的 25 年时间里，费曼发布的悬赏任务一直无人完成，那 1000 美元奖金也便无人能够领走，直到 1984 年，一个名叫托马斯·纽曼（Thomas H. Newman）的斯坦福大学毕业生花了一个月的时间，缩小了狄更斯《双城记》（*A Tale of Two Cities*）的第 1 页。我在《缩微》一书中曾猜测，这是最好的 Times New Roman 字体，也是最差的 Times New Roman 字体。

U

前所未有

UNPRECEDENTED

播音员迈克尔·阿斯佩尔（Michael Aspel）在自己的知名度如日中天之际，涉足了很多事情。他"精明练达""伶牙俐齿"，英国电视台一度对他赞不绝口。他以新闻播音员的身份开启了自己的职业生涯，并很快成为广播界最受欢迎、最受人尊敬、最可靠的人物之一，曾主持过《问问阿斯佩尔》（*Ask Aspel*）、《古董巡回秀》（*Antiques Roadshow*）以及伦敦首都电台和英国广播公司第二电台的很多广播节目。

1973 年，当他在戈尔德斯格林剧院（Golders Green Hippodrome）主持儿童喜剧／挑战节目《出色之人》（*Crackerjack*）时，我就在观众席上。也是在那一年，大英百科全书公司邀请他为自己的最新版本打广告。

U

在杂志广告上，阿斯佩尔身着灰色法兰绒西装，靠在一个闪亮的书架旁，书架上摆放着 24 本深红色的书。环绕他的文字说明了一些常见的内容：10000 多位世界级权威，28000 页，22000 幅插图与地图。其中还称，如果你想要听到更多阿斯佩尔的声音，那么你可以做个登记，他会以软唱片的形式免费"上门服务"。那是一种用非常薄的塑料制成的 7 英寸唱片，每分钟旋转 33 转。我收到了这张唱片，也很高兴能听到迈克尔的声音。

"我是迈克尔·阿斯佩尔，"他一边说，一边播放着熟悉的背景音乐，"毫无疑问，您一定能认出贝多芬的这段音乐，这位伟大的作曲家在《大英百科全书》中被描述为'具有生生不息的音乐想象力之人'。你想要结识那些思想一直留存于世的人吗？"

想象一下，你怎么可能说"不"。

阿斯佩尔继续说道，孩子们的思维很活跃，他们想要答案，"我们做家长的不应扼杀孩子们活跃的思维。这会让孩子变得冷漠、沮丧"。当然，有一种简单的方法可以为这些孩子提供答案：利用"作为知识源泉"的《大英百科全书》。

然后是一段 45 秒的"阿波罗"飞船发射音频剪辑，阿斯佩尔保证《大英百科全书》的内容是最新的；他说甚至还有一个关于彩色电视的条目。除了帮助孩子们外，《大英百科全书》还有很多用处，比如，你还可以借助这套书扩大你的社交圈，结识更多的生意伙伴。此外，在唱片中，阿斯佩尔说，"不管出于什么原因，我都希望您能像现在听我讲话这样礼貌地对待《大英百科全书》的推销员"（因为你索取了这份唱片，推销员现在有了你的地址，并很快会出现在你家门口）。最后，阿斯佩尔建议道，听到这里，你已经表现出了活跃的思维，你可能会喜欢下面这一系列问答。

这些问题是由阿斯佩尔以外的人读出来的，共有12个问题。骆驼从何而来？铸钟术与什么有关？萨克斯管的名字是怎么来的？可惜，唱片中没有给出答案。要想知道答案，还得等《大英百科全书》的推销员上门拜访你。

活跃的思维不应被扼杀：迈克尔·阿斯佩尔在 20 世纪 70 年代
推销《大英百科全书》

但是，一年后，阿斯佩尔的推销就不管用了。他所推销的版本，也是那些推销员极力向你推销的版本——第 14 版，自 1929 年首次出版后，在 1930 年、1932 年、1933 年、1936 年、1937 年，以及从此年直到 1973 年的每一年都出版了修订版——现在已经变成多余的了。哈维·艾因宾德的时代到来了。这部作品很快就将进行全面的修订，上文提到的有关骆驼、铸钟术和萨克斯管的信息，都将被修订。而这跟阿斯佩尔没什么关系，他的日子过得还算不错，他后来还为无热量的甜味剂做过广告，并主持了《这就是你的生活》（*This Is Your Life*）节目，但《大英百科全书》再也不会是原来的样子了。

276   1974 年出版的第 15 版不同于之前任何一版，其编辑有一个宏大的愿望，那就是在这一版出版之后，永远都不需要再出一版《大英百科全书》了。这是一项庞大且复杂的工作，酝酿了 13 年，其附带的使用说明可能会让史蒂夫·沃兹尼亚克（Steve Wozniak）大受震撼。《大英百科全书》附带本书目标说明和交叉索引解释的时代已经一去不复返了。*现在，我亲自取得了这套有着 30 卷的新版《大英百科全书》，其说明书还附有饼状图。

其意图既是前瞻性的，也是倒退性的。序言中提到了"学习圈"（Circle of Learning）的概念，这一概念源于古希腊的传统。新版的目的是让读者按字母顺序和主题进行阅读。

这一次，读者得到的不是 1 部百科全书，而是 3 部（事实上，它有时会被人们称为《大英百科全书 3》，而不是第 15 版）。其中有一卷《百科类目》（*Propaedia*），它是"百科全书其余部分所涵盖的学术世界的序言或前厅"。包罗万象的知识存在于 10 卷本的《微百科全书》（"现成参考"卷包含了 102000 个主题的简短信息）和 19 卷本的《大百科全书》（包含 4200 个主题的更为深入的知识）之中。此外，《大英百科全书》编辑部还承诺每年出版年鉴，其目的是让读者紧跟世界时事。相关的统计数字令人惊叹：33141 页，4300 万字，25000 幅插图。来自 100 多个国家的 4000 名作者参与了编写工作。1974 年 6 月，该书的广告宣称"这是有关百科全书的一个新理念……之后，百科全书只会因读者的频繁利用而磨损，却不会因过时而被淘汰"。

这套书最便宜版本的价格为 249 英镑，约合 500 美元，如果你想要全羊皮面版本，价格还会更高。除印刷成本外，这部书的编辑创作共耗资 3200 万美元：《大英百科全书》可以理直气壮地宣称，这是人类出版史上最大的单笔私人投资。*

《大英百科全书》发行之后，编辑委员会主席莫蒂默·阿德勒（Mortimer J. Adler）在接受英国广播公司采访时解释了这一

---

* 到第 15 版推出时，《大英百科全书》在美国已经出版了约 60 年。几十年来，其版权一直为总部设在芝加哥的邮购公司西尔斯·罗巴克公司所有，后来又被一家私人慈善信托机构威廉·本顿基金会（William Benton Foundation）持有，再后来，该基金会将《大英百科全书》的收益捐赠给了芝加哥大学。

概念：

> 让我们以拿破仑为例⋯⋯假设你正在做一些研究，你想很快找到拿破仑加冕为神圣罗马帝国皇帝的日期。如果你翻阅老版的《大英百科全书》，你会发现一篇长达 10 页的文章，其全是关于拿破仑的内容，而日期却被隐藏在文章的某处，你无法很快找到它，你可能会翻过那部分，但找不到。在这里，你可以先翻阅《微百科全书》，得到关于拿破仑的 700 字的资料，这涉及所有的事实内容。然后，如果你想阅读更多内容，我们会为你提供长篇文章的索引参考。我们将长篇背景资料和短篇信息分开，因为它们承担的是两种不同的功能。[*]

278   这听起来很简单，但《大英百科全书》的序言表明，在这部世界上最著名的百科全书中，实现这一目标还是相当复杂的。

U

> 《大英百科全书》的目录部分共 7 页，其中每一节的编号都包含了所属大类与分部的编号。例如，725 指的是第七部分第二分部的第五节，96/10 是第九部分第六分部的第十

---

[*]   BBC *Nationwide*,16 January 1974, interview by Christopher Rainbow.

节。在每一节的大纲中，核心主题都是用大写字母（A、B 等）表示的。每节至少包含两个核心主题，但有些节可能包含更多主题。当需要对一个核心主题进行细分时，大纲中可能会出现三个分层：第一层用阿拉伯数字表示，第二层用小写字母表示，第三层用罗马数字表示。

然后是 5 个饼状图，涉及 10 个主题（从"地球上的生命"到"人类的历史"），每个主题轮流占据圆圈中不同的位置，这取决于哪个主题处于中心位置，而这也是读者最初想查询该书的核心原因。接下来是一些详细的例子，目的是让读者更容易找到自己所需的信息（比如有关生物学的信息）。

第十部分第三分部第 10.34 节探讨了生物科学的性质、方法、问题和历史，但生物科学的相关知识位于第三部分。又如，第十部分第四分部第 10/41 节探讨了历史学和历史研究的内容，但人类的实际历史则集中在第九部分。

并不是每个人都认为这种分类具有启发性（或是能搞明白这到底是怎么回事）。值得注意的是，这并不是一个精心设计、耗资巨大的玩笑；这是一个真正的、明显经过深思熟虑的尝试，旨在重新定义 20 世纪最后 25 年的知识传播方式。可惜的是，这个复杂得令人难以置信的系统可能来得太晚了：1974 年，通

279

U

信领域的一个里程碑诞生了，人类拥有了第一部移动电话。汉斯·科宁在《纽约客》杂志上推论道，第 15 版《大英百科全书》出版的形式"表明，现在的知识需要依赖于破碎的、分散的数据堆，而这些数据本身没有'目的'"。

根据杰弗里·沃尔夫（Geoffrey Wolff）1974 年在《大西洋月刊》（*Atlantic*）上发表的一篇文章，第 15 版的编辑们"十分担心被抄袭"。每个条目都有严格的提纲，在开始工作之前，撰稿人"被告知，如果在提纲中增加材料，就等于重复了这套书中其他地方会出现的材料，而如果忽略了提纲中的内容，那么就相当于将其排除在这套书之外"。沃尔夫引用了《大英百科全书》的一位执行编辑的话："我们真的把它塞进了他们的喉咙里。"

这或许可以解释为什么这一版本有时读起来像是由一个缺乏个性和温情的委员会编写的。杰弗里·沃尔夫的推论令人信服，他认为人们不应该期望从这部书中获得很多乐趣，因为其内容缺乏个性，也不典雅风趣，一点都没法让人感到惊喜，"而这些独特品质能使学习变成一种诱人的趣味活动"。他特别提到了"痛风"（Gout）这一条目。在第 11 版中，这一条目长达两页半（痛风会让人忍不住咬牙，患病部位甚至无法承受床单的重量）。此外，还有一个有意思但值得商榷的道德问题（痛风似乎在那些民众"生活错误"较少的国家并不常见）。沃尔夫宣称："患有痛风的读者可以从中找到一些乐趣。第 15 版中'痛风'这一条目篇幅较短，条理清晰，指出'尿酸升高似乎是受到常染色体基因的影响’。"[*]

　　尽管如此，这部书仍然发挥了百科全书应有的作用。它收录了数以万计权威且有用的条目。当然，这些内容都集中在《大百科全书》当中，多年来人们已经习惯了这种百科全书。但是，当我们打开内容高度严谨的《微百科全书》时，我们就进入了一个截然不同的奇异世界。我们试图在其中寻找一些规律——例如，包括 7 万多个单词和等式、长达 56 页的"逻辑，历史和分类"（Logic, The History and Kinds of）——但这会让人感到筋疲力尽。这不是一般的学习，而是极端的痴迷，而且，这并非特例。在"城市"（Cities, 10 页）、"气候与天气"（Climate and Weather, 86 页）和"大陆地貌"（Continental Landforms, 55 页）等影响深远且难以捉摸的主题下，有数百栏内容。在"气候与天气"之后，还有 6 页介绍刺胞动物（Cnidarians）的内容。[†]

　　与往常一样，这部详尽的著作可以按月分期付款，具体金额取决于书皮的质量。不过，第 15 版还推出了一项服务——"私人知识助手"。如果你手中的书没有解答你的问题，或者解答的

281

U

---

[*]　"Britannica 3, History Of" by Geoffrey Wolff, the *Atlantic*, June 1974. 沃尔夫的文章还指出大英百科全书公司的董事会是如何小心翼翼地保守新版出版计划的秘密的，他们不仅不向竞争对手透露这一情况，也没有向自家公司的大部分销售人员透露；重要的是，就在第 14 版被取代的几周前，他们还在销售这一版。当然，现在的电脑和手机公司也经常这么干。

[†]　我看了这些条目之后才知道：刺胞动物是一种特殊的水生动物，由珊瑚虫和水母体组成，后者俗称水母。当然，写得越多，报酬越高。通常的酬劳是每字 10 美分，主要的供稿者还能在出版时获得一套完整的样书。

深度不够，或是因世界发展得太快，无法满足你的需求，你就可以求助于《大英百科全书》的图书馆研究服务部。《大英百科全书》图书馆研究服务部成立于 1936 年，其"答疑女孩"部门在宣传中大放异彩。该服务在 20 世纪 60 年代曾一度被抛弃，现在重新焕发活力。*

每位购买者都会收到 100 张优惠券，可兑换两种产品中的一种。第一种是"即时反应系统"，持券者可以从 10000 份未被收录到《微百科全书》或《大百科全书》的书面报告中进行选择。其中的内容相当丰富，例如 R-201《作为肥料和牲畜饲料的家禽粪便的价值及其利用》、3R-53《风切变和微下击爆的危害》、3R-148《种植山核桃林》、R-140《二倍体多年生类玉米和培育多年生玉米的可能性》，以及 R-5662《东方神秘主义对拉尔夫·沃尔多·爱默生的影响》（仅列举了农业、航空学和美国文学部分）。

第二种产品由买家自行决定。自购买之日起 10 年内，购买了《大英百科全书》的人可以提出多达 100 个"关于事实"的问题，每年可提出 10 个问题。公司会通过邮局将这些问题的答案寄给买家，长度从几行到几页。买家的任何问题都需要长达一个月的时间才能得到答复；如果买家拖欠分期付款计划的款项，

---

*   在高峰时期，图书馆研究服务部雇了 100 多名女性，撰写了约 10 万份报告。随之而来的宣传材料描述了一种光鲜亮丽的生活，许多员工为了研究工作，乘坐火车从一个城市到另一个城市，在火车站的储物柜里领取前任研究员留下的特制《大英百科全书》用打字机。

那么该项服务就会被暂停；此外，这项服务不能用于解决任何 282
有关个人医疗或法律事务的问题，也不能用于任何与有现金奖
励的公开竞赛有关的研究。尽管如此，但这在当时算是一种私
人化的 Alexa 或 Siri 服务。

在那次采访中，莫蒂默·阿德勒博士不光解释了拿破仑的
崛起与衰落，他还被问及这套著作中出现错误的可能性。

他说："我们有大量的数据核查人员与事实核查人员。但即
便如此，当然还是会有错误。我猜可能会有 2000~3000 个小错
误，如排版错误、小的事实错误，我们会在之后的印刷过程中
加以纠正。不可能不纠正。每部百科全书都有错误，要不断发
现错误并加以纠正，这需要时刻保持警惕。"

"那么，板球场长 10 英尺（而非正确的 66 英尺）的信息何
时才能得到更正？"

"下一次印刷时！也就是 1975 年！"

英国广播公司的人还想知道这套新版百科全书的有效性能
维持多久。

"我们认为，我们编写的这套百科全书非常灵活，结构也非
常庞大，至少可以适应未来 50 年的任何变化。"*

U

---

* 这句话直接指向 2024 年。但在 1974 年，当阿德勒博士回答这一问题时，一种
东西刚刚诞生：互联网的第一个结点。

283

如果有人家里还有《大英百科全书》的话，那可能就是第15版了。阿德勒博士言出必行，每年进行修订工作，一直持续到20世纪90年代末，1985年，这套书还进行了一次大修。其对条目进行了重组，将全套书扩充到32卷，包括读者建议的两卷索引。现在，这套书的价格大约为1000英镑或1500美元。

也许，出于好奇，或者因为对《大英百科全书》单纯躺在那里感到惋惜，人们会时不时地查阅一下这部巨著。当然，除非疯了，否则没人会读完整套书。

不过，A.J. 雅各布斯（A.J. Jacobs）恰恰打算这么干。2003年，他打算在一年内完整地读完第15版《大英百科全书》，这让他的妻子感到相当惊讶。雅各布斯是《时尚先生》（*Esquire*）杂志的撰稿人，他希望借此机会达成两个目标：减少消耗在电视上的时间，并在此过程中"成为世界上最聪明的人"。然后，他定下了第三个目标：写一本关于这项挑战的有趣的书。他沉浸在学习的乐趣中，尽管在很多时候他看上去更像个小丑。

雅各布斯在谈到彼特拉克时写道："我完全不了解这个人，但他听起来像是我应该了解的人。"雅各布斯总结道，彼特拉克追求他的爱人劳拉的行为在今天会使他被称为跟踪狂，他还会被给出限制令。雅各布斯在他的书中加入了大量流行文化的梗以及关于家人与朋友的题外话。他在与妻子朱莉前往费城看望弟弟道格的火车旅途中，读到了关于柏拉图的条目。此外，我们还得知他妻子的皮疹已经好了。这显然是一个插科打诨的故

事，但没有做到交叉索引。[*]

　　雅各布斯并不是第一个尝试完整阅读《大英百科全书》的人。萧伯纳声称，他在大英博物馆的阅览室里研读了第9版《大英百科全书》的大部分内容，不过他承认对一些科学条目只是略有涉猎。小说家C.S.福雷斯特（C.S. Forester）的儿子记得，他的父亲在床上阅读了《大英百科全书》，这既是物理意义上的成就，也是文学上的成就；事实上，他可能把整套书读了三遍。一个叫乔治·福曼·古德伊尔（George Forman Goodyear）的人是纽约布法罗的一名律师，花了22年时间读完了第14版；心脏外科之父迈克尔·德贝基（Michael DeBakey）在十几岁时就读完了第11版；阿道司·赫胥黎（Aldons Huxley）显然读完了第14版，但读的过程很随意。他只专注读了一卷，然后在派对上凭他对以字母N或P开头的事物的了解逗乐众人。1934年，《纽约客》报道了一个叫A.厄本·谢尔克（A. Urban Shirk）的人。他是国际产品公司（International Products Corporation）的广告兼销售经理，这显然不是一个虚构的名字，在差旅中的空闲时间，谢尔克最喜欢的事情就是阅读第14版《大英百科全书》。他在每一卷上都要花2~6个月的时间，目前已经读到第4卷（Brai-Cast）。如果说有些条目对他来说似曾相识，那是因为他已经花了四年半的时间读完了29卷本的第11版《大英百科全书》。

U

———————————

_*　*The Know-It-All* by A.J. Jacobs (William Heinemann, 2005).

胜人一筹（转移一下话题……）

UPMANSHIP (a diversion . . .)

对于那些不熟悉"英国电视黄金时代"的人来说，我们需要简单介绍一下，《两个罗尼》（*The Two Ronnies*）中的"罗尼"指的是罗尼·巴克（Ronnie Barker，身材臃肿、笨手笨脚、教授范儿十足）和罗尼·科贝特（Ronnie Corbett，身材娇小、尖酸刻薄、风趣幽默）。作为喜剧演员，他们出演了高峰时段面向家庭的系列喜剧，他们喜欢说各种俏皮话和双关语。1975 年，在最新版《大英百科全书》问世一年后，他们抨击了那帮令人生厌的百科全书推销员，但他们的矛头并没有指向推销员本身，因为他只不过是在传播知识、维持生计，而是指向更广泛的、所有英国观众都能理解的东西：阶级制度。就像之前的巨蟒剧团一样，他们的表演出乎了所有人的预料。

这出喜剧的场景是典型的北方工人阶级住宅前厅。一位名叫埃尔西的妻子正戴着卷发器在熨衣板前熨衣服，一位名叫亚瑟的丈夫穿着背心正在给他那辆翻倒的自行车打气。敲门声响起，一个戴着帽子、穿着雨衣的推销员殷勤地打着招呼。他是代表中产阶级的入侵者，可能来自南方。

罗尼·科贝特（饰推销员）："早上好，桑尼！你妈妈在吗？"

罗尼·巴克饰演亚瑟。可以肯定的是，至少有 40 年没人叫他"桑尼"了。

"又是个推销员，亲爱的。"他在前厅对妻子喊道。

推销员走进来，想知道他是否能劝说他们购买一套精美的百科全书。其每一卷都充满了非常有趣的信息。例如，他们知道西伯利亚巴尔喀什湖（Lake Balkhash）的面积不小于 7050 平方英里吗？

"知道"。亚瑟边说边把自行车翻过来。

"那么长江长约 3400 英里呢？"

是的，他也知道。

好吧，但他知道南美洲最高的山是海拔 3012 英尺的伊延普山（Mount Illampu）吗？

"我觉得你错了，小伙子。"亚瑟说。南美洲最高的山肯定是阿空加瓜山（Mount Aconcagua），不是吗？它比伊延普山高出 69 英尺，是不是，埃尔西？"

埃尔西不同意，她认为南美洲最高的山是科托帕希山（Mount Cotopaxi）。幸运的是，他们的女儿莉莉恰好走进房间，解决了这个问题。

"哦，你不会又在研究那座山吧？"她一边问，一边坐在椅子上锉起了指甲，"是钦博拉索山（Mount Chimborazo）。"

这一情况持续了一段时间。推销员拿着其他各种知识和他们玩了起来。"好好儿地吊死可以避免坏的婚姻"这句话是谁说

286

的？海王星的直径与地球的直径相比如何？请说出生活在亚马孙丛林里，以小花、草根和小鸟为食的矮猴的名字。会客厅窗外的窗户清洁工，不知道为什么出现在一楼的梯子上，说出了这个问题的答案：白耳狨猴（white-eared marmoset）。

他还提到了邻居巴特沃斯太太，她最近"证明了四维空间的存在"。推销员越来越气愤，开始撕扯手中的书页。他说自己一整个星期都没有卖出一套书。

但转机出现了。亚瑟说他要买一套。

然后又是一个转折：售货员说，五周分期付款的费用是每周 2 英镑，但亚瑟、埃尔西和莉莉无法就总价达成一致。他们有人说是 10 英镑，有人说是 7 英镑。

V

告别演说

VALEDICTORY

1994 年，佛罗里达州坦帕市（Tampa）的参考书爱好者肯尼斯·F. 基斯特（Kenneth F. Kister）出版了《基斯特最佳百科全书》（*Kister's Best Encyclopedias*）的第 2 版。几乎不可避免的是，这部书本身就是一本 500 页的单卷本百科全书，涵盖了各种各样的大型综合百科全书、中型百科全书和小型百科全书，以及儿童版百科全书，装饰艺术、工程和育儿方面的专业百科全书。甚至还有一个小版块介绍中国、日本、韩国、西班牙和俄罗斯的主流百科全书（其中关于俄罗斯的部分只有一本《苏联大百科全书》）。

在日本的百科全书中，基斯特挑出了"实用的"单卷本《桌上大词典》（*Daijiten Desuku*，东京，1983）和"制作精良、图

文并茂的"23 卷本《日本大百科全书》(*Dai-Nixon Hekka Jitendra*,
东京，1973）。基斯特指出，在韩国的百科全书中，1992 年出版
的《大英百科全书》译本增加了会令韩国人感兴趣的条目，首
尔的出版商对此表示十分开心。他们"煞费苦心地以尊重现实
的方式讨论了朝鲜话题。通过这种方式，编辑们为实现朝鲜半
岛统一做出了自己的贡献。"如果这都算不上极富野心，那就没
有什么算了。

　　基斯特的详尽调查实际上非常及时，不过，在写作之初，
他自己并没有预料到这一点。20 世纪 90 年代中期，占其报告
90% 的印刷版百科全书迎来自己的死亡。只读光盘取而代之，
不久之后，大多数人都能享受到某种拨号上网服务，他的指南
在很短的时间内变成了泰坦尼克号上的乘客名单。*

　　但是，这是一份怎样的名单，又是一个怎样的故事呢？他提
到了 20 世纪五六十年代许多相对篇幅简短的流行百科全书，那
是众多老牌出版社因急于分一杯羹而制作的小规模百科全书的鼎
盛时期。《麦克米伦家庭百科全书》(*Macmillan Family Encyclopedia*)、
《韦伯斯特家庭百科全书》(*Webster's Family Encyclopedia*)、《巴恩斯
与诺布尔百科全书》(*Barnes & Noble Encyclopedia*)、《兰登书屋百
科全书》(*Random House Encyclopedia*)，其中的许多都出版了学生
版或儿童版。

----

* 　参见 encyclopedia-titanica.org。

　　基斯特的行文风格非常温和，分析相对偏少。他宣称：
"《芬克 & 瓦格纳尔斯标准百科全书》（*Funk & Wagnalls Standard Encyclopedia*）中的信息通常是可靠的，并以相对公正的方式呈现给读者。"《格罗里知识百科全书》（*Grolier Encyclopedia of Knowledge*）是标准版《格罗里美国学术百科全书》（*Grolier Academic American*）的缩减版，主要在超市销售，因其"广泛而细致均衡的覆盖面、准确而公正的材料介绍、合理的组织结构以及对特定主题和事实的罗列、一流的插图、无可挑剔的权威性"而广受好评。换句话说，与绝大多数出版的百科全书一样，这是一部优秀的百科全书，或者说，最差也是一部适合其目标市场的百科全书。

　　基斯特的对比表非常有趣，他从字数、页数和插图，以及交叉索引、索引条目和价格等方面对一系列出版物进行了比较，然后给每套百科全书进行打分，A 为"优秀"，D 为"低于平均水平"。在其评价的 14 部中型成人版百科全书中，11 本被评为 A 级或 B 级，1 本被评为 C 级，2 本被评为 D 级。当然，他也表示，打算购买一套百科全书的人不要纯粹根据这一评价结果来进行选择，因为"评分必然是个人化的、武断的"。

　　同样武断的是他根据百科全书对不同主题的处理方式给出的"成绩单"。在评判中型百科全书时，他列出了 10 个主题，包括"计算机""万圣节""魔术师约翰逊""麻疹""核能""性教育"等，并根据覆盖面、准确性、清晰度和"时效性"给每个主题打分。在《康普顿图解百科全书》的评分中，几乎每个主题都获得了 A 级，但"计算机"和"核能"的清晰度只获得了 C 级。在对大型成人版百科全书《大英百科全书》《美利坚百科全书》《科利尔百科全书》进行比较时，基斯特调整了主题列表，这次选择的主题包括"菲利普·格拉斯"和"都灵裹尸布"等。结果显示，首先是《科利尔百科全书》，整体表现最佳，全部为 A 级；其次是《美利坚百科全书》，只在涉及"伽利略"时稍有失误；最后是《大英百科全书》，在"割礼"和"心脏病"方面没有很好地收录最近的研究，即"时效性"较差。

290 　　基斯特先生是谁，为什么编写这样的指南？ 他标榜自己是"北美最著名的信息资料审查员"，尽管这一称号本身就很难量化。除百科全书外，他还撰写过地图册和字典的综合指南，并拥有波士顿西蒙斯学院图书馆与信息科学研究生院的图书馆学硕士学位。

　　基斯特也是新时代的劳伦斯·哈特（Laurance Hart）。从 1929 年开始，在接下来的 35 年里，哈特一直在出版他的"百科全书比较"图表，即众所周知的《哈特图》（*The Hart Chart*）。这是一张 17×11 英寸的图表，每六个月从他位于新泽西的家中寄出一次，第一张售价 35 美分，之后每张售价 15 美分。每张图表包含 11 张表格，其中一些表格的评价指标非常原始：他同时衡量"每 100 页的价格"和"每百万字的价格"。这让优雅的排版和优秀的编辑无法占据优势。在他去世后，至少有两份图书馆期刊上的讣告赞扬了他在提高参考书标准和简化采购工作流程方面所发挥的作用。

几年后，图书管理员们面临许多其他不太熟悉的选项。1998年6月，在华盛顿特区举行的美国图书馆协会（American Library Association）年会上，其中一个议题涉及数字百科全书的未来。具体来说，成员们关注的是这个新世界会有多么令人困惑，以及这种格局变化的速度有多快。他们想知道应该把精力和预算投向何处。

弗吉尼亚州里士满大学图书管理员詹姆斯·雷蒂格（James Rettig）提交了一份会议论文，介绍了过去15年发生的翻天覆地的变化。他说，一开始只是"简单地将无图像的 ASCII 文本移植到 PreWeb 在线系统当中"，但后来，情况变得越来越复杂。

> 然后，我们有了纯文字的只读光盘式百科全书，接着是文字－静态图像的只读光盘式百科全书，接着是文字－静态图像－声音－视频的只读光盘式百科全书，接着是包括模拟和动画的文字－静态图像－声音－视频的只读光盘式百科全书，接着是包括模拟和动画以及网站链接的文字－静态图像－声音－视频的只读光盘式百科全书，当然，接着是结合了上述所有内容的在线互动百科全书。

现在，这一领域就像早期计算机背面的电线森林一般杂乱无章。在一片混乱之中，错误的代价可能是相当高昂的：早期的光盘价格高达数百美元。图书馆用户都想要获得最新、最激动人心的版本，但这项技术何时才能达到顶峰？答案当然是"永远不会"，但在某个阶段，人们必须做出决定。当然，混乱的局面与做出错误的选择可能会让百科全书制造商付出更大的代价。

1983 年 6 月，《大英百科全书》的办公室迎来了数字化的大问题。销售部门开会讨论了计算机对其业务的威胁到底有多大。之后，一份关于会议讨论要点的备忘录被分发给了各个销售团队（好让他们用来对付那些想要数字版《大英百科全书》的客户），多年后，担任过数年《大英百科全书》主编的罗伯特·麦克亨利（Robert McHenry）在自己的网站上发布了这份备忘录。

备忘录的开头写道："我们最常被问及的一个问题是：'《大英百科全书》什么时候能提供电脑端版本？'我们的回答是：'在很长一段时间内都不会。'"

备忘录随后概述了他们做出这一决定的几个原因。

1. 目前流行的家用电脑都没有足够的内存来存储《大英百科全书》。公司计算了仅存储索引所需的软盘张数，得出的数字是 100~200 张。

2. 团队内部认为，将百科全书放在大型计算机主机上，让用户通过家用电脑和电话进行访问的方案既笨重又昂贵。用户很难找到自己想查阅的内容，也很容易迷失方向。在屏幕上，读者一次只能阅读几个字。相比起来，书本就要方便得多，而且在目前看来更划算。

3.计算机可以实现快速搜索，但这并不是查阅百科全书的智能方式。备忘录中以"Orange"一词为例，指出其可以指涉不同事物，如水果、颜色、橘郡、威廉·奥兰治。在印刷版中，《大英百科全书》的索引员已经为读者完成筛选工作，剔除了那些琐碎或随机的参考资料。

于是，这份备忘录总结道："在开发出新的方法之前，我们可以提供比任何计算机版本更好、更易于使用的印刷版百科全书。在我们确定电子版是读者接收百科全书最有效的方式之前，我们不会将我们的知识传播方式从推出印刷版改为提供电子版。"

在 10 年的时间内，《大英百科全书》几乎被康普顿、格罗里和微软公司销售的具有前瞻性、魅力十足、易于搜索的多媒体光盘所淹没。传统，即使是可以追溯到 18 世纪的传统，在迎头撞上数字化未来的时候，也得不到任何尊重。

战败者！

VANQUISHED!

V

如果这项运动是拳击，那么在赛前，人们在比赛双方身上下的赌注会很平均。一个角落里站着的是庞然大物，它拥有高

超的智慧和丰富的竞技经验，肯定能胜过任何人。而在另一个
角落里，则站着一个充满活力的后起之秀，在新资金的支持下
提出了各种奇思妙想。1985 年末，《大英百科全书》的销售蒸蒸
日上，而微软的 Windows 操作系统仍处于起步阶段，只有愚蠢
或极富远见的人才会对其结果感到放心。然而，比赛规则在中
途发生了变化，这项运动突然被推销给了通过电子屏幕观看比
赛的年轻观众，所有在传统训练营中获得的来之不易的专业知
识似乎突然变得毫无意义。这个坚挺的庞然大物没有像在其他
比赛中那样战斗到底，而是轰然倒下，这一结果令人震惊。

诚然，这是一个拐弯抹角的类比，而且缺乏好莱坞式获得
拯救的结局（这不是《洛奇》）。但是，这一切的结果原本可能
会截然不同。20 世纪 80 年代中期，刚刚起步的微软公司曾试
图吸引大英百科全书公司加入数字化进程。这家软件公司知道，
光盘式百科全书将推动人们采用它的 Windows 操作系统。它试
图说服大英百科全书公司，双方的合作将使得《大英百科全书》
在 21 世纪继续发挥作用——成为在家用电脑上提供世界知识的
可搜索数据库，成本仅为原版的几分之一，交付复杂程度相当
低，这同时解决了在何处安放图书的问题。但大英百科全书公
司拒绝了。我们可以想象，该公司之所以这么做，可能是由于
自尊，当然也有可能是因为担心利润降低。这笔交易似乎对微
软过于有利。事后看来，微软代号为"甘道夫"的项目最终演
变成了光盘式百科全书 *Encarta*，而这似乎给《大英百科全书》

带来了一场巨大的灾难。

2016 年，哈佛商学院技术运营与管理专业的教授谢恩·格林斯坦（Shane Greenstein）发表了一篇名为《参考资料大战：〈大英百科全书〉的衰落和微软光盘式百科全书的崛起》（The Reference Warss: *Encyclopaedia Britannica's* Decline and *Encarta's* Emergence）的论文，对《大英百科全书》未能拥抱数字技术一事进行了讨论。实际上，这是一个关于所有标准百科全书衰落的故事，也是一个关于在先前时代如何购买和阅读百科全书的故事。其中的寓意也很明显。这是一个关于个人电脑如何"给一家古老的机构带来重大创伤"的故事，也是一个关于任何企业都不能认为自己过于地位崇高或在智力上高人一等而拒绝迎接挑战的故事。*

格林斯坦教授认为，大英百科全书公司的高管们完全意识到了新技术对其业务的威胁，但他们过于拘泥于旧有模式——旧的销售方法、支撑了公司 220 年的图书销售利润——他们甚至不想在数字时代继续快步前进。他指出："就大英百科全书公司而言……即使在新市场中取得了最好的结果，其销售额和利润率也会下降。"当管理层开始处理这一令人不安的局面时，旧市场的情况已经变得越来越糟。在旧市场的需求迅速下降的同时，大英百科全书公司在新市场上也未能取得成功。它就像一个瘾

---

* "The Reference Wars: *Encyclopaedia Britannica's* Decline and *Encarta's* Emergence"，April 2016.

君子，根本无法做出对自己而言最有利的选择。"当理性的管理层已经无法对旧市场的发展前景保持幻想之时，他们依旧选择不看好新市场。"

更令人费解的是，大英百科全书公司很早就在这个新世界里占据了一席之地。该公司自 1961 年起就拥有《康普顿图解百科全书》，并于 1989 年推出了《康普顿多媒体百科全书》（*Compton's MultiMedia Encyclopedia*），这是市场上第一款此类产品。

《康普顿多媒体百科全书》的操作手册提醒我们，对于现在的人而言，这个系统一定相当陌生。"要滚动浏览一篇文章，需要先按按钮 1 选择'播放'。多次按按钮 1 可以加快滚动速度。要翻阅文章，请按按钮 2 选择'播放'。有些短条目本身可能是自成一体的，但在大多数情况下，条目会包含一个或多个与主要条目相关的交叉索引词。这些词语用'跳转箭头'图标标识。要转到某个参考条目，请选择'跳转箭头'。"

不过，为了使其中的信息（30000 个短条目）更具吸引力，制作者做了一些富有想象力的尝试。例如，其中有代表声音和视频片段以及地图链接的图标。在一些条目中，《星际迷航》中帕特里克·斯图尔特（Patrick Stewart）的声音会引导用户通过"时间机器"浏览特定的历史时期和重大事件："首先，选择'进入机器'，然后选择'过去（倒带）'。窗口中的图画表示年代，日期在窗口上方。若要前往未来，请选择'未来（播放）'。"

　　这样的操作可以说相当笨拙，同样，公司在这款产品的推销方面也没怎么下功夫。凡是购买全套印刷版《大英百科全书》（价格为 1500~2000 美元）的人，都可以"免费"获得《康普顿多媒体百科全书》的光盘，但如果单独购买，其价格则高达 895 美元，高得离谱。20 世纪 90 年代初，《大英百科全书》的 2000 多名销售人员仍然通过上门推销的方式销售他们的大部分套装印刷本。他们根本不知道该如何使用光盘，更不用说推销光盘了。谢恩·格林斯坦引用了一名大英百科全书公司员工的话："我对销售人员进行了一年多的培训，一步步地教他们如何使用光盘；但最后，他们还是不知道该如何操作买家家中的电脑。"[*]

　　4 年后，大英百科全书公司失去了在市场上占据主导地位的机会，于是将康普顿公司的股权出售给了总部位于芝加哥的芝加哥论坛报传媒集团。1994 年，大英百科全书公司再次进行尝试，发行了自己昂贵但平淡无奇的《大英百科全书》光盘，但一年之后，它就输给了微软公司价格低廉、功能齐全的光盘式百科全书。《大英百科全书》的管理人员认为微软的光盘式百科全书是一套劣质产品，但这种想法并不能使他们感到安慰。事实上，只有当按照印刷品的高标准来进行评判时，它才是次品；而若按照新世界的可点击标准来评判，这款产品将彻底改变游

296

V

---

[*]　可以原谅他们低估了个人电脑家庭拥有量的增长速度。1984 年，约有 8% 的美国家庭拥有个人电脑。5 年后，这一比例达到了 15%。1993 年，当微软光盘式百科全书大获成功时，这一数字飙升到了 23%。

戏规则。

微软光盘式百科全书的发展并非一帆风顺，但其主要推动者比尔·盖茨本人坚持不懈。在大英百科全书公司拒绝了微软的合作邀请后，微软找了另外一家机构——《世界之书》的出版公司——试图达成合作。但《世界之书》的出版公司和之后的《科利尔百科全书》的出版公司也都拒绝了微软的合作邀请。与大英百科全书公司一样，这些出版商也担心印刷品的销售会因此大打折扣，而且《世界之书》的出版公司计划于1990年推出

百科全书在后，未来在前：比尔·盖茨和梅琳达·盖茨
十分喜欢他们眼前的产品

自己的光盘版。当微软得知格罗里公司很快将与苹果公司达成合作，使其数字版百科全书比 PC MS-DOS 版本更适应鼠标点击访问时，其挫败感就更加强烈了。[*]

1989 年，盖茨终于与芬克 & 瓦格纳尔斯公司达成了合作。该公司认为，如果要向大众市场销售低成本的百科全书，最好的地方可能就是超市。[†]

在达成授权协议后，微软便开始为其数字产品提高文本质量。格罗里公司曾因其光盘中包含的图片都呈颗粒状而饱受批评，因此微软采用了当时最流行的媒体概念——"协同增效"（synergy），利用其新创建的科比斯（Corbis）照片与视频库为光盘式百科全书增添活力。面对存储空间的限制（当时还没有MP3 和高效的图像压缩技术），微软光盘式百科全书的编辑在演示中添加了最能吸引眼球的片段——阿波罗登月镜头、爱因斯

---

[*] 《格罗里多媒体百科全书》将与 Mac II 绑定，成为其附赠品。尽管在 20 世纪 90 年代初，苹果公司的市场份额仍然相对较小，但它正在稳步进军电脑业，尤其专注于那些不太注重办公、更具创造力的市场。有关早期主要参与者的详尽分析，参见 Henry Jay Becker, "Encyclopedias on CD-ROM: Two Orders of Magnitude More Than Any Other Educational Software Has Ever Delivered Before" (*Educational Technology*, vol. 31, no. 2, February 1991)。

[†] 他们真的把这部百科全书卖得很便宜。当时 A&P 连锁店的一则广告称，如果在店内购买"埃尔多拉多豪华版"《芬克 & 瓦格纳尔斯标准参考百科全书》(*Funk & Wagnalls Standard Reference Encyclopedia*) 套装（页顶镀金），只需原价的一半。"第 1 卷仅售 49 美分，其他卷分别售 1.49 美元，并附有省钱优惠券。养成每次购物都多买一卷的习惯吧。"整套百科全书的价格约为 30 美元：比 18 世纪 80 年代英国订购者支付的价格高不了多少。

坦的录音、喷水的鲸鱼。他们还加入了更多关于流行文化和商
业事务的条目，并尽可能多地反映近期发生的事件。与此同时，
在墨水和砍树造纸的世界里，《大英百科全书》仍在推出其详尽
而又枯燥的年鉴。

1992 年底，微软光盘式百科全书的首次发布并不成功。其
营销团队错过了假日购物季，而且其售价过于高昂，高达 295 美
元。但第二年，公司再次进行了尝试。此时，它的价格仅为 99
美元，而且它比竞争对手内容时效性更强、更令人兴奋（其中
包括一段关于巴以奥斯陆和平协议的视频短片，该协议是在这
一版本发布前几周才达成的）。其虽然没有获得如潮好评，但销
量十分惊人。

仅在 1993 年假日购物季，微软光盘式百科全书就卖出了 12
万张，生产完全跟不上需求。第一年就有 35 万份订单，第二年
有 100 万份订单。显然，从来没有一部百科全书的销量能达到这
样的水平。

起初，用户似乎并不在意他们阅读的是一系列并不出色的
文章；他们可以在电脑上快速访问参考工具，而无须去图书馆
或阅读过时的印刷品，这一点就足够吸引人了，而且其视听效
果很有趣。现代百科全书甚至可以像广告中所说的那样吸引现
代的儿童，尽管他们花在微软光盘式百科全书上的大部分时间
可能都用来点击视频了。在接下来的几年里，微软在提高产品
质量方面做了大量工作，承担起了它从未想过的教育责任。

2009 年，微软光盘式百科全书前团队负责人汤姆·科德里（Tom Corddry）在《纽约时报》的网站上写道："我们有意识地在增加语境价值上进行了投资。我们扩大了核心内容，创建了世界上第一部真正意义上的全球百科全书，并建立了高效的更新周期。我们在最初的产品中加入了足够多的'多媒体'内容，好让顾客满意，但我们更注重产品的整体实用性，而不是相对较少的视频片段。"

科德里也并不认为，《芬克 & 瓦格纳尔斯标准参考百科全书》的原始文本质量要低于《大英百科全书》。对于微软光盘式百科全书的顾客来说，这几乎是理想的选择：它的"结构化数据"确保了每个条目之间文本的一致性，便于在整部书中构建起一套高效的链接和指引工具。

"相比之下，《大英百科全书》则是一个臃肿的混杂体，这是因为长期以来，其条目的作者都是各个领域的专家，文风等很难统一……我认为，在最初的 5 年里，微软光盘式百科全书成为历史上最好的百科全书：它在非常广泛的主题上拥有非常稳定的质量与实用性，并通过阐明主题之间的关系而增加了自己的价值。"

这位微软光盘式百科全书前团队负责人承认，所有这一切后来都过时了，但在它的时代，这套产品不仅颠覆了传统的印刷版百科全书——"实际上，光盘式百科全书几乎摧毁了印刷版百科全书"。

1990 年是大英百科全书公司实现盈利的最后一年，当年的销售收入为 6.5 亿美元，盈利 4000 万美元。这一年，它卖出了 11.7 万套印刷品。在 1994 年收入下降到 4.53 亿美元时，它只卖出了 5.1 万套，而且大部分销售人员（1990 年有 2000 多人）都被解雇了。

大英百科全书公司总裁彼得·诺顿（Peter B. Norton）在 1995 年 4 月的一份声明中说："我们需要资金，而且有信心获得资金。"但大英百科全书公司花了一年多的时间才找到愿意出钱的人，而它找到的金主——瑞士投资者雅各布·萨夫拉（Jacob Safra）只支付了 1.3 亿美元，这只是它在 20 世纪 80 年代价值的一小部分。到 1996 年，该公司的收入已降至 3.25 亿美元，每年的销售量仅为几千套，亏损日益严重。在这一时期，1/3 以上的美国家庭都拥有电脑。令人振奋的消息会直接呈现在屏幕上。

300   但我们也有另外一种思考的方式。也许，《大英百科全书》和其他传统百科全书都只是错误地判断了自己的竞争对手：它们真正要对付的拳击手其实另有其人。

2000 年，波士顿咨询公司（Boston Consulting Group）的两位高级副总裁对《大英百科全书》的衰落进行了研究。菲利普·埃文斯（Philip Evans）和托马斯·沃斯特（Thomas S. Wurster）在他们所谓的"新信息经济学"著作《网络资本主义的企业战略》（*Blown to Bits*）的开篇处表示，该公司低估了自己所面临的挑战。"从他们的不作为来看，大英百科全书公司的高管们起初似乎把光盘式百科全书看作无关紧要的东西：一种儿童玩具，最多只比电子游戏高上一层。这种看法是完全合理的。"*

其中一个原因在于，他们与几乎所有其他传统企业都面临同样的困境：老牌企业被"传统资产"所束缚——砖头和砂浆、销售和分销团队、大型机系统。要摧毁这些东西实在太难了。"相反，人们只会抱怨，在内部政治斗争与个人的自我保护倾向之下，有关财务盈亏的问题并没能引起足够的重视。"

然后是心理因素。埃文斯和沃斯特认为，《大英百科全书》的主要决策者被他们自己的历史与神话蒙蔽了双眼，他们无法欣赏那些不符合他们集体心理框架的东西。更糟糕的是，他们没有弄明白自己最古老、最可靠的销售原则之一——父母希望为子女的教育做些有价值的事情，如果不做就会感觉很糟糕——是如何在不知不觉中转移到新的媒介上的。"如果产品的根本价值在于减轻父母的内疚感，那么其竞争对手就不是光盘式百科全书，而是个人电脑。"埃文斯和沃斯特说道：

> 如今，当父母为孩子的学习成绩而焦虑不安时，当他们

301

V

---

* *Blown to Bits: How the New Economics of Information Transforms Strategy*, by Philip Evans and Thomas S. Wurster (Harvard Business Review Press, 1999). 考虑到电子游戏产业目前在全球的销售额高达成百上千亿美元（据估计，2018 年这一数字为 1350 亿美元），提及电子游戏或许是一件更加不幸的事情。

为没有提供足够的帮助而感到内疚时，他们会买一台电脑。这台新电脑除了聊天室和视频游戏外，可能永远也不会用于其他目的，但父母的内疚感得到了减轻。碰巧的是，这台电脑的价格和《大英百科全书》差不多。电脑还配有光驱。光驱还附带了几张免费光盘，其中一张是微软光盘式百科全书的促销版。

当然，微软光盘式百科全书已经完成了它的使命。这款产品卖出了数百万张，微软公司也从光盘和操作系统中获得了回报。但它不可能永远成功下去，所有为其工作的人都很清楚这一点，尤其是为微软光盘式百科全书撰写关于互联网趋势不可阻挡的条目之人。

2009 年 3 月，微软光盘式百科全书宣布"关板"，这句话让人联想到当一家新超市摧毁了一家旧商店的生计后，旧商店关上闸板的画面。微软光盘式百科全书确实停留在了过去，它是技术进步的牺牲品，而正是技术进步的飞快速度曾一度使其称王称霸。这几乎是一个悲剧：仅仅 20 年前，这一产品还拥有着光明的未来。在其最后一年，价格降到了 22.95 美元，这最清楚地表明，几乎所有的知识都已经可以在任何地方轻易获得了。

微软光盘式百科全书曾试图在网上保持其品牌的活力，但它进入这一领域的时间太晚了。根据互联网评级服务公司益百利（Hitwise）的数据，在其关闭前两个月，微软光盘式百科全书的网站流量仅占美国互联网百科全书总流量的 1.27%。微软宣布：“传统百科全书和参考资料的类别已经发生了变化。今天，人们寻求和消费信息的方式与过去大不相同。考虑到微软为当今消费者提供最有效、最吸引人的资源的目标，微软已决定退出光盘式百科全书的业务。”

对于这样一家庞大的公司来说，这是一个巨大的失败。它因跟不上大众需求和信息传播本身的步伐而遭遇了惨败。微软光盘式百科全书最重要的一点在于其实现了人们的期望：作为经常进行信息检索的计算机用户，我们开始期待不断的进步和价值的增加；我们对世界上所有知识的渴望不会止步于一张运行时嗡嗡作响的涂层塑料光盘。

越南（转移一下话题……）

VIETNAM (a diversion . . .)

乔伊·特里比亚尼（Joey Tribbiani）正在他的纽约公寓里清除粘在金属露台小桌下面的口香糖，忽然，他听到有人在敲门。一个大个子男人等在那里，他有一个问题要问。

"下午好。您是住在这里的主人吗？"这是推销员的经典开场白，即使是孩子也很难回答"不"。但乔伊犹豫了。他环顾了一下自己的公寓。只有他一个人，但他还是停顿了一下。他张了张嘴，还在思考。他只能说"呃……"于是推销员插话了。

"您现在有一套百科全书吗？"

303 乔伊可以回答这个问题。"没有，"他说道，"但你可以去分类广告上看看，那里什么都有人卖。"

推销员说他不是想买，而是想卖。他一边伸出手，一边问他另一个问题。"有没有出现过这样一种情况，你的朋友们在进行一场对话，而你只能点点头，却不知道他们在说什么？"乔伊想到，自己的朋友有一次围坐在一起谈论"违宪"的事情，乔伊也跟着点头；还有一次，他们提到了"阿尔冈昆的孩子们的桌子"，乔伊对此一无所知，但他还是和朋友们一起开心地大笑起来。

推销员注意到，乔伊已经默默地回想了大约两分半钟。他问："你感兴趣吗？""当然，"乔伊说，"进来吧。"推销员手里已经拿了一本书。是上面写有字母 V 的那本。他们在露台的桌旁坐了下来，推销员想知道乔伊对凡·高了解多少。除了知道他割掉了自己的耳朵，"因为他觉得自己很烂"外，乔伊确实也不知道其他什么内容了。再翻一页，又有新问题了：教皇住在哪里？乔伊说，住在树林里。下一页是"硫化橡胶"（Vulcanized Rubber）。广告时间过后，书从推销员手中转移到了乔伊手中，他意识到，自己还不怎么了解"呕吐"（Vomit）这个事情。

V

整套书售价 1200 美元，每本 50 美元。乔伊对推销员认为他可能有那么多钱感到惊讶。当被问及他实际能负担多少钱时，他说："零首付，每个月还零元，要花很长很长的时间才能还完。"他开始掏自己的口袋：一个婴儿嘟嘟卷、一张电影票根、一串钥匙、一张面巾纸、一块石头，但当推销员准备转身离开时，他发现了一张 50 美元的纸币，他顿时意识到自己穿的是朋友的牛仔裤。这 50 美元可以买一本书，乔伊决定买下 V 卷，而非 A 卷。

在中央公园，收获来了。当乔伊的朋友们谈论感情问题时，他提到一个特别的女朋友可能会"像维苏威火山一样"喷发。当他的朋友们问他为什么突然聊起火山时，乔伊说他很乐意聊点别的。活体解剖（Vivisection）？输精管（The vas deferens）？越战（The Vietnam War）？但当莫妮卡问起是否还有人看过那部关于朝鲜战争的纪录片时，乔伊又一次眉头紧锁，满脸困惑。

这是 1997 年 10 月的一幕，出自《老友记》第四季"爱的手铐"，马特·勒布朗（Matt LeBlanc）饰演乔伊，佩恩·吉莱特（Penn Jillette）饰演推销员。吉莱特说，时至今日，每当他在世界各地表演魔术时，总会有人在表演结束后向他打听他在《老友记》中的表现。吉莱特告诉他们，推销就是天职。当然，百科全书也是如此。

304

V

维基媒体国际年会

WIKIMANIA

    每年夏天，维基百科的工作人员和那些最热情的贡献者都会聚在一起，参加一场为期 5 天，名为"维基媒体国际年会"（Wikimania）的会议。在这里，人们会举行各种各样的活动，有时候，他们彼此之间也会拳脚相向，或是互相谩骂。讨论的热门话题包括收录、删除、引用、代表性、是否可注释、对编辑的骚扰、对用户的赋权以及名为 Ubuntu 的开源软件操作系统。也许会让一部分人感到惊讶的是，这项活动实际上很受欢迎。2014 年，这场会议的举办地是伦敦，2018 年是开普敦，2019 年是斯德哥尔摩。

    和维基百科一样，维基媒体国际年会的影响力也时高时低。你可能会专程从一个相当远的地方赶来，穿上亮黄色的 T

W

恤，几分钟内就被分到一个名为"维基爱蝴蝶"、"塞尔维亚爱维基人"或"让我们彻底改变模板的工作方式！"的小组。会议期间，还会举行董事会会议，其承诺下一年自己会在性别和种族多样性方面做得更好。会议甚至还会公布"年度维基名人"，2020 年，这一称号被授予了突尼斯人权活动家埃姆纳·米祖尼（Emna Mizouni），她因组织维基阿拉伯会议和为摄影项目"维基爱古迹"做出贡献而备受赞誉。

　　然后，随着天色渐暗，如果你有足够的胃口，你还可以加入"世界知识守门人"的行列，喝着龙舌兰酒，沉浸在他们的"激情项目"当中。如果这些项目不包括制作雪球、现实版魁地奇、"做个了不起的人"和监狱式力量瑜伽，那才叫奇怪呢。

　　维基百科可谓自成一体，其雄心壮志前无古人，其规模也空前庞大。维基百科的工作人员最喜欢说的一句话是："感谢上帝，我们的企业在现实中的确行得通，因为在理论上，这是永远都不可能行得通的。"从理论上讲，维基百科应该只会带来一地鸡毛。世界范围内的专家和业余爱好者、创作者与破坏者、无政府主义者和过分注重细节的人、过分注重语法的人和超级马屁精，来自世界各地的数十万人，每个人都会怀疑其他人的行为，有些人还会以滑稽的方式使用谷歌翻译，所有人都在终极真理的多元宇宙中争夺某种至高无上的地位——这可不是什么好兆头。然而，这就是维基百科，一个由职业学者和独行的信息狂人组成的奇特社区，几乎每一次按键都能创造出新的辉煌。

2021 年，维基媒体国际年会计划在曼谷举行，此次会议的重点是庆祝维基百科的 20 岁生日，但由于新冠疫情，这次集会被迫取消。不过，在所有其他方面，维基百科都在新冠疫情的背景下发展迅猛，在疫情暴发的最初几周里，来自全世界的人在这里通力合作，实时更新疫情进展情况，没有任何媒体与平台可以与之比肩。维基百科的平台上有 100 种语言与键盘输入方式。成千上万的人贡献了他们对病毒的了解，以及病毒对他们的生活和当地社区造成的影响（一如既往，这项活动没有任何经济回报）。传播速度之快，有时就好像病毒本身也在贡献自己的力量一样。字数从 2020 年 1 月中旬的几百字增加到 3 月中旬的几十万字；数百个有用的链接为读者带来了当前的医学期刊、大流行病的历史记载以及关于口罩功效的早期讨论。阴谋论者所发布信息的可信度很低，带有恶意的信息在几分钟内就会被删除。

新冠疫情初期，维基百科上与大流行病相关的页面平均每小时会被编辑 163 次。截至 2020 年 4 月 23 日，维基百科上与新冠疫情相关的所有语言页面加起来约有 4500 个。[*]

这一伟大成就让《连线》（*Wired*）杂志的记者诺姆·科恩

---

[*]   每日互动可能包括同一人多次访问的页面。维基百科自身的统计数据与任何文章一样引人入胜。通过这些数据，我们可以了解维基百科在世界各地的使用情况、逐月变化的规模、页面数量和编辑次数等信息。要想了解更多消息参见：https://stats.wikimedia.org。

（Noam Cohen）认为维基百科"是有良知的"，除了狄德罗的《百科全书》外，我们很少能在其他百科全书中找到这一品质，况且，那些百科全书的编辑往往并不认为这是一种赞美。但维基百科没有大肆鼓吹，尽可能地摆脱宣传色彩。归根结底，它是即时有用的。

自 2001 年 1 月创建以来，维基百科已发展成为世界上最大的在线参考资料网站，每天有超过 5 亿次页面浏览量，每月有 10 亿独立访客（每月总访问量达 56 亿次，平均停留时间为 4 分钟）。该网站提供约 270 种语言的 5400 多万个条目，其中包括——截至 2021 年 10 月 9 日（星期六）格林尼治标准时间 11 时 25 分——6390565 个英文条目，自 2001 年以来已被编辑 1044294099 次（每页平均被编辑 19.21 次）。这使得其规模是《大英百科全书》的 93.11 倍，相当于 2979.7 卷《大英百科全书》。

308

根据分析公司 SimilarWeb 的数据，维基百科是世界上访问量第七大的网站，仅次于谷歌、YouTube、Facebook、Twitter、Instagram 和中国的搜索引擎百度。在英国，维基百科排名第九，前面分别是 eBay 和 BBC。

维基百科比上述网站中的任何其他网站都更能解决争论，也更能引发辩论。维基百科会把你送进深不可测的兔子洞，让你喘不过气来，对别人知道的和认为重要的事情感到惊讶，对时间的流逝感到惊愕。这个网站的分网站能帮助你获得学位［维基大学（Wikiversity）］、婚礼致辞［维基语录（Wikiquote）］、日记和演示文稿［维基共享资源（Wikimedia Commons）］、在线观光和旅行探险［维基导游（Wikivoyage）］以及拼写［维基词典（Wiktionary）］。它其余的分网站也能帮助你了解自己的生活，并将其置于当代与历史的背景之中。它将各种高深的技术与各种低俗的垃圾结合在一起。这里有你从未听过也永远不会听过的乐队第三张专辑中第四首歌曲的曲目长度、英国中部地区教堂保护信托基金（Churches Conservation Trust）保存的 74 座教堂的清单、达尔文《昆虫使兰花受精的各种手段》（The Various Contrivances by which Orchids are Fertilised by Insects）的全文，以及查谟和克什米尔争议领土上十大通缉叛乱分子之一、数学教师里亚兹·艾哈迈德·奈库［Riyaz Ahmad Naikoo，又名祖拜尔（Znbair）］的传记。[*]

但维基百科最重要的并不是这些晦涩难懂的知识，而是其相互关联的网络。从 2020 年初的第一批患者到 7 个月后的全球大流行，有关新冠疫情的页面篇幅在数量、深度与分析的冷静程度方面都在不断提升，我敬畏地注视着这张网络，因为这些无偿的编辑们在孜孜不倦地将那些不断出现的事实、趋势与理论加入维基百科中。没有任何其他地方能从如此冷静和全面的全球视角对这一事件进行分析，也没有任何其他地方能让普通读者对我们瘟疫肆虐的历史中其他致命病毒进行比较性的阅读

---

[*]   @depthsofwiki 是一个很棒的推特账号。在这里你可以很好地打发时间。

与理解。

维基百科是网上最有价值的单一网站，也是互联网作为一种向善力量的最雄辩且最持久的代表。它确实彻底改变了知识生产的方式。其过程力求民主，效果力求中立。这里无广告、无弹出窗口、无插件，而且是完全免费的。这个网站摒弃了人类的邪恶，唤醒了我们更美好的天性。

当然，维基百科也让其联合创始人吉米·威尔士（Jimmy Wales）感到困惑。威尔士建立维基百科是为了补充他在前一年与拉里·桑格（Larry Sanger）共同创建的在线开源百科全书——"新百科全书"（Nupedia）。"新百科全书"的问题在于其概念：它的条目是由专家撰写并经过同行评审的，这使得其更新速度太慢，无法在数字世界中吸引大众的关注。"维基"（Wiki）在夏威夷语中的意思是"快速"，因此维基百科汇集了越来越多的在线工作人员，只要具备基本的数字网络礼仪知识，任何人都可以快速编纂维基百科上的条目。为维基百科做出贡献的每个人都是志愿者，网站从一开始就由志愿者管理。

2020年5月，我为《时尚先生》杂志撰写文章时联系了吉米·威尔士，他通过电子邮件告诉我："虽然我经常把自己描述成一个'病态的乐观主义者'，但我并没有充分认识到我们将会给世界带来如此深远的影响。我当然没有预见到，在维基百科成立初期我们做出的一些有关反对收集、共享与出售数据的决策最终会使我们从根本上与令人们日益感到不安的互联网领域

310

W

区别开来。"

尽管维基百科仍旧面临许多批评，存在许多缺陷，但让
Facebook 和 Twitter 受到严重冲击的科技抵制浪潮基本没怎么损
害到维基百科。

"我们都是人，人与人之间确实会发生争执，也会有'不是
来为百科全书做贡献'的人出现，来推动属于他们自己的议程，
或对我们进行挑衅与骚扰。要想处理好这些情况，就需要冷静
与理智的判断。这需要建立健全的机构与机制。如果我们让维
基媒体基金会（Wikimedia Foundation）变得像其他互联网机构
一样（我想到了 Twitter）来处理社区中的一些问题，监管网站
上的不良行为，那么我们最终就会像 Twitter 一样——无法扩展、
失去控制，成为一个污水池。"

我问威尔士如何看待他自己的维基百科条目，其中包括他
的昵称（Jimbo）、金融行业背景以及他在一家专门从事成人内
容的在线门户网站的工作经历。

他回答说："这和媒体对我的报道一样真实。不过，其中没
有提到我是一个充满激情的厨师，这很遗憾。但我认为这是因
为媒体从未报道过。你可以提一提，那会让全世界都知道的。"*

威尔士现在是维基媒体基金会的名誉主席。当我请他描述
他目前在维基体系中的角色时，他做了一个不同寻常的比较。

311

W

---

*   这篇文章中对烹饪的提及达到了预期效果。这篇文章刊登几天后，他的维基百
科条目中就增加了以下一行："据威尔士本人说，他是一位热情洋溢的厨师。"

"我认为英国的读者会比其他国家的读者更容易理解这一点。我认为我的角色很像英国的现代君主：没有实权，但有受咨询权、鼓励权和警告权。"

我想知道他是否后悔没有像创始人排行榜前十名中的其他人一样成为亿万富翁：他是否从未后悔过没有以某种方式将维基百科货币化？（"只是做一点广告，"我面带微笑地建议道，"想想这些钱能用来做什么好事……"）

他回答道："不，我对我们的现状很满意。500 年后，维基百科将为世人所铭记，而且（如果我们能从长远的安全角度出发，做好我们的工作）仍能为公众提供信息。我怀疑我们的许多商业同行甚至都留不下名字，更不用说屹立于世了。"*

2008 年，尼科尔森·贝克（Nicholson Baker）在《纽约书评》（*New York Review of Books*）上撰文，为维基百科早年的工作方法勾勒了一幅可爱的画面。

---

* 2021 年 12 月，威尔士拍卖了他的第一个个人维基百科条目——"你好，世界！"（Hello, World）——作为一款非同质化代币（NFT）。佳士得拍卖行将其列为"数字雕塑"，这是一个有生命的东西：威尔士巧妙地将其条目进行了编辑，同时设置了一个数字计时器，将页面重置为原始状态。他解释说："我们的想法不仅仅是要有一个记录这一瞬间的非同质化代币，更是要有一个再现这一瞬间情感体验的非同质化代币：维基百科，就在这里，随时可以编辑。你将如何处理它？它会变成什么？它会成功吗？它真的能改变世界吗？"最终，这一商品以 75 万美元的价格售出，而威尔士创作这些文字的草莓色 iMac 则以 18.75 万美元的价格售出。

312

这就像一个巨大的耙落叶社区项目，每个参与者都是"园丁"。有些人带来了非常漂亮的专业金属耙，甚至是背负式吹叶系统；有些人只会像小孩子一样用脚把落叶踢走，或者在汗衫口袋里塞一把树叶，但他们带去树叶堆的树叶都得到了大家的赞赏。树叶堆越来越大，每个人都在树叶堆里跳上跳下，玩得不亦乐乎。

但问题也随之而来。没过多久，"就有一帮自封为'树叶堆卫士'的人出现了，他们怀疑其他所有人，也贬低他们的工作，他们会斜眼看着你递来的一把树叶，摇摇头，说你的树叶太皱、太黏或太普通，把它们扔到一边去"。什么是有价值的知识，什么不是有价值的知识，以及如何更好地介绍这些知识，是历史上每一位百科全书编辑都经常会感到头疼的问题。再加上数字世界中的完美主义者、精英主义者、拘泥于细节之人和恶霸，就会导致混乱的出现。因此，必须出台一些政策与指导方针，以保证树叶堆既有用又有价值。

虽然其自由开放的精神依然存在（任何人都可以发表新内容和编辑旧内容），但新材料在网站上的出现必须经过编辑社区其他成员的批准。举例来说，你不能随便写你的老师或老板是个智力低下的白痴（无论写得多么准确），也不能指望这一内容被超链接到网站上其他许多智力低下的白痴，或有关智力低下的历史，或"白痴"一词的古希腊词源。不过，如果你有某种可以公开发表的证据，那就另当别论了；维基百科很早就决定不在网站上发表无出处的原创资料，而是依赖在其他地方已经发表过的信息。

有趣的是，人们曾经将维基百科视为一个笑话。2005 年左右，一位编辑发来电子邮件，说他正在整理关于我的作品的条目，询问我是否愿意提供一些补充信息，当时我没在意。我不确定这是不是真的。即使是真的，维基百科也不可靠，而且容易出现很多错误信息，所以我不太愿意参与其中。

313

虽然早期的许多内容都是合理的，但大部分内容就像一个 6 岁孩子的生日派对。有些条目因其毫不妥协的主观性而闻名，其中最引人注目的是一个关于卷毛狗的条目，这一条目在网站上还保留了一段时间，其中如是描述道："这种狗是衡量其他所有类型狗的标准。"尼科尔森·贝克发现了早期的"泡波果馅饼"（Pop-Tarts）条目的内容："Pop-Tarts 是德文 Little Iced Pastry O'Germany 的缩写……其发明者是乔治·华盛顿……流行的口味包括'糖霜草莓、糖霜红糖肉桂和精液'。"

虽然借助标记与检查系统，大多数明显的错误都会很快地得到纠正（许多维基人最喜欢的事情就是像在海滩上扫雷一样修改错误的新条目），但每天都会有大量新的小错误插进来，有的是恶作剧，有的是无心之失，有的甚至会存在很长一段时间。通常情况下，一个人越接近一个主题，就会越难发现其中的错误。因此，维基百科不允许编辑任何与自己有个人联系

W

（因而了解内幕）的内容。例如，不能编辑自己的传记，也不能要求与自己有联系的人编辑自己的传记。畅销书《人类简史》（*Sapiens: A Brief History of Humankind*）的作者尤瓦尔·诺亚·赫拉利（Yuval Noah Harari）的条目就是其中一个案例。2020 年 10 月 28 日，他参加了播客节目《蒂姆·费里斯秀》（*The Tim Ferriss Show*），在开场之时，有关维基百科的内容就出现了：

　　尤瓦尔·诺亚·赫拉利：很高兴来到这里。谢谢你的邀请。

　　蒂姆·费里斯：也许我们要从一个和往常不一样的地方开始。那就是请你纠正我一个单词的发音，M-O-S-H-A-V。你是怎么发音的，这又是什么意思？

　　赫拉利：M-O-S-H-A-V。哦，这其实是维基百科上的一个错误，莫名其妙就传开了，说我住在莫沙夫这个地方，这是个社会主义的集体社区，没有基布兹（Kibbutz）那么激进，但也是几十年前以色列社会主义者的实验社区之一。但事实并非如此。我住在特拉维夫郊区的一个中产阶级社区。

　　费里斯：对听众来说，这是一个例子，有人称之为维基百科的回声效应，因为我实际上——是的，我也信了。

　　赫拉利：是的。我试图更正这个错误，也试了很多次，但最终还是放弃了。它比我更强大。[维基百科上说赫拉利和他丈夫住在莫沙夫。]

　　费里斯：对，这个内容不知道怎么就上了维基百科，然后，这个内容又进入《卫报》。再之后人们就开始引用《卫报》了，这个错误的消息就是不消失，就这么一直存在着。

　　鉴于维基百科是有史以来最大的全球信息库，而且是由人类撰写的，如果其中没有这样的错误，那才是奇怪的。在有关赫拉利的播客节目发布3天后，即2020年11月1日8时54分，Paco2718删除了"他们住在耶路撒冷附近一个叫莫沙夫的地方（一个由独立农场组成的合作农业社区）"这一行信息。此外，Paco2718还删除了关于《国土报》（Haaretz）、《星期日泰晤士报》和《金融时报》（Financial Times）中出现这一说法的三处参考资料。在此次更正之前的6个月中，Paco2718还对"苏格拉底""奥巴马'希望'海报""宇宙大爆炸"等条目进行了小幅修改。在此之后的6个月里，他又对"勃朗特家族"（Brontë Family）、"共和党参议员泰德·克鲁兹"（Republican Senator Ted Cruz）和"珠穆朗玛峰"做了小幅修改。其维基百科用户页上的简短介绍写道："嗨！我是阿米尔。我不明白这里的一切是如何运作的，但我正在尽我所能。"

　　我自己的条目很是平淡，主要内容也都很准确。其中有一个很小的错误，即我上一本书的出版商名称。由于我不能自己改正，也不能推荐我认识的人进行改正，所以我只能等待，直

315

到有陌生人发现这个错误（或者读到这本书并将其作为可靠来源进行引用）。[*]

　　然而，这类错误只是维基百科的困境之一。在 2017 年的一份公司发展报告中，维基百科承认了更多存在的问题以及解决这些问题的可能方案："有害活动和骚扰行为的存在对我们产生了一定程度的负面影响。我们取得的成功需要依靠大量的维护与监控工作，我们打算用一些工具和方式来应对眼前的挑战，但往往，这些工具也会将那些真诚的社区成员拒之门外……我们的运行结构往往不够透明，也有些集中化，进入门槛很高。"

　　维基百科是一个非营利组织，不会追踪读者的动向（因此也不会出售读者信息），这必然会引发维基百科如何持续发展的问题：维基百科需要维护大量服务器和网络安全，拥有约 550 名员工和承包商，总部位于旧金山，还需要运营一个维护遗产的慈善基金会。维基媒体基金会执行董事凯瑟琳·马赫（Katherine Maher）最近给我发了一封电子邮件，其中给出了部分的答案。邮件的主题是"西蒙——这有点尴尬"，邮件附带了一张发件人微笑的照片，内容是呼吁我进行捐款。

　　两年前，我曾回应过另一个呼吁。维基百科偶尔会收到大

[*]　在我与一名定期撰稿人核对了这一部分的事实后不久，这一错误得到了纠正。

笔捐款（2018 年，亚马逊给了它 100 万美元，有人怀疑这与 Alexa 公司挖掘维基百科的信息不无关系），但它每年 1 亿多美元的收入大多来自用户的小额个人捐款。2017 年，我捐赠了 2 英镑，以帮助其实现日常维护，但基金会并不满足于此——他们还想要更多的钱。

马赫在邮件中写道："我们 98% 的读者都不捐款。他们只是单纯地浏览。如果没有更多的一次性大额捐赠者，我们就需要求助于你们，我们过去的捐赠者，希望你们能像过去那样慷慨解囊，再次为维基百科捐款。"她担心，如果我不再捐款，维基百科的经营独立性就会受到威胁。"你们是我们存在的理由。维基百科的命运掌握在你们的手中，我们不会让它变成另外的模式。"

我没有理会。但一个月后，凯瑟琳·马赫再次发了一封邮件给我。邮件中附有一张她的新照片，她依然面带微笑，但邮件也传达了一个更阴暗的信息：这封邮件的标题是"我们受够了"。邮件解释了维基百科每年都不得不抵制刊登广告、出售信息或建立付费墙的压力，而每年他们都以抵制这些压力为荣。但"我们不是推销员，"马赫写道，"我们是图书管理员、档案管理员和信息迷。我们需要读者成为我们的捐赠者，18 年来一直如此。"现在，凯瑟琳·马赫想让我再捐 2 英镑，不过也有捐 20 英镑、35 英镑或 50 英镑的选项按钮。

很明显，这些邮件并不是针对个人的——成千上万的人都收

317

W

到了同样的信息——但我觉得我应该去看看她，把这封邮件变成私人邮件。和维基媒体国际年会的情况一样，新冠疫情的出现打乱了我们的计划，所以我们只是在 Zoom 上见了一面，在视频聊天时，我看着她在旧金山的家里吃早餐。

她告诉我她已经 30 多岁了。她说，2004 年，当她还是一名大学生时，她就开始编辑维基百科的条目了，其中一个是关于中东的条目，她认为那个条目在网站上存活的时间并不长。她曾在联合国儿童基金会和一家数字版权公司从事通信技术工作，之后于 2014 年加入维基媒体基金会，担任首席通信官。2016 年成为执行董事后不久，她遇到了一个和自己有关的问题：维基百科上刚刚创建的详细介绍她的任命与早期职业生涯的页面被标记为"删除"。她告诉我："这是因为当时的我不够引人注目。他们认为，'她管理基金会并不意味着她在世界上做过什么大事'。"她说，她很喜欢现在的工作，尽管她不确定删除她条目的行为是否涉及性别因素。不过，最终，那个页面还是成功地留了下来。

我们的对话必然会引出一个讨论话题，即在工作 4 年之后，她如今认为自己任期内最显著的成就是什么。她谈到了一场持续的斗争。"虽然维基百科并不是一个有明显骚扰问题的互联网网站……但这里不是一个特别欢迎新人的公司，尤其不是一个特别欢迎女性的公司，也不是一个特别欢迎少数族裔或边缘群体的公司。"

她说，在她看来，那些具有破坏性的编辑所采取的激进做法有时会"很让人难受"，尤其是去年，她决定封杀一位她认为"虽然多产但毫无成效……通过挑刺将其他编辑排挤走"的编辑。她坚持认为，维基百科未来的运营将需要大量额外的、替代性的收入来源，这让其他人很不高兴。机器学习和人工智能将需要计算成本高昂的新工具。网站虽然高效，但可能需要全面的重新设计（它看起来确实越来越像 20 世纪的网站）。向非洲和其他地区的新兴社区扩张也需要维基百科投入新的资源。

几周后，当我们再次聊天之时，话题转向了哲学。她说道："我不认为维基百科代表了真理，我认为维基百科代表的是我们所知道的或在此时能达成共识的东西。这并不意味着其内容不准确，只是意味着'真理'的概念有了某种不同的含义。当我思考知识是什么的时候……维基百科能为我提供的是一个语境。这就是它与类似数据或原创性研究的不同之处，当然，这并不是说这两者对我们来说不重要。"

原创性研究是新闻机构每天都要推送的内容。马赫提到 2014 年舆观（YouGov）的一项民意调查，该调查发现在英国，维基百科比 BBC 更受信任。"我认为，对于很多公司来说，他们会说：'这太好了，我们打败了竞争对手。'我的回答则是，首先，BBC 不是我们的竞争对手。其次，这一点也不好。如果我们所依赖的信息来源不受人们的信任，那么这种信任危机最终也会传导到我们这里。我们希望整个生态系统都能得到人们的信任。"

马赫自称是一个包容主义者，她反对那些希望维基百科仅仅面向高智力人群的观点，认为任何时段、任何内容的学习都是有益的。"如果我们没有你喜欢的宝莱坞明星或流行歌手，那么来到我们这里之后，你就会马上离开，因为你看不到任何与你生活相关的东西。"

她说，最想见到她的人是那些每天都在使用维基百科的人，而对她投以冷漠目光的人则是那些公众知名度相当高的人。她回忆说，在最近的一次会议上，她和两位杰出的女科学家坐在一起。"我做了自我介绍，通常，在这样的场合下，人们往往会说：'哦，又有一位女性要做演讲了，太棒了。'但我说我是维基媒体基金会的负责人后，我听到的第一句话是：'我们不喜欢关于我们的条目。'她们向我反馈，'听着，自条目编写完成并发布之时到现在，我的工作发生了翻天覆地的变化，其内容跟不上我在这个领域的最新思考'。这的确也是一个非常合理的担忧。"

但至少，她们还拥有属于自己的条目，而加拿大科学家唐娜·斯特里克兰（Donna Strickland）的情况就并非如此。2018年10月2日，斯特里克兰因其在啁啾脉冲放大技术方面的研究成果获得了诺贝尔物理学奖，这可能会对未来的眼科手术和其他医疗激光应用产生直接影响。不过，在宣布获奖的第二天，人们还是没法在维基百科上找到更多关于她的信息。有关她条目的缺失成了一个热门话题。曾经有一个关于她的条目，但因二手资料参考不足而被拒绝发布。也就是说，由于她只是物理学界的名人，大众媒体此前并没有报道过她，世界上最受欢迎的百科全书也无法提供有关她的信息。

没有人能比马赫更敏锐地发现这一反常现象了。在维基百科终于添加了有关斯特里克兰的条目后不久，马赫在博客上写道，截至 2019 年 10 月初，维基百科中只有 17.82% 的传记条目是关于女性的。她感到自豪的是，女性们经常聚集在一起进行为期一天的"编辑马拉松"，以改善这一情况，她还提到了维基百科最近在重点改进、扩展有关女性健康和黑人大流散历史的条目。这不仅仅是一个有价值的宏愿，还被视为维基百科全球性地位的关键所在。对于另一种文化失衡现象，马赫有一个很好的说法："关于战舰的条目太多，关于诗歌的条目不够。"

而且，马赫指出，现在存在一个"完整的产业"，以修改那些不喜欢维基百科上关于他们内容之人的现有资料。这一行为被称为"黑帽编辑"，维基百科社区对此非常不满。"我们鼓励人们不要这样做，因为通常来说，我们会发现并拦截你，而一旦如此，你肯定就会出丑了。我们总是告诉官员们注意这一点。"

就连鲍里斯·约翰逊（Boris Johnson）似乎也意识到了这一点。2020 年 6 月，他在谈到销毁代表人类耻辱历史之人的雕像时这样说道："如果我们开始清除记录，除了保留那些态度与我

321 们一致的人外,删除所有其他人的记录,那么我们就是在撒一个弥天大谎,歪曲我们的历史,就像某些公众人物偷偷摸摸地试图通过编辑自己的维基百科条目来让自己看起来更好一样。"难道只有我一个人认为他之所以这么说,是因为他有相关的经验吗?

在我们的两次聊天之间,马赫参加了一次 Zoom 上的董事会会议,这次会议听起来和其他董事会会议没什么两样:业绩考核、财务亏空、扩张与否。但接下来还讨论了更为具体的问题——如何庆祝维基百科 1 月成立 20 周年的纪念日,以及继续讨论小屏幕对人们文章内容吸收和编辑能力的影响。这是否不可避免地意味着深度阅读的减少,还是说这会极大地提高可访问性?两者皆有。在 2020 年 3 月至 5 月,43% 的用户通过电脑访问维基百科,57% 的用户通过手机访问维基百科。

维基百科的手机端应用本身就很吸引人,尤其是其中的条目随机器。在数以百万计的维基百科页面中,这是一种让人上瘾的幸运抽奖活动:点击一个骰子符号,你就能获得一个消磨一分钟或一天的好玩具。有一次,它依次呈现了如下内容:彼得斯的犬吻蝠(Wrinkle-Lipped Bat);北爱尔兰的道路;埃迪·伊扎德(Eddie Izzard)的《住在大使馆》(*Live at the Ambassadors*);手掌中的神经;文森兹·费特米尔奇(Vincenz Fettmilch, 17 世纪早期的姜饼制作者);赫尔曼·迈尔伯格(Herman Myhrberg, 参加过 1912 年奥运会的瑞典足球运动员);广州地铁站列表;1983

年"充气饮料"（Bucks Fizz）的专辑；异硫氰酸甲酯（Methyl Isothiocyanate，会导致流泪的化学物质）；"欲望女郎"（西雅图已不复存在的地下表演场所）。

维基百科有别于过去 30 年来数字世界中的其他一切平台——谷歌和其他搜索引擎、Facebook 和其他社交媒体——的地方在于，维基百科的代码并不是新的，所有的软件和硬件都已经存在，并为其他地方所利用。

维基百科的与众不同之处在于——虽然这听起来有点煽情——相信人性，相信好的行为会战胜坏的行为。此外，还有其他一些内容，包括对信息共享的承诺、对专业化和精确性的赞美，以及对学习活动深刻而又根本的认可。

2001 年 1 月 15 日格林尼治标准时间 19 时 27 分，维基百科创建了第一个主页，上面写着：

这是新生的维基百科！

23 分钟后，创建者 Office.bomis.com 进行了第一次编辑，添加了维基百科应包含的学科列表。"基础学科"包括哲学和逻辑学、数学和统计学。自然科学包括物理学、化学、天文学、地球科学、生物学、植物学和动物学。此外，还有社会科学、应用艺术、城市规划、航空航天技术、古典文学、表演艺术、宗教和娱乐，最后一类包括体育、游戏、业余爱好和旅游。

次日 19 时，Office.bomis.com 发布了任务说明：

> 这是新生的维基百科！我们的想法是从零开始编写一部完整的百科全书，不需要同行评审程序等复杂的流程。有些人认为，这可能是一项毫无希望的工作，结果一定会很糟糕。我们可不这么认为。那么，让我们开始工作吧！

一个多小时后，该页面被外部编辑 Eiffel.demon.co.uk 第一次编辑，他对主题列表的优先级和呈现方式做了一些小改动，并添加了航空运输、铁路运输、公路运输和海上运输的主题。

第二天，2001 年 1 月 17 日午夜刚过，用户 Dhcp058.246.lvcm.com（他显然与该项目有关）在页面上详细阐述了任务说明，添加了一些链接，并召集了编辑团队：

> 这是新生的维基百科！我们的想法是通过协作，从零开始编写一部完整的百科全书。添加一个页面，明天回来看看其他人添加了什么，然后再添加一些。我们认为这可能会很有趣……

链接包括：

维基是什么？

维基的目标是什么？

我为什么要为维基做贡献？

新内容以一个有力的声明结尾：

维基是一项实验。但是，对于那些可能对这一点感到困惑的人来说，维基并不是"新百科全书"。"新百科全书"是一个严肃的百科全书项目，网址是 http://www.nupedia.com。维基是对"新百科全书"的"趣味"补充！

它的创始人吉米·威尔士和拉里·桑格后来在一些问题上闹翻了，其中最主要的问题是关于条目可靠性协议的问题。桑格于 2002 年离开维基百科，并于 4 年后建立了自己的知识网站"大众百科"（Citizendium），旨在打造一个比维基百科更严格的事实审查和同行评审网站。尽管该项目在推出之初得到了广泛宣传，并引发了一阵热潮，但很快，人们就丧失了动力。[*]

到第一年的年底，维基百科已拥有约 2 万个条目，其中包

---

[*] 根据维基百科引用的大众百科自己的统计数据，截至 2011 年 10 月 27 日，该网站的活跃成员已不足 100 人，桑格也已辞去主编一职。截至 2020 年 9 月 24 日，该网站共有 17103 个条目，其中 166 个已获得编辑批准，16 名贡献者在过去 30 天内进行了操作。桑格在 2020 年彻底离开了大众百科，宣布他将永远一旁为其加油助威。

括原始主题列表中的许多条目，以及许多传统百科全书中不会收录的条目。最早的一些条目以美国哲学家威廉·阿尔斯顿（William Alston）、歌手菲奥娜·艾波（Fiona Apple）、无声喜剧电影导演马克·森内特（Mack Sennett）、民权活动家罗莎·帕克斯（Rosa Parks）、美国宪法修正案列表、安·兰德（Ayn Rand）的小说《阿特拉斯耸耸肩》（*Atlas Shrugged*）中的人物和地点完整列表、阿尔及利亚军队人数详情、寡头垄断的定义、关于两强垄断的描述、法国女演员莱斯利·卡隆（Leslie Caron）以及网球女运动员列表为主题。由于该网站的创作者也是读者，因此从一开始，这上面的内容就反映了一个与读者的兴趣一样丰富的世界。在最初的几周里，维基百科还刊登了关于"马基雅维利主义"（Machiavellian）一词的含义、邮票、帕蒂·史密斯（Patti Smith）的专辑《马》（*Horses*）的曲目列表、关于尿酸的描述以及苏联宇航员尤里·加加林（Yuri Gagarin）的简短传记等方面的条目。随机性反映了空白页的乐趣："我们又小又新，写什么都行！"到了 20 年后的今天，你已经很难在维基百科上找到没有被人纳入的条目了。

然后，维基百科也变得越来越大。到 2003 年底，维基百科的英文条目已超过 10 万个，2005 年超过 75 万个。到 2008 年，这个数字突破了 200 万个，到 2021 年 10 月，这个数字达到了 639 万个。网站的总字数（不包括讨论和其他幕后条目）从 2002 年初的 480 万字增加到 2010 年的 18 亿字，到 2021 年 10

月 20 日达到了 39.8 亿字。截至此时，编辑维基百科的人数达到 42410237 人。[*]

2001 年 10 月，维基百科首次提及全球变暖——一个包括 80 字的条目指出，在过去 150 年中，地表温度有所上升，并指出"这种上升是否显著还有待商榷"。到 2021 年 10 月 23 日，即联合国气候变化格拉斯哥大会召开的一周前，该条目的名称已变更为"气候变化"（Climate Change），字数达到近 8640 字。该条目共被编辑 25396 次，平均每天 4.4 次。有 14252 个链接将读者从其他页面引导到这一条目的页面上，该页面上还有 924 个外部链接。有 347 条参考文献和涉及 200 多种同行评审来源的超链接。在过去一年中，该条目的浏览数为 1911705 次。

与其他许多被视为重要主题的条目一样，题为"气候变化"的条目也处于"半保护"状态：这意味着在任何时候对其进行新的编辑都会受到限制。任何想要修改的人都必须是"经确认"的用户，这意味着需要注册账户至少 4 天，并且在此期间至少对其他内容进行了 10 次编辑。然后，会有专人对编辑内容进行审核，新的内容可能会受到质疑，或被删除，理由通常是缺乏公

326

---

[*]   这只是英语维基百科的统计数据。到 2021 年底，所有不同语言版本的条目数量达到 5750 万个。德语维基百科有 260 万个条目，法语维基百科有 236 万个条目，荷兰语维基百科有 206 万个条目，俄语维基百科有 176 万个条目，西班牙语维基百科和意大利语维基百科都有 172 万个条目。有两个更大的数字——宿务语维基百科有 600 万个条目，瑞典语维基百科有 290 万个条目——但这些数据主要是由机器人自动生成的。实际上，宿务语维基百科只有 164 名活跃用户。

认的信息来源。

在维基百科被证明行之有效并大受欢迎之后的很长一段时间里，维基百科的管理者们对维基百科的目标进行回顾总结。"当我们谈到维基百科是一部自由的百科全书时，我们真正说的不是获取它所需要付出的代价，而是你可以自由地获取它、改编它、随意使用它。"还有人说："我们让互联网不再糟糕。"

维基百科与被它取代的印刷品相比，有一个明显而巨大的优势：令人难以置信的更新速度。特别是《大英百科全书》，它经常在灾难性事件发生的当月出版（第 14 版的新印刷本在德国入侵波兰的三周前从印刷厂运出来；1945 年 7 月用印度洋葱薄纸印刷的新版本险些错过了第一颗原子弹的投放这一重大事件）。如今，如果有名人去世，那么在葬礼举行之前，维基百科上就会更新他的死因。

同样，在印刷品中存在的准确性不够的内容可能会在几十年内产生恶劣影响，甚至会让如今的我们感到非常好笑。例如，如何更好地治疗肺结核？第 1 版《大英百科全书》中宣称："最有效的治疗方法是每天骑马。"百科全书还指出，如果儿童迟迟不出牙，那么可以在儿童的耳朵下方放水蛭来进行治疗（在那个时代，水蛭可以治疗一切疾病）。1875 年至 1889 年间逐卷出版的第 9 版告诉读者什么情况会导致人变成吸血鬼（让一只猫从你的尸体上跳过去），而 30 年后的第 11 版则宣布在"香蕉人（刚果）”里发现了"豹形"狼人。

当我在维基百科上查找"香蕉人"（People of Banana）时，发现了以下内容："'香蕉人'的页面并不存在。您可以要求创建该条目，但请考虑查看以下的搜索结果，确认该主题是否已被涵盖。"搜索结果包括"香蕉"（Banana）、"香蕉共和国"（Banana Republic）、"香蕉叶"（Banana Leaf）、"香蕉鱼"（Banana Fish）、"香蕉番茄酱"（Banana Ketchup）、"言语香蕉图"（Speech Banana）、"吉本芭娜娜"（Banana Yoshimoto）以及大家最喜欢的"香蕉圣代"（Banana Sundae）。

因此，我要求创建"香蕉人"条目。我准备了相关内容："据说人们可以在'香蕉人'中找到狼人。"我引用了第 11 版《大英百科全书》（1910~1911）中的"狼人"（Werewolves）条目，以及《大英百科全书》2018 年 250 周年特别珍藏版中的参考资料。

我没有抱太大希望。我提交的条目与其他 2160 个待处理条目一样，其中 114 个条目已经等待维基百科管理员批准或驳回 5 个星期了（其他最近提交的条目包括许多我连标题都看不懂的条目："Dog Puller""IBTS Greenhouse""Bug Music"）。

管理员可能会以我的"香蕉人"条目不合格为由将其驳回。维基百科的指导原则告诉我："这个主题很有可能不值得一提，永远不会被接受为公开条目。"我的条目可能被拒绝的其他原因分为 34 个子类别，包括"因属于非著名电影而被拒绝"、"因属于笑话而被拒绝"、"因并非以中立观点撰写而被拒绝",以及最终的"因不适合维基百科而被拒绝"。

　　我隐约有一种 21 世纪的恐惧,担心任何将香蕉与非洲联系在一起的东西都会因为涉嫌种族主义而遭到拒绝。但后来,几乎所有的希望都破灭了,我发现我搜索错了,刚果民主共和国一个叫"巴纳纳"(Banana)的地方确实有自己的条目,尽管只是一个很短的条目。虽然它没有具体提到巴纳纳人,也没有提到狼人,但我了解到巴纳纳是一个非常小的海港,位于刚果河入海口北岸的约 1 公里宽的巴纳纳溪附近,与海洋之间隔着一块长 3 千米、宽 100~400 米的陆地。

　　与维基百科上的所有其他条目一样,这一条目也有自己的"历史"页面,这是一份幕后目录,记录了为使页面准确、合规并符合维基百科的风格而进行的编辑操作。通常情况下,这些"编辑"记录比条目本身更吸引人。在这个案例中,一位名叫莫滕·布拉比耶格(Morten Blaabjerg)的丹麦编辑——使用真名的情况相对较少(该页面的其他编辑分别叫 Warofdreams、Prince Hubris 和 Tabletop)——在"莫顿·斯坦利"(Morton Stanley)的名字前加上了"亨利"(斯坦利在 1879 年将巴纳纳作为探险的出发点)。

　　这次编辑的时间是 2005 年 7 月。该页面自 2004 年创建后,编辑次数相对较少,不过在 2007 年,曾有一小段时间,几位编辑围绕巴纳纳究竟是一个海港还是一个小镇的问题展开了争论。关于编辑莫滕·布拉比耶格，我们了解到他现在住在欧登塞（Odense），1973 年出生于丹麦南部小镇斯特里布（Strib），靠近米德尔法特（Middelfart）。

WUB

WUB

2020 年 5 月 7 日星期四下午 5 点到 7 点，一个自称 "wub" 的人在 "爆炸的动物"（Exploding Animal）条目中添加了以下句子："1910 年《洛杉矶先驱报》（*The Los Angeles Herald*）报道了一只鸭子在食用酵母后爆炸的消息。"

这是一个简单的陈述句，也可能是一个内容真实的陈述句。自 2005 年 3 月 24 日开始编辑维基百科的条目以来，wub 已经编辑了数千个类似的条目。事实上，到 2021 年 10 月初，他已经对 64283 个页面进行了 85788 次编辑，平均每天编辑 14.2 次。他创建了大量原创条目，内容涉及伦敦菲茨罗维亚教堂（Fitzrovia Chapel）、英国赛艇运动员马克·奥尔德里德（Mark Aldred）、伦敦前市长伊恩·鲁德（Ian Luder）、酒店评级的历史与意义以及有几百年历史的 "瓶中寄语" 概念等。他还为维基百科的 "讨论页面" 做出了数百次贡献。"讨论页面" 是一个幕后论坛，维基百科的编辑在这里讨论某个人是否值得拥有自己的条目，以及如何更好地处理那些喜欢随意删除段落并在原本的位置上加上"我是国王！"的人。

在某些日子的早晨，wub 在一小时内就会进行 20 次小的修改。他所写的一些较长的编辑内容反映了整个维基百科的多样性：2019 年朝鲜—美国河内峰会、M12 高速公路、英国政治家克劳迪娅·韦伯（Claudia Webbe）、敬拜锡匠公会（Worshipful Company of Pewterers）。为了佐证自己关于爆炸鸭子的内容是真实的，他提供了一个链接，其可以链接到最初记录这一内容的报纸档案。点击链接后，读者就会发现，1910 年 1 月 31 日，一位来自艾奥瓦州得梅因的记者甚至成功地得知了这只可怜鸭子的名字：

> 最近在家禽展上获奖的鸭子"拉达曼提斯"（Rhadamanthus）已经不在了，它已经被炸成了几百块碎片，其中一块击中了塞拉斯·帕金斯（Silas Perkins）的眼睛，导致他的那只眼睛失明了。爆炸的原因是这只早晨起来后四处溜达的鸭子吃了被放在后门廊上的平底锅里的酵母。
>
> 从教堂回来后，帕金斯先生发现他的获奖鸭子奄奄一息。酵母锅周围的痕迹给了他提示。他正准备把鸭子拎起来，它却"嘎嘎"地叫了起来，并发出一声巨响，帕金斯先生赶紧用双手捂住一只眼睛，跑进屋里。人们叫来了外科医生，但医生发现那只眼球已被鸭子的碎片击穿，视神经已无挽救的可能。

正如人们所预料的那样，wub 是勤奋的读者，有时一周能读完一本书，他的口味和他的编辑内容一样广泛：奥利弗·萨克斯（Oliver Sacks）、约翰·斯坦贝克（John Steinbeck）、尼尔·盖曼（Neil Gaiman）、乔治·奥威尔（George Orwell）、厄修拉·K. 勒古恩（Ursula K. Le Guin）和苏·唐珊（Sue Townsend）。他还读过很多菲利普·K. 迪克（Philip K. Pick）的作品，他的维基百科名字正是根据迪克的短篇小说《天外的巫伯》（*Beyond Lies the Wub*）取的。如果你在维基百科上查找"《天外的巫伯》"这个条目，你会发现这个故事最早出现在 1952 年 7 月的杂志《星球故事》（*Planet Stories*）上，之后又被列入 10 多本选集中。2004 年 2 月 6 日，这个故事在维基百科上有了自己的条目。在这一条目中，用户 68.86.220.131 解释了这篇故事的奇幻情节，指出"巫伯"是一种像猪一样的大型智慧生物，能够进行礼貌的对话，具有心灵感应的能力。一年多后，2005 年 7 月 15 日，一位名叫"The Anome"的编辑补充说，菲利普·迪克非常喜欢他的这部作品，"他在短篇小说《不可貌相》（*Not By Its Cover*）中重提了巫伯"。之后的 3 个月里，这一条目一直无人问津，直到格林尼治标准时间 2005 年 10 月 14 日 16 时 01 分，wub 才对其中单词的拼写进行了修正，将 revisted 改为 revisited。

wub 的书架上还有比尔·布莱森（Bill Bryson）的《万物简史》（*A Short History of Nearly Everything*）和贡布里希（E.H. Gombrich）的

经典著作《世界小史》(*A Little History of the World*)。人们认为，这两本书对他在维基百科上的编辑工作会有很大帮助，但他在维基百科上进行的大部分编辑工作——开始只是偶尔进行，后来似乎变成了一种完全的痴迷——并不涉及许多伟大的历史事件，而是关注那些细枝末节的东西。

他的许多修改都不为普通读者所注意。逗号、大写字母的添加、错误链接的更正，还有其他为维基百科上数百万个条目增加统一性的事情。他在 2005 年 3 月做出的第一次贡献是删除了汽车类记者和电视节目主持人杰里米·克拉克森(Jeremy Clarkson)传记中一条有争议的评论。(另一位编辑曾写道，克拉克森"因不断诋毁英国仅存的量产汽车制造商 MG 罗孚，威胁到英国汽车产业成千上万个工作岗位而闻名"。wub 删除了"威胁到英国汽车产业成千上万个工作岗位"这个句子)。3 分钟后，wub 编辑了一个关于电视剧《斗气老顽童》(*Grumpy Old Men*)的条目，将"was"一词改为"were"。6 天后，他在电影导演蒂姆·波顿(Tim Burton)的传记中用斜体标出了电影《文森特》(*Vincent*)的名字，一天后，他又在维基百科愚人节的游戏中加入了"《大英百科全书》接管维基百科"的内容。

显然，这些内容都没有改变世界。但除了最后一条外，它们都揭示了维基百科的日常工作：即使那些编辑存在过宏大的抱负，他们也早已落入日常事务流程当中。这也是维基百科与之前的所有百科全书为数不多的共同点之一。在每一个此类事业的创建过程中，都会有一些必要的自大狂，但大部分工作——以及使其能够运转的大部分东西——都是由那些基本上不被感激的人创造出来的，他们在默默无闻地工作着。

除了是维基百科的编辑外，wub 还是一名管理员，这个看门人的角色让他可以阻止其他用户的操作，保护页面不被编辑，并在必要时删除页面。因为他是一个经验丰富的维基人，他还被授予了一些新手无法获得的特权，比如修改名人传记的权利，这些传记经常成为破坏活动的针对目标，比如"莫扎特写了贝多芬的交响曲，反之亦然"。

编辑不收取任何报酬。2011 年，一项关于维基百科用户贡献动机的调查发现，主要原因在于：人们乐于花时间分享并改进现有信息；他们认为应该免费提供信息；他们乐于分享自己专业领域的知识；这很有趣；他们赞赏维基百科的开放政策；他们乐于发现并改正错误——这是一种追求、一种挑战、一种字谜游戏；他们希望得到"准确、高效的编辑"的赞誉。不过，他们也有很多不喜欢的事情：被更有经验的编辑颐指气使；他们的编辑内容被操作者在不进行任何解释的情况下删除或还原；在讨论页面上与其他编辑发生激烈争论；看到他们正在处理的条目被不准确或带有冒犯性的信息所破坏。

wub 的编辑次数虽然令人印象深刻，但还不足以让他跻身最多产维基人 500 强的榜单。85788 次编辑的数量只能让他居

333 第 880 位，仅次于 Tony Sidaway、Animalparty、Anythingyouwant、Rsrikanth05 和 RogDel。编辑次数超过 9 万次的有 SuperJew、SNAAAAKE! Bryan Derkson、Summer PhD 和 Edward。其中 Edward 一定是很早就开始使用这个用户名的人了。

第一个编辑次数达到 100 万次的人是一个自称"Koavf"的维基人，他在 2012 年 4 月 19 日这天达成了这一成就。第二天，维基百科宣布 4 月 20 日为贾斯汀·克纳普（Justin Knapp）日，即以该用户的真名设立纪念日，纪念他的成就。当时，29 岁的克纳普正在印第安纳大学攻读护理学位。他说，他发现自己在维基百科上的工作既轻松又有意义；他在网站上最引以为豪的成就是他为"乔治·奥威尔"（George Orwell）的条目所做的贡献，据他估计，这花费了大约 100 个小时。但他并没有就此止步。在我写到这里时，他已经编辑了 2098059 次。但是，等等，Koavf 此时此刻也在线，而且数字已经跃升至 2098061 次。他刚刚在页面上添加了一些细节，涉及布鲁斯·斯普林斯汀（Bruce Springsteen）的歌曲《给你的信》（Letter to You），以及德国技术笔公司"红环"（Rotring）。

但是，对 Koavf 而言，最近有一则坏消息。如今，他在排行榜中掉到了第二位。他已经被 Ser Amantio di Nicolao 大幅超越，后者已经编辑了 3756703 次。当你读到这里时，Ser Amantio di Nicolao 的总编辑次数很可能已经超过了 400 万次。即使是世界上最多产的作家，一辈子也写不了 400 万字。但编辑 400 万次呢?

　　现在你可能在想:这些人是谁? 他们是怎么挤出时间的? 他们有什么资格这样做? 他们为什么要这样做? 因为他们的工作经常遭到谩骂(而且没有酬金)。利他主义、高人一等的想法、自负、深厚的学识和极端的迂腐,究竟是什么复杂的因素让 Rich Farmborough(编辑 170 万次,在我写到这里时编辑次数仍在增加)和 BrownHairedGirl(编辑 204 万次)这样的人,为了让百科全书和它所描述的世界变得更加准确一点而熬夜到凌晨 2 时 37 分?

334

　　wub 的真名叫彼得·库姆比(Peter Coombe)。他在 "间隔年"(gap year)期间开始参与编辑维基百科,他称自己最初的举动 "基本上是破坏性的",胡乱删除或添加一些愚蠢的内容。当他看到自己的修订很快得到他人的纠正时,他发现这个网站越来越有趣,就好像有人在照顾他一样。

　　库姆比出生于 1987 年,看起来像个上了年纪的小天使,浅棕色的刘海和胡须勾勒出一张温和的圆脸。他的 Zoom 背景是连绵起伏的群山和蔚蓝色的天空,但我认为这只是他的美好幻想:他醒着的大部分时间都花在了屏幕前和软件上。他说自己是个安静的孩子,书籍和电脑是他忠实的伙伴。他十多岁时就迷上了微软光盘式百科全书,尤其是其中的视频和互动功能。"我们家很晚才有互联网,所以那是陪伴我成长的百科全书。我很喜欢它,维基百科将它扼杀了,直到现在我还是觉得很

W

可惜。"[*]

在剑桥大学时，他学习的是自然科学，在那里，他还结识了与他一样热衷于维基百科的人；维基百科条目内容的可靠性和深度开始得到提升，但它给人带来的最大乐趣仍在于其实用主义元素和开源的理想主义，在于一个社区确实可以从零开始创建自己的百科全书，在于一个 21 岁的年轻人可以坐在自己的卧室里，为"苏黎世中央火车站"（Zürich's Hauptbahnhof）补充有用的在线知识，并删掉澳大利亚不知名火车站条目中的恶作剧内容。

库姆比说，"我看了看网站的后台，发现其中涉及很多个系统"。他对网站的机制和内容都很满意，因为某些软件程序能够检测到可能的破坏行为，并形成报告，将其提交站方讨论。多年来，这些工具变得越来越先进，但仍远非万无一失。例如，在 2020 年 10 月这一个月内，库姆比花了大部分的时间来处理数以百计的编辑错误，而这些编辑错误都是由一个流氓软件的入侵造成的，他只能通过手动方式进行修改。彭博通讯社在其网站上设置了一道墙，防止自动程序直接链接到其网站；人类用户必须完成验证码测试，以证明自己不是机器人。因此，wub 花

---

[*]   他的 Zoom 背景被称为"极乐"（Bliss）。不出所料，"极乐"在维基百科上有自己的页面，上面解释说，这张照片是由查尔斯·奥赖尔（Charles O'Rear）于 1996 年 1 月拍摄的，微软于 2000 年购买了这张照片的版权，用于 Windows 操作系统页面。这张无处不在的照片可能会成为历史上被浏览次数最多的照片。

了很多天来修改关于爱德华多·博尔索纳罗（Eduardo Bolsona-ro）、贾斯汀·特鲁多（Justin Trudeau）和 2020 年雅加达洪灾的条目中的超链接，总共修改了 600 多处，接受了超过 600 次的"你是机器人吗？"验证码测试。"这是一项非常简单、无脑的任务，我可以一边听播客一边做。"

维基百科上的许多知名编辑都有自己的"用户"页面，他们可以在其中根据自己的意愿披露个人信息。在 wub"用户"页面的底部，有一个"维基星章"列表，这是个人因达成成就而获得的荣誉记录，每个荣誉都有不同的徽章、插图与说明。他一共有 14 枚徽章，从简单的（"出色的新手，做得好！"）到历史性的（"伟大人格的真正标志是在没有任何可能的利益的情况下为他人辩护——你今天在 ANI ［管理员告示板／事件］上的评论是勇敢且无私的"），再到神秘的（"你的贡献被一只熊吃掉了［来自 Karmafist］"），不一而足。wub 的"用户"页面上还展示了他到过的所有国家与地区的旗帜：瑞典、冰岛、中国香港、美国等。

还有一项奖励。库姆比现在是"百科全书桂冠奖得主"（Looshpah Laureate of the Encyclopedia），这意味着他可以展示 1891 年《世界知识大全》（*The Complete Compendium of Universal Knowledge*）破旧封面的照片。这本书由富兰克林广场圣经书屋（Franklin Sqnare Bible House）负责出版，在费城印刷，多达 833 页，全称是《世界知识大全，包含了语言、历史、政府、商业

336

W

和社会形式等所有你想知道的内容，以及其他一千零一个有用的主题》(*The Complete Compendium of Human Knowledge, containing All You Want To Know of Language, History, Government, Business and Social Forms, And a Thousand and One Other Useful Subjects*)。[*]

格林尼治标准时间 2020 年 7 月 31 日 19 时 58 分，在错打了"菲利普·迪克"这一条目中的"revisted"一词 15 年后，The Anome 撰写了一个名为"感谢国家医疗服务体系（NHS）"的简短条目，描述了在新冠疫情刚刚暴发之时的一次温暖人心的集体行动。The Anome 写道：

> "感谢国家医疗服务体系"是 2020 年英国的一场社会运动，普通人与组织在这场活动中发表了自己的意见，以支持国家医疗服务体系在英国新冠疫情中做出的努力。
>
> 支持这项活动的组织包括英国工党和赫尔市议会。

这就是整个条目，不到 100 个字。The Anome 实际上是像写电子邮件一样输入文本的，文本格式很简单，因此不熟悉编程

---

[*]   书中的条目包括"著名教堂的可容纳人数""海洋的面积""世界上最早的报纸""如何致富"。此外，还有"如何获得护照""蜡烛发出的光和电的时代""气压计是什么""如何申请专利""波拿巴家族名单""太阳系""铁路的速度"。太阳发出的光"相当于在距离眼睛 1 英尺的地方点燃 5563 支蜡烛发出的光"。太阳距离地球有多远？"一列特快列车以每小时 30 英里的速度日夜不停地行驶，需要 352 年才能到达目的地。"

的人也可以自行添加内容。这种格式使其与所有其他维基百科
条目保持一致，并可链接到维基百科分网站和外部资源。但是，
在后台呈现的是这样的一幅景象：

　　"感谢国家医疗服务体系"是2020年英国的一场社会运
动，普通人与组织在这场活动中发表了自己的意见，以支
持[[国家医疗服务体系]]在[[英国新冠疫情]]中做出的努力。

　　支持这项活动的组织包括[[英国工党]] <ref>{{Cite
web|title=On the 72nd birthday of the NHS we say thank
you.|url=https://action.labor.org.uk/page/content/thank-
you-nhs|access-date=2020-07-31|website=action.labor.org.
uk|language=en}}</ref>和[[赫尔市议会]] .<ref>{{Cite
web|date=2020-04-24|title=City's thank you message to NHS
staff|url=https:// www.hey.nhs.uk/news/2020/04/24/citys-
thank-you-message-to-nhs-staff/|access-date=2020-07-31|web-
site=Hull University Teaching Hospitals NHS Trust|lan-
guage=en-GB}}</ref>

　　1分钟后，The Anome进行了修改，将"新冠疫情"改为"新
冠大流行病"。

　　几秒钟后，他又将页面标题从"Thank you NHS"改为
"Thank You NHS"。

8 分钟后，他又用简单的文字代码补充道：

338　　　"其他提供支持的组织包括希伯尼安（Hibernians）等运
动队。"

不到 1 分钟后，他又补充道："许多人在自家窗台上贴了自
制的标语牌，以感谢国家医疗服务体系的工作人员。"他还添加
了一个"另请参见"的链接，其指向 4 个月前由 Philipwhiuk 创
建的条目"为护理人员鼓掌"，这位用户在 14 年前恢复了被匿
名用户删除［并用"格里姆利小姐"（Miss Grimley）取而代之］
的数百字有关布莱切利公园（Bletchley Park）的内容，从而赢得
了同行的尊重。

3 分钟后，The Anome 将其扩展为"许多人在自家窗台上
与自家门外放了自制的标语牌，以感谢国家医疗服务体系的工
作人员"。2 分钟后，他将"希伯尼安"改为"希伯尼安足球俱
乐部"。

15 分钟后，20 时 27 分，他又做了两处补充："自制的标语
牌上经常出现彩虹图案"；"一些媒体发布了海报作品，供人们
打印与展示"。

23 时 17 分，The Anome 在他这一条目的页面上添加了一张
照片，上面显示了利兹市一个电子广告牌上的"感谢国家医疗
服务体系"字样，这也是他当天最后的编辑内容。然后他就上

床睡觉了；他的创作已作为页面 ID 64695292 记录在维基百科的硬盘上。

第二天早上 10 时 23 分，他将错字"自家门歪"更正为"自家门外"。

在接下来的几天里，其他编辑又做了一些修改，其中包括一个用户编号为 95.149.192.174 的人的破坏性举动。该用户在引言中添加了"完全是胡说八道"的短语。在维基百科网站上巡逻的机器人用了不到 1 分钟的时间就将其删除，并给人类管理员发送了提示。该机器人名为 ClueBot NG，是一个软件"机器人"，被编程用于执行人工操作过于烦琐的重复性任务，专门用于根除破坏性行为，并为"持久百科全书行动"（Operation Enduring Encyclopaedia）提供帮助，这是该网站的众多使命之一。根据该机器人在维基百科上自己的页面，它每分钟会进行"超过 9000 次"此类编辑，其中大部分是纠正恶意破坏的机器人的编辑内容。尽管按照维基百科的标准，"超过 9000 次"并不是一个非常准确的数字——与其说是一个数字，不如说是一个短语，表示的是一个大得难以想象的数字——但有一点是明确的：在追求真理和学习的过程中，维基百科面临一个新的破坏性困境：机器人与机器人的对决。这是《大英百科全书》从未遇到过的问题。开放式获取模式将一个广泛而多样的社区展现在世人面前：就像英国国家医疗服务体系一样，维基百科是免费开放的。

　　在接下来的 6 周里，The Anome 为"感谢国家医疗服务体系"条目添加了几张图片，并随着真实故事的发展不断调整。然后，他继续前行，将目光转移到其他主题上，包括有关"图灵法"（Turingery，第二次世界大战期间阿兰·图灵在布莱切利公园设计的人工破译密码的方法）的复杂解释，他对其进行了 20 多处细微修改。

　　在维基百科上向有经验的编辑分发的众多行为指南中，有一条温馨提示，"请不要对新人不友好"。这一提示配有一张大狗叼着一只猫的照片。

　　这条提示的开头处写道："没有什么能比富有敌意的言语更容易吓跑潜在的有价值贡献者了。新人在开始编辑维基百科时，不太可能完全熟悉维基百科的标记语言以及无数的政策、指南和社区标准。"

340　　这条温馨提示提醒编辑，他们中的许多人的首次贡献可能都是"非百科全书式"的，但慢慢地，他们就学会了如何按照维基百科内部的风格进行写作。因此"要确保潜在的有价值贡献者留在维基百科上，并最终以建设性的方式做出贡献，与新人耐心、全面地沟通是不可或缺的"。

　　维基百科的新人是为其提供生命力的新鲜血液。2006 年的一项研究表明，大部分实质性内容——新的条目与那些能长期保留的内容——都是由那些非长期用户贡献的，他们往往根本没有

在维基百科网站上注册：他们知道一些别人不知道，或者至少
没有想到要添加的东西，然后，这些人往往就这样离开了。大
多数老用户则更多地负责调整、恢复和重新排列内容。有经验
的编辑会提醒那些新注册的用户，鼓励他们大胆行动，不要被
太多的规定与指导所束缚。"新人会带来丰富的想法、创造力和
其他领域的经验，撇开目前的规则和标准不谈，他们有改善社
区环境与整个维基百科的潜力。"

341

维基百科的建议就像一位和蔼可亲的老师欢迎一个孩子来
到新班级一样。"如果新人犯了一个小错误，比如忘了把书名用
斜体标出，那么，你自己更正就好了，但不要为此批评新人。
在他们的用户页面上以温和的言语说明维基百科的标准，以及
今后如何达到这一标准可能会有帮助，因为他们可能不熟悉相
应的规则，或只是不知道如何才能达到这一标准……如果你对
新来的编辑态度恶劣，或破口大骂，那么他们可能会因此决定
不再做出任何贡献。"

在其他方面，对这些老编辑的要求让我想到了慈祥的父母。
"如果你觉得必须指出新人犯的错误的话，那么请以有建设性且
十分尊重的方式说出来。首先，在用户的对话页面上问候一下
对方，让他们知道这里欢迎他们的到来，然后以同行的身份，
用冷静的语气提出你的纠正意见。如果可能的话，还请指出他
们做得正确或特别好的地方。不要对新来者使用蔑称。"

维基百科的管理员告诉他们的新编辑："我们不可避免地会

遇到一些难缠的人。有些编辑来到这里只是为了制造麻烦，要
么进行破坏性编辑，要么推行他们自己感兴趣的议程，要么挑
起争端。还有一些人可能坚信自己是对的，以至于无法进行合
作编辑。"维基百科的高级编辑可能会出手封杀这些人，或禁止
他们进行编辑操作，但在做出相应决定之时最好和他人商议一
下。维基百科告诉编辑，很多时候，"以牙还牙"会是个非常糟
糕的方案，因为这往往会导致事态升级。

关键是要纠正或质疑那些编辑内容，而不是编辑本人。在
此建议旁边，维基百科还为这些编辑描绘了一幅可爱的画面，
画面中的动物又像鸭子又像兔子。这让人想到一句话："如果一
个东西看起来像鸭子，游起来像鸭子，叫起来像鸭子，那它很
可能就是鸭子。"但鸭子不知道自己是鸭子。"如果你想和那个
你认为是鸭子的动物进行交流，那么请用温和仁慈的口吻展开
对话，你可以平静地告诉它，它的行为像鸭子。大喊大叫'这
是一只鸭子'的行为很可能会激怒鸭子，它可能会向你嘎嘎叫，
而当你与鸭子大喊大叫时，没有人会是真正的赢家。"这份给编
辑的说明为"你认为是鸭子的动物"和"嘎嘎叫"添加了带下
划线的超链接。点击"嘎嘎叫"，你就可以直接进入维基百科中
题为"愤怒"（Anger）的条目。

维基百科是一个非常鲜活的东西。这是它的优点，偶尔也
是它的缺点；在这里，我们能看到各种各样的人性。在维基百

科位于美国弗吉尼亚州、得克萨斯州、旧金山与荷兰阿姆斯特丹和新加坡的服务器及其全球所有镜像站点都遭到破坏之前，或者在整个互联网和我们重建互联网的能力遭到彻底破坏之前，这个项目都不会结束。

维基百科安全方面的相关人员非常认真地履行自己的职责，因为他们意识到，如果他们不这样做，将会给世界带来非常大的风险。当维基百科于 2001 年开始运营时，它的存在不可能显得如此重要。维基百科的卫士也会理所当然地关注着它的未来，以及关于我们在发展过程中如何获取与理解信息这一问题的未来。

当我与维基媒体基金会首席运营官简恩·乌泽尔（Janeen Uzzell）进行 Zoom 谈话时，我们主要讨论了维基媒体 2030 战略计划，该计划旨在扩大公司资源的获取范围。她说，"信息和信息获取权一直掌握在特权阶层手中"，而这项计划将维基媒体视为一场"社会运动"，重点是拆除人们获取与贡献自由知识的障碍。该计划指出："我们目前的社区并不能代表人类的多样性。"也就是说，除了可打印的页面外，还存在许多其他形式的知识。

凯瑟琳·马赫告诉我，如今她很少会把维基百科当作百科全书。相反，她认为维基百科是一个"信息生态系统"，在理想情况下，它将与许多其他系统相链接（她提到了美国国会图书馆和电影制片厂）。她谈到了"结构化信息与非结构化知识的整合"，这将使我们进入一个新的向所有人开放的集中学习世界。

343

W

这里的 5300 万个条目只是一个起点。

耐人寻味的是，这种雄心与诗人马修·阿诺德（Matthew Arnold）及其支持者在 19 世纪宣扬的自由主义思想非常接近，他们提出通过共享科学和文学的文化，从"认识我们自己和世界"出发，实现"思想的彻底统一"。当然，阿诺德所设想的主要是高高在上的象牙塔，而维基媒体基金会的目标则是在更为复杂的数字领域将其转变为一个普遍的全球现实。这是一个无比崇高的项目。这不禁让我回想起维基百科第一年年底的主页内容。"我们已经拥有了 19000 个条目，我们希望这里的条目数量超过 10 万个，所以，让我们开始工作吧。"

凯瑟琳·马赫告诉我："你知道，维基百科只是一个开始。这是一个参考点，一个人们知道已经在做这项工作的地方。你如何才能将其向外扩展，让其他人也能加入进来，将全球各地的知识汇聚在一起？所以说，要做的事情总是会越来越多。"

她自己不会去做这项工作了。2022 年初，玛丽亚娜·伊斯坎德尔（Maryana Iskander）接替了她的职务。伊斯坎德尔是一名埃及律师，拥有耶鲁大学和牛津大学的学位。她告诉美联社，她的主要目标是继续提升维基百科作者和编辑的多样性，进而提升维基百科内容的多样性；"全球南方"应该和"全球北方"拥有同样的存在感。除此以外，还要严格并持续地维护一个基本原则，即所有人都有获得知识的权利。伊斯坎德尔说道："如今，任何东西都属于我们所有人的想法确实非常具有革命性。"

消 亡

EXTINCTION

据维基百科介绍,《芬克 & 瓦格纳尔斯标准百科全书》于
1912 年开始出版, 共 25 卷。1931 年, 这部书更名为《芬克 &
瓦格纳尔斯新标准百科全书》(*Funk & Wagnalls New Standard Ency-
clopedia*)。到 1945 年, 这部书也被人称为《新芬克 & 瓦格纳尔斯
百科全书》《通用标准百科全书》《芬克 & 瓦格纳尔斯标准参考
百科全书》《芬克 & 瓦格纳尔斯新百科全书》。与 “本 & 杰里”
(Ben & Jerry's) 冰淇淋品牌一样, 这部百科全书的创始人艾萨
克·考夫曼·芬克 (Isaac Kaufmann Funk) 和亚当·威利斯·瓦
格纳尔斯 (Adam Willis Wagnalls) 以自己的姓创立了一个可靠的
品牌; 并发现当其编写的百科全书被摆到超市货架上进行销售
时, 销量才真正实现了飞跃。从之前的章节中, 我们已经看到,

X

它是如何蜕变成微软光盘式百科全书的，而这又是如何摧毁了旧有的百科全书行业的。

维基百科无法帮助我们的是，当这些旧的印刷品退出历史舞台之后，人们该如何处理它们。著名的圣母大学（University of Notre Dame）教育家乔治·N. 舒斯特（George N. Shuster）在20世纪60年代其中一个版本的序言中写道："成年人读者会发现，百科全书是他一生中不可或缺的伙伴。我确信，这套《芬克 & 瓦格纳尔斯新百科全书》将和先前的版本一样，在世界各地说英语的人当中长期享有当之无愧的声誉与相当高的地位。"但显然，事情并非如此。如果你看一看家庭主妇社区网站 thriftyfun.com 讨论板上的内容，你就不会这么想。

2011年8月，一位名叫"戴安娜"（Diana）的论坛成员问道："1959年版的芬克 & 瓦格纳尔斯百科全书还值钱吗？"

凯西·K.（Kathie K.）回答道："很不幸，这些旧百科全书以什么价格都卖不出去，就算是白送，大多数旧货店甚至也都不接受。"

莉拉克（Lilac）回道，"你肯定找不到人接手，所以，直接扔垃圾桶吧，抱歉"。

斯泰西（Stacy）则建议道，"也许你可以把它们当作'保险箱'，只要把书页的一部分挖空，做成一个凹槽，然后再把书页的边缘粘在一起（但不要粘封面，否则你就打不开了！）"。

莉拉克在最后一条信息中补充道，"图书馆不收，我知道，因为我曾经试图处理掉我父母的这套书。如果你所在的地区允许这么干的话，那么可以直接把它们放在一个标有'免费'字样的盒子里，然后放在路边。如果3天内这些书还没有被人拿走，就把它们扔进垃圾桶里吧。"

第二年，哲学家兼作家朱利安·巴吉尼（Julian Baggini）在YouTube上发布了一段视频，提出了一个另类的解决方案：他决定烧掉自己的那套《大英百科全书》。在他的视频中，我们看到第15版的32卷本《大英百科全书》被堆在一个发霉、渗水的塑料桶里，然后，他把这堆书带到田野里，并点起一把火。这是一场壮观的焚烧，也是一种壮观的姿态。

几个月后，巴吉尼在在线杂志《永世》（*Aeon*）上解释了自己的行为。他引用了德国诗人、剧作家海因里希·海涅（Heinrich Heine）在1821年说的话："哪里有人放火烧书，最后就会有人放火烧人。"最受侮辱的是"所有像我一样为子女教育做出巨大牺牲的父母"。巴吉尼继续说道："大多数家庭之所以愿意签订'月付计划'，是因为他们想为自己的孩子提供一个更好的生活前景。"这通常被宣传为"《大英百科全书》的优势"，是那些已经处于优势地位之人所享有的特权，当然，这种优势早已被互联网侵蚀。"百科全书属于一个知识为少数权威所垄断的时代，这些权威不仅决定什么是真实的，而且决定什么值得被收录。百科全书给人的感觉是皮革装订的永恒知识，这让我们忘记了科学知识所具备的动态性。"

知识森林：《大英百科全书》重新茁壮成长——温迪·瓦尔
（Wendy Wahl）《枝繁叶茂》（*Branch Unbound*，2011）

最后，巴吉尼认为书籍已死，死的不仅是像素和字节，还有我们对专家的信仰。

348　　在点火之前，巴吉尼曾考虑把他的《大英百科全书》做成一个艺术品。他原本打算当着众人的面把每一卷书都撕碎，然后用碎纸做成纸糊摹本。之后，在网上拍卖这些摹本，所得款项可能用于为非洲民众购买书籍或电脑。他总结说道，"与其他概念性艺术品一样，也许，通过描述和实际创作可以达到同样的效果"。

X

在网上，一部死去的百科全书还有许多其他令人兴奋的用途：灯罩、脚凳、玩偶屋。许多百科全书从未如此有用。最奇特的再利用方式之一是由一位名叫彼得·耶尔斯利（Peter Years-ley）的人开发出来的，他是一位资深的有声读物专家［也许你听过他朗读的《爱丽丝漫游仙境》（*Alice's Adventures in Wonderland*）或卡夫卡（Kafka）的《在流放地》（*In the Penal Colony*）；他的朗读技巧扎实而不拖沓，更像是 BBC 新闻播报，而非斯蒂芬·弗莱（Stephen Fry）风格］。

　　对本书的读者来说，他最值得关注的作品是 YouTube 上一段长达 52 分钟的视频，名为"轻声细语的男人读百科全书"。副标题是"一个非常无聊的视频，能帮助你入睡"。耶尔斯利朗读了《大英百科全书》经典第 11 版中以 C 开头的条目。视频的画面很轻松——在不列颠哥伦比亚省鲍恩岛（Bowen Island）海滨，太平洋的海浪在轻轻拍打着岸边，一本摊开的书遮住了画面的右下方。在 15 分 50 秒时，画面变为全黑。音频当中的内容包括：

　　烹饪（cookery）：拉丁语为 coquus，准备与烹调供人食用的各种食物的艺术，通过加热或其他方式将原材料转化为易消化和让人觉得好吃的形态，通常是为了满足人们的食欲与味觉。我们可以认为，从远古时代起就已经存在某种形式的烹饪了，从简单到复杂，在一定程度上取决于人类可获得哪些食物，也在一定程度上取决于人类所达到

X

的文明阶段，还取决于人类所掌握的处理食物的器具。

如果直到此时你还没睡着，那么烹饪的历史会让你乐在其中，当故事讲到法国时，气氛会逐渐升温。举例来说，我们可以从沉闷的语调中了解到"法国大革命暂时破坏了巴黎的烹饪技艺，就像其摧毁了旧政体的其他一切事物一样"。

如果在听完这部分后，你还意犹未尽，我建议你向后滚动一两个条目，看看：

旋花科（Convolvulaceae）：属于双子叶植物纲合瓣花管状花目的一类。包含约 40 个属，1000 多个种，分布于除最寒冷地区以外的世界各地，但在亚洲热带地区和美洲热带地区尤其常见。其中最有特色的成员是缠绕植物，通常具有光滑的心形叶片和艳丽的白色或紫色大花，例如英国树篱中的篱打碗花（Calystegia sepium），以及该目里最大的牵牛花属中的许多种，例如花园中常见的大旋花（convolvulus major）。

内容一直连续不断，直到你投入梦神怀抱，被热带高效固沙植物厚藤（Ipomaea Pes-Caprae）的根系缠绕起来。我确实觉得这些内容让人昏昏欲睡，也许只有把这些内容打成文字才能让我保持清醒。我主要是觉得耶尔斯利的演绎有些令人讨厌。

但视频下方的评论很正面。"我觉得这些内容很有趣,这很奇怪吗? 尤其是关于烹饪的部分。""刚刚,我听着这个睡了一觉,现在,我觉得自己成了阿尔伯特·爱因斯坦。""我在最后一次飞行测试前一晚听了这个。睡了个好觉,现在我是一名商业航空公司的飞行员了。"

当然,YouTube 上还有其他内容。已经死亡的百科全书仍能为人们带来快乐,就像它还"生龙活虎"一般。2021 年 9 月,英格兰足球运动员杰克·格里利什(Jack Grealish)在接受采访时,讲述了他掌握的足球知识。几周前,格里利什以 1 亿英镑的价格签约曼城,创下了英国转会新纪录。

　　采访者:"迪恩·史密斯(Dean Smith)还说您是一部足球百科全书。这话从何而来?"

　　格里利什:"什么?"

　　采访者:"足球百科全书。"

　　格里利什:"我不知道这是什么意思。"

　　采访者:"嗯,你知道百科全书是什么……百科全书是一本书,对里面的每一个词、每一样东西和其他所有东西都有描述,就足球而言,这句话是说你有百科全书般的知识。"

　　格里利什:"哦。嗯,是的。"

2015 年，YouTube 上的 React 频道发布了一段名为"青少年对百科全书的反应"的视频。这段 8 分钟的视频相当温馨，剪辑得非常精良，11 个 14 岁到 19 岁的孩子在看到 2005 年的《世界之书》时，表现出不同的情绪。有惊讶、好奇、恼怒、

351 高兴、翻白眼、捂脸、打手势。还有很多，"等等——什么？"

百科全书就在他们的面前：

"我没必要读完这些书吧？"

"这些是百科全书！"

"我能看看吗？［打开一本。］啊，已经很无聊了。"

"在我们图书馆的古籍区，有一些落满灰尘的书，看起来就跟这个一模一样。"

［主持人］："什么是百科全书？"

"它告诉你一些事情。"

"它就像一本词典，记载着不同的东西。"

"是知识书籍的集合。"

"它是书中的互联网。"

"它就是当年的谷歌。那是最糟糕的时代！"

［主持人］："那就去找'阅读'（Reading）的条目吧。"

"哦……R！"

"好的……等等。"

［翻书］"啊。太多了。"

"来吧，得花很长时间，这就是我不用这些书的原因。"

"R-E-A，我快找到了！"

"啊，阅读，我找到了！"

[主持人]："现在我们来测试一下百科全书。想出你能想到的任何东西。"

"百科全书里有人物吗？我们来查查第谷·布拉赫（Tycho Brahe）。第谷·布拉赫是一位天文学家，他最著名的事迹是在一次战斗中被割掉了鼻子，后来，他给自己换了个金属鼻子。这是布拉丁（Braiding），这是布拉赫，布拉赫，第谷，嘿！"

[主持人]："你能想象仅仅依靠这些书获取信息吗？和现在唾手可得的信息相比如何呢？"

"理论上可以。"

"我会讨厌它，我会讨厌它，我会讨厌它。"

"我生命中的整整 5 分钟就这么没了！我本可以用谷歌，只需要花 0.000098 秒就能找到这些内容。"

[主持人]："实体百科全书与互联网或维基百科相比，有什么优势吗？"

"我很确定有，但好像真的没有。"

352

这段视频被观看了 400 多万次。它让我非常清楚地意识到，长期以来与我的生活息息相关的东西，在年轻一代看来却突然

X

变得十分荒谬。《世界之书》不像黑胶唱片，它没有卷土重来的迹象。它更像马车；你能理解它为什么存在过，你也可以理解，在我们意识到其替代品问题重重之后，我们是多么急切地想要重现它的辉煌。

Y

昨　天
YESTERDAY

　　在编辑维基百科的整个过程中，The Anome 和 wub 都意识到，有许多不同的原则——基本规则、基本道德规范、文体建议等——都在为他们的编辑工作提供指导，其中最主要的一点就是"中立"的概念。为了让页面上呈现出来的是知识，而非观点，并尽量避免相关条目的作者与用户在无休止的争论中浪费时间，维基百科力求做到公正、客观。例如，维基百科不鼓励 The Anome 在"感谢国家医疗服务体系"中将该体系评价为"温暖人心的"，无论这种想法是多么普遍的。

　　除了"中立"，维基百科上数十万名活跃的注册编辑也都必须遵守另外两个基本规则：可验证性和无原创性研究。所有受到质疑的材料和引文都必须注明可靠的公开来源。我们熟悉

Y

的 "需要添加引用"（citation needed）的标签是一位编辑给另一位编辑留下的提示，说明该部分的链接来源缺失，应得到补充，

354   否则这段材料将在短时间内被其他编辑删除。维基百科网站用几个段落专门说明了什么能被视为可靠来源，什么不被视为可靠来源：例如，公开出版的书籍、受到认可的期刊、可信的报纸和其他媒体渠道通常是可接受的信息来源，而社交媒体与个人博客通常是不被接受的信息来源。*

百科全书 "无原创性研究" 的概念是许多第一次当编辑的人和初次阅读的读者难以理解的。这项规则规定，维基百科的页面上不得出现任何没有可靠且公开来源的事实、观点或指控。所有材料，即使是那些几乎不会被人质疑的声明，都应标明出处。因此，每当 The Anome 或 wub 创建新的条目或修改旧条目——比如关于诺亚方舟（Noah's Ark）或臭氧层的条目——时，他们只能在已有的文章或观点的基础上进行修改。这是一种与众不同的创造力，比起开创性或启发性的思考，这种创造力更注重肯定前人打下的基础。这里描绘的是一个真实的世界，而不是一个可能成为真实的世界，在人们看来，这一规则有助于尽可能地减少人与人之间的争论。

———————————————

* 2021 年 2 月，我发现在乔治·奥威尔《通往威根码头之路》（*The Road to Wigan Pier*）的页面上出现的警告说明特别引人注目（尽管这一警示语很典型）："本部分可能包含原创性研究。请通过核实其所提出的主张并添加引文来进行修改。仅为原创性研究的部分应被删除。"

但问题依然存在。彼得·库姆比（也就是 wub）告诉我："我总是建议那些编辑条目的人检查一下自己的资料来源。"仅有引文是不够的，因为这些引文也可能不可靠，甚至有可能是捏造的。事实核查人员必须对这些内容再次进行事实核查。这自然会让普通读者产生疑问：一个人怎么可能知道自己知道什么？

1968 年 10 月 15 日，宾客欢聚一堂，坐下来品尝了康沃尔蟹肉浓汤、柴郡酱汁拌多佛尔鳎鱼片、波尔图葡萄酒冻鹌鹑、薄荷冰糕清口菜，随后是南丘羊肉和马德拉梨。在《大英百科全书》出版 200 周年之际，如果没有一场狂欢，那就太遗憾了。

齐聚伦敦市政厅的 500 名来宾包括时任首相哈罗德·威尔逊（Harold Wilson）、《泰晤士报》编辑、大英博物馆馆长、市长、高级专员、许多大学的校长和副校长、40 家报社和广播公司的代表、华莱士收藏馆和维多利亚与艾尔伯特博物馆馆长、英国广播公司负责人、几家大教堂的负责人、众多出版公司的高层人士、诗人斯蒂芬·斯彭德（Stephen Spender）、小说家安东尼·鲍威尔（Anthony Powell）、魏登菲尔德 & 尼科尔森（Weidenfeld & Nicolson）公司董事长，以及《大英百科全书》第一任编辑威廉·斯梅利的两个曾孙女和一个曾孙。

英国女王发来电报，对《大英百科全书》的 200 岁生日表示了最热烈的祝贺，并感谢编辑委员会为她提供了周年纪念特刊

（全羊皮面装帧版）。《大英百科全书》出版人威廉·本顿（William Benton）发表了讲话，新任命的主编威廉·哈利（William Haley）爵士也发表了讲话。每个人都向大家表示了感谢。大家都说，《大英百科全书》曾经历过一些坎坷，尤其是在战争和经济萧条时期，但《大英百科全书》挺了过来，并将一直维持下去。正如编辑委员会主席罗伯特·哈钦斯博士（Dr. Robert M. Hutchins）所说，这是"英语国家人民共同创造的成就，也是英语国家人民的共同财产与共同贡献。这个项目，也只有这个项目，标志着英语民族共同努力，在世界范围内从事着人类最为高贵的活动——学习与教授"。*

356

每个人都期待着自己的孙子辈或曾孙辈能在 2068 年的时候庆祝《大英百科全书》出版 300 周年。会场上提供的香槟是查尔斯哈雪香槟 1959（Charles Heidsiesk 1959）。

6 个月前，庆祝《大英百科全书》出版 200 周年的展览在芝加哥纽伯里图书馆开幕。展品包括《大英百科全书》的众多早期版本，以及众多先前百科全书的印本，其中就有老普林尼的《自然史》、塞维利亚的伊西多尔的《词源学》、博韦的樊尚的《大镜》、弗朗西斯·培根在《伟大的复兴》（Instauratio magna）中阐述的知识分类图，以及埃弗拉姆·钱伯斯的《百科全书》。

Y

_____

* 　所有这些信息均来自大英百科全书国际有限公司出版的纪念手册，该手册在活动结束几周后寄给了所有与会者。

　　展览还展出了列昂·托洛茨基为 1925 年第 13 版撰写的列宁传记的排版稿和增补稿。托洛茨基因此获得了 106 美元的报酬，他在逃离莫斯科前就已经将这笔钱收入囊中。展览卡片上写道："这篇文章内容相当准确，而且出人意料的冷静客观。"还有一些特别值得关注的展品，例如档案中的信件集，不过，信件中所讨论的主题范围都很窄。大部分是撰稿人对分配给他们的版面或稿酬的抱怨。有几封信要求延长截稿日期，以便撰稿人将即将通过的法规或是即将举行的会议纳入其中。有一封信反映了编辑对准确性的追求：在向尼古拉·特斯拉（Nikola Tesla）求证他是出生于 1856 年 7 月 9 日还是 10 日时，这位发明家回答说，他出生于这两天之间的午夜时分。

　　在 1968 年，没有人敢说这个展览有一天会变成一个圣陵一般的地方。陨石尚未出现；《大英百科全书》中的"经济预测"（Economic Forecasting）条目仅仅将目光聚焦于现有市场，而无暇顾及计算机或互联网的发展。1996 年，《纽约时报》刊文评论了约翰·厄普代克的《圣洁百合》，作者指出，这部作品重新审视了"美国梦"（American Dream）这一概念，不过，在芝加哥的大英百科全书公司总部，读过这本小说的人肯定不会同意克拉伦斯·威尔莫特的评价，即百科全书中的所有信息"最后都会让你感到心碎，因为这些东西让你感到孤独、困惑，仿佛你什么都不知道一样"。

　　传统百科全书的结构本身就注定了这一项目的失败。百科

357

Y

全书永远不可能知道一切，也不可能展示足够多的知识。它无法跟上世界范围内的重要发展态势，也无法收回它对希特勒或奴隶制的评价。它也永远无法回答关于自身存在的最为尖锐的问题：那些从 A 到 Z 读完百科全书的人是否比那些只读了序言的人更理解这个世界？现在，一套精美的 2005 年版《大英百科全书》、《世界之书》和《布罗克豪斯百科全书》的价格相当低廉——在 eBay 上分别只需 10 英镑、10 美元和 10 欧元——这是否意味着我们不再珍视 20 世纪初我们所珍视的那些东西？我们今天获得的信息比我们童年时代获得的信息更可靠，还是更不可靠？

　　我们不能泛泛地谈论知识，因为知识是具体的，只有在特定的时间才会发挥作用。古人希望能学到有关一切事物的知识，但在现在的人看来，那就像想要数清楚宇宙中的星星一样徒劳。或者，在事后看来，那就像《大英百科全书》在其迟暮之际试图为自己找到一个不错的未来一样徒劳：例如，2011 年的精工 ER8100 折叠式电子版"简明大英百科全书"（带键盘和灰绿色屏幕），2012 年的《大英百科全书》终极参考套装 DVD（含 82000 多个条目，其中的传记条目囊括了众多伟大的思想以及人物故事）。

　　现在，《大英百科全书》只剩下 Britannica.com 这个网站了。在这里闲逛一会儿也不错。这里的很多信息不需要付费就能获得，主页也很整洁，就像一份历史报纸，有关于古巴导弹危机和冷战的故事，有一系列有趣的问答和填字游戏，还有一个名为"这一天……"的专栏（我上次访问该网站的那天，是克里朋博士谋杀妻子的日子）。与印刷版相比，该网站更加民主化（因为其并不区分读者购买的是全羊皮面版本还是半羊皮面版本），在你进入年度高级订阅（费用为74.95美元，其中包括似乎是永久性的30%折扣额度）页面后，你就会看到关于《大英百科全书》的大量细节，以及在黄金时代为《大英百科全书》做出贡献的110位诺贝尔奖获得者和50位著名体育人物。重要的是，该网站强调了自身内容的真实性："事实比以往任何时候都重要，但在这个时代，事实真相越来越难找到了。《大英百科全书》中的每个条目都是由专家撰写的，并经过了事实核查人员的审核。"它实际上并没有说"维基百科真差劲"，当然也没必要这么说。

此外，它们现在所面临的是不同量级的战斗。2020年3月至5月，维基百科的访问量为168.3亿次，相比之下，《大英百科全书》网站的访问量为1.247亿次（虽然相比之下微不足道，但这一数字也远远超过了查阅其印刷版的人数）。

在本书的末尾，我们需要面对一个令人震惊的悖论：如今，我们比历史上任何时期都更清楚，自己实际上相当缺乏知识。也许这正是我们继续前进的动力之一，类似于那源自古老时代的狩猎与采集动力。亚利桑那大学医学院的安·柯文（Ann

359 Kerwin）和玛莉斯·维特（Marlys Witte）在 20 世纪 80 年代初绘
制了一幅著名的"无知地图"，这只会让我们更加重视学习。她
们将其具体应用于医学领域，但实际上，这幅图适用于所有研
究领域。

> 已知的未知领域：所有你知道你不知道的事情
>
> 未知的未知领域：所有你不知道你不知道的事情
>
> 错误：所有你认为你知道但不知道的事情
>
> 未知的已知领域：所有你不知道你知道的事情
>
> 禁忌：危险、污染或禁止言说的知识
>
> 拒绝接受：所有令你痛苦到选择逃避知道的事情

柯文博士很高兴看到这幅图在网上走红，她称之为"宇宙
急转弯……一个关于探索和庆祝发现学术沃土的傻里傻气的提
示"。她的同事玛莉斯·维特则说，未解答的问题是知识的原材
料，"而（当前的）知识是（未来）无知的原材料，也就是说，
答案和问题会随着时间和答案的积累而不断变化"。

或者，正如丹麦博物学家皮特·海因（Piet Hein）所说：

> 知道什么是
>
> 你不知道的
>
> 在某种意义上

Y

也是全知。

德国人给研究无知文化的学科起了一个好听的名字:"无知之学"(Nichtwissenskulturen)。我喜欢它的一个原因在于,这个词与另外两个词"信息科学"(Informationwissenschaft)和"知识史学"(Wissensgeschichte)形成了三足鼎立之势。

本书不是一部知识史,其主要目的在于追踪我们的知识是如何被传播、限定与传承的。在本书的开头,当我驱车前往剑桥郊区取回一套"原汁原味"的百科全书时,我使用了我在金融、市场、通信、地图制图、风险与安全、旅行和技术方面的知识。带着这套百科全书开车回来时,我知道了先前我不曾知道的内容,也知道了自己之前知道的一些东西实际上是错误的,正如丹尼斯·狄德罗在1751年所说的那样,这就是人们所希望的学习:

> 百科全书的目的是汇集散落在地球表面的所有知识,向与我们生活在一起的人展示知识的通用体系,并将其传授给后来者,这样,过去几个世纪的工作就不会对后来人而言毫无用处,我们的后代会因此变得更博学,进而变得更有德性、更幸福,我们也不会因为不配成为人类的一员而抱憾死去。

Z

时代精神

ZEITGEIST

这就是我们当前所知道的一切。

我们对百科全书的最大误解在于，一旦过时，百科全书就必然会成为多余的东西。每一代人都认为自己所处的世界比上一代人变化得更快，自己这一代人的目标也更明确，但如果我们认为自己必然能掌握更有价值的知识，那就大错特错了。一部好的百科全书就像一块旧手表一样，能一直保持良好的状态：它的走针可能会变慢，有时可能根本无法正常工作，但其背后的机械原理永远令人着迷。这些旧书向我们展示了那些我们自以为很了解的东西，但我们轻率地丢弃了它们，漠视了前人的工作。古老的版本本身就蕴含着神秘的知识，是前人学问的沉淀。一般而言，它们在物质上也令人赞叹。你可以用你的手指抚摸一下那些凸起的书脊，好好地感受一番。阿尔伯特·爱因斯坦曾经说过，追求真理和美，是让人永葆青春的秘诀。

那么，到了最后一个字母，该写点什么呢？大多数百科全书编纂者是否已经失去了热情？他们的心弦是否还在震动？下文所列是位于百科全书末尾的部分条目，它们承载着厚重的知识，但遭到了大量删减。其中一些显得非常天真，许多条目也被列入了"有谁知道？"的趣味问答箱中。我希望这些内容能够让人们明白，不要因为古老的东西不够现代就将其拒之门外，认真研究这些东西是有益处的。在人类可以乘坐火箭升入太空的时代，我们之所以能做到这一切，是因为那些曾经划着独木舟在未知领域前行的人为我们铺好了路。

摘自《百科全书》（1751~1765）：

辛比（Zimbi）：小贝壳，刚果王国以及非洲其他许多国家的通行货币，在这些国家的沿海地区可见。我们在罗安达圣保罗对面的一座小岛附近发现了大量的这种贝壳，它们是最值钱的。这些贝壳就是葡萄牙人的金矿，他们拥有唯一的采集权，用这些贝壳，他们能从非洲人那里购买最为珍贵的商品。

摘自《新编艺术与科学知识大全》（1763~1764）：

Z

啤酒与牛乳的混合饮料（Zythogala）：17世纪的医生托马斯·西登纳姆（Thomas Sydenham）推荐在呕吐后饮用的一种饮料，可缓解呕吐后的症状，还能预防胃绞痛。

摘自第1版《大英百科全书》（1768~1771）：

363

萨帕塔（Zapata）：意大利某些王公在圣尼古拉斯日这天在宫廷里举行的一种宴会或仪式；人们把礼物藏在他们想给的人的靴子或拖鞋里，以便让他们在第二天穿衣服时收到惊喜。

摘自第2版《大英百科全书》（1777~1784）：

扎琉古（Zaleucus）：他是公元前500年洛克里亚人地区著名的立法者，毕达哥拉斯的弟子。他制定了一项法律，规定对通奸者处以剜眼的惩罚。即使是他的儿子犯了罪，也不能免除这种惩罚，但为了兼顾父爱与立法者的公正，他剜掉了自己的右眼和儿子的左眼。这个正义与严厉的榜样在他的臣民心中留下了深刻的印象，在这位立法者统治期间，再也没有发生过类似恶行。

摘自第5版《大英百科全书》（1815）：

核桃外皮（Zest）：核桃仁外1/4处的木质厚皮。一些医生建议患者将其晒干后与白葡萄酒一起服用，作为治疗

Z

某些结石的方法。[*]

摘自亚伯拉罕·瑞斯的《百科全书》(1819)：

扎卜达（Zabda）：叙利亚一个又大又宜居的城镇，主要的居民是基督徒，其中适合服兵役的男子为 700 名。该镇依山傍水，但有时会遭遇极具破坏性的蝗灾。

摘自《儿童版百科全书》(约 1930)：

齐柏林（Zeppelin）：费迪南德·齐柏林伯爵（Count Ferdinand Zeppelin）于 1838 年出生在康斯坦茨湖附近的曼泽尔，虽然他的名字后来为众人所憎恨，但他确实为飞行器的发展做出了贡献。他意识到有必要摒弃一个世纪以来一直为人们所使用的梨形气囊，打造一个在逆风时不会皱缩的气囊。它必须足够坚固，且可操纵。于是，经过多次试验失败，他最终设计出了著名的齐柏林飞艇。在可操作飞艇的历史上，没有东西可以与之相提并论。齐柏林飞艇领先于所有对手，就像我们的远洋轮船领先于所有帆船一样。

摘自《一卷本哥伦比亚百科全书》(1935)：

巴西尔·扎哈罗夫爵士（Zaharoff, Sir Basil）：1850 年

---

*　这里指的是肾结石。

生人，国际金融家、军火制造商。扎哈罗夫出生在土耳其的安纳托利亚，父母是希腊人，因其个人信息和商业事务相当保密，常被称为"欧洲的神秘人"（The Mystery Man of Europe）。人们普遍认为他是世界上最伟大的军火推销员。由于在世界大战中为协约国做出的贡献，扎哈罗夫被乔治五世封为爵士，并受到法国政府的嘉奖。然而，他也受到了严厉的批评，理由是他煽动战争，并被指控通过与欧洲政治家（尤其是劳合·乔治）密切交往，密谋对政治事务施加有害的影响。

摘自《儿童版大英百科全书》（1960）：

摄政动物园（Zoo, Regent's Park）：在摄政公园，狮子、狼和猴子等许多动物都被关在笼子里。许多人认为，野生动物的活动空间非常大，因此如果把它们关在笼子里，它们会感到非常拥挤。不过，只要有足够的活动空间，大多数动物似乎都能在笼子里生活得很舒适。有些动物似乎很喜欢被游客注视，它们会玩各种小把戏，好像在"炫耀"自己。其中包括黑猩猩、猩猩和长臂猿，它们会表演杂技，经常在笼子里跳来跳去，或者用报纸把自己包起来。

摘自《格罗里国际百科全书》（1967）：

米尔德里德·迪德里克森·扎哈里斯（"贝比"）

（Mildred Didrikson Zaharias,"Babe", 1911-1956）：美国运动员，出生于得克萨斯州亚瑟港。在美联社的民意调查中，她被选为20世纪上半叶最杰出的女运动员。"贝比"·迪德里克森在田径赛场上表现出色，在1932年奥运会上创造了标枪投掷和80米栏的世界纪录。1938年，她与著名摔跤手乔治·扎哈里斯（George Zaharias）结婚。她在篮球、棒球和台球方面表现出色，后来专注于高尔夫运动。她勇敢地与癌症作斗争，但最终还是没能胜过病魔，她的一生赢得了全世界体育界人士的钦佩。

摘自第1版《犹太百科全书》（耶路撒冷，1971）：

日赫林（Zychlin）：波兰中部库特诺附近罗兹省的一个小镇。从18世纪起，日赫林就有一个犹太人聚居区，1765年有311名犹太人缴纳了人头税。1939年，约有3500名犹太人居住在日赫林，占其总人口的50%。1939年9月17日，该镇落入德军之手，次日，所有犹太男子被驱赶到15英里外的一个村庄，被关押在教堂三天后，这些人成功获释。1940年4月，波兰和犹太知识分子，尤其是教师遭到逮捕，并被驱逐到德国集中营。1942年普珥节（Purim,3月3日），[剩余的]犹太人被集中赶到集市上，3200人被装上了大车；体弱而无法爬上大车的人被当场枪决。日赫林的所有犹太人就这样被送往切尔诺（Chelmno）集中营屠杀。

366

Z

摘自第 3 版《苏联大百科全书》（麦克米伦出版社，1975）：

禅（Zen）：远东佛教流派之一。"Zen"一词本身是梵文"禅定"（dhyana）（冥想、自我专注）的日语发音，中文发音为"ch'an"。禅宗在公元 6~7 世纪传入中国，从道教中借鉴了"绝圣弃智"的概念，并坚信真理无法用语言表达，只能通过内在的飞跃来理解，"内在的飞跃"即指将意识从思维的窠臼中解放出来，而且从一般的思维中解放出来。在"垮掉的一代"（Beatniks）中，禅宗的一种庸俗化变体得到了蓬勃发展，他们将"禅"理解为一种摒弃文明的意识形态。

摘自《北极百科全书》（劳特利奇出版社，2005）：

拉夫连季·阿列克谢耶维奇·扎戈什金（Zagoskin, Lavrentii Alekseevich）：19 世纪阿拉斯加的俄国探险家。他发现了育空地区（Yukon Territory）和诺顿湾（Norton Bay）东海岸之间的山脊，探索了科策布湾（Kotzebue Sound），研究了阿拉斯加的气候，并发表了他在这两年收集的气象数据。1848 年，扎戈什金从海军退役，搬到莫斯科郊外 20 公里处的奥斯特罗夫（Ostrov）村。他并不想放弃科学研究，于是种植了一片苹果树，每天进行气象观测，研究气候对作物产量的影响。

Z

摘自第 15 版《大英百科全书》（2007）：

穆罕默德·查希尔·沙阿（Zahir Shah, Mohammad）：
生于 1914 年，1933 年至 1973 年担任阿富汗国王，为阿富
汗带来了一个稳定的政府执政时代。他推动了一系列经济
发展项目，包括灌溉和公路建设，这些项目得到了主要来
自美国和苏联的外国援助支持。他还能够保持阿富汗在国
际政治中的中立地位。

1973 年 7 月 17 日，在一场不流血的政变中，正在意
大利接受治疗的查希尔·沙阿被废黜。政变领导人穆罕默
德·达乌德·汗将军（General Mohammad Daud Khan，国
王的妹夫）宣布阿富汗成立共和国，自己担任总统。查希
尔·沙阿于 1973 年 8 月 24 日正式退位，并留在了意大利，
在那里度过了之后 30 年的大部分时间。在此期间，他的家
乡深陷阿富汗战争的泥潭。

摘自维基百科（2021 年 10 月初）：

马克·埃利奥特·扎克伯格（Zuckerberg, Mark Elliot）：
1984 年 5 月 14 日出生，是美国媒体业巨头、互联网企业家、
慈善家。他因与他人共同创立 Facebook 公司而闻名，现任
该公司董事长、首席执行官和控股股东。

扎克伯格出生于纽约州怀特普莱恩斯，曾就读于哈佛
大学，2004 年 2 月 4 日，他与大学室友爱德华多·萨韦林

Z

（Eduardo Saverin）、安德鲁·麦科勒姆（Andrew McCollum）、达斯汀·莫斯科维茨（Dustin Moskovitz）和克里斯·休斯（Chris Hughes）在宿舍里推出了 Facebook 社交网络服务。该网站最初只向部分大学开放，后来规模迅速扩大，最终超越了大学校园，到 2012 年用户达到 10 亿人。2012 年 5 月，公司上市，扎克伯格持有多数股份。2007 年，23 岁的他成为世界上最年轻的白手起家的亿万富翁。截至 2021 年 10 月，扎克伯格的净资产为 1220 亿美元，是全球第五大富豪。2008 年，《时代》杂志将扎克伯格评为全球最具影响力的 100 人之一，并于 2010 年授予他年度人物奖。2016 年 12 月，扎克伯格在《福布斯》全球最有权势人物排行榜上名列第 10。*

*　该条目长约 11000 字，包含 200 条参考文献和链接。2008 年 11 月，我在伦敦采访了马克·扎克伯格。当时他 24 岁，身价只有约 30 亿美元，Facebook 也只有约 1 亿名会员（相比之下，2021 年 3 月，Facebook 的月活跃用户已达 28.5 亿人）。他已经有了人们熟悉的口头禅：Facebook 就是要分享。他告诉我："我们的想法一直是，告诉人们'分享更多信息'。这样，我们就能更多地了解你周围的人的情况。"这是在剑桥分析丑闻和 Facebook 出现的所有其他负面消息之前很久的事了，这些负面消息显示，在非法获取这些共享信息后，一些人是如何利用其服务于政治目的的。扎克伯格继续说道："人们总是花很多时间与身边重要的人交流、联系和分享。这是一件非常人性化的事情。"我问他这种对知识的追求是从哪里开始的（流行的说法是，这种追求是从认识女孩开始的）。扎克伯格说："我在学校里的所有朋友，我们总是谈论，如果有更多的信息，如果你能更多地了解其他人的情况，如果人们能分享更多关于自己的信息，世界将会变得更加美好。"他从未提过，但他的确正在制作世界上最大的自选个人数字百科全书。当然，这并不算是一本内容准确的百科全书，而是一个充满活力的超链接资源库。

日维茨

ŻYWIEC

考虑到各种因素，我并不打算以扎克伯格来结尾。我列举的最后一个条目是"日维茨"（Żywiec），这是一个位于波兰中南部喀尔巴阡山脉索拉河畔、靠近捷克和斯洛伐克边境的小镇。该镇的历史最早见于 14 世纪，其是一个著名的旅游中心，有一座供奉"永眠圣母"（Dormant Virgin）的教堂。这里还有大型的酿酒厂，1982 年的人口约为 28800 人。

维基百科上也有"日维茨"这一条目，其篇幅比《大英百科全书》中的 14 行要多几千个单词。截至 2019 年 6 月底，这里的人口已增至 31194 人。维基百科中有关于日维茨教堂的历史、日维茨在 1772 年波兰第一次被瓜分时的地位以及在两次世界大战中的命运。这里还有地理和人口信息，能让人了解到虽然在 1975~1998 年，它属于比尔斯科－比亚瓦省，但后来成了西里西亚省的一部分。镇上有男子和女子足球队，主要的酿酒厂现在归喜力啤酒（Heineken）所有。

维基百科上还有几张日维茨的彩色照片，其中一张是市政厅的照片，似乎是韦斯·安德森（Wes Anderson）的电影剧照。如果你想证实这些信息或了解更多信息，维基百科上有 16 处参考资料和许多超链接。出生于日维茨或与日维茨有关的著

369

Z

名人物包括前 IBO 次中量级冠军托马斯·阿达梅克（Tomasz Adamek）、波兰国际足球运动员托马斯·约德沃维茨（Tomasz Jodłowiec）和飞行员塔德乌什·沃罗纳（Tadeusz Wrona）。沃罗纳在 2011 年 11 月 1 日在华沙肖邦机场的 LOT 波兰航空公司第 16 号航班上成功地完成了波音 767 飞机的腹部着陆，他的操作非常流畅，231 名乘客和机组人员无一人受伤，甚至连一根头发丝都没伤到。

当我于 2021 年 10 月 7 日访问此信息时，上面有由蓝色方框包起来的白色字体：

> 请不要划过去。
>
> 本周四，我们第一次谦卑地请您捍卫维基百科的独立地位。我们 98% 的读者都没有给予过任何捐赠，他们只是简单地浏览信息。如果您已经捐过款了，那么我们衷心地感谢您的付出。如果您在本周四捐出 2 英镑或任何您能捐出的数字，维基百科就能继续繁荣。大多数人捐款是因为维基百科有用。如果今年维基百科给您带来了价值 2 英镑的知识，请您花费 1 分钟的时间为我们捐款。
>
> 向全世界表明，获取可靠、中立的信息对您来说很重要。
>
> 谢谢。

我这个学究对"第一次"的说法表示反对，但我还是捐了12 英镑，这是 18 世纪末一套《大英百科全书》的价格。我想不出还有什么比这更有价值的了。

我希望这本书能帮助你在扔掉一套旧百科全书前三思，无论其出版于什么年代，质量如何。我希望这本书甚至能鼓励你从慈善商店、AbeBooks 或 eBay 上淘一套回来。

不过要快，因为我可能会抢在你前面。2021 年 9 月，我开始在 eBay 上寻找一套《儿童版百科全书》，这是我 50 年前第一次从学校书架上取下的书。eBay 上有很多版本——蓝色装帧版、棕色装帧版、单行本和 10 卷全套本。有一套 20 世纪 30 年代的全套图书还可以阅读，起拍价为 3.50 英镑，一周后仍旧无人问津。于是，我支付了最低价和几乎 3 倍的邮寄费，5 个工作日后，一个装在破旧盒子里的大包裹寄到了我这里。我能想象的到，人们肯定是把它扔进了货车后厢，就像他们把大件物品扔进垃圾箱里一样。

这些书比我记忆中的轻一些，但也轻不了多少。我 10 岁的小手怎么能拿得动这些东西呢？它们散发着学校的味道。有几张图片我一眼就能认出：开头的插图中，年轻潇洒的莎士比亚正在给百无聊赖的安妮·海瑟薇朗读着书中的内容；穿着民族服装的世界儿童大聚会（"你在他乡的小伙伴们"），这样的描绘是如此善意，又是如此令人反感——赤身裸体的"霍屯督人"、

371

Z

神秘莫测的中国人——如果这套书今天再版的话，你肯定不会喜欢。

对我来说，这不仅是一次怀旧之旅，也是一次学习之旅。我只能印证一句老话：教育在年轻人身上白白浪费了。比如说，你知道为什么我们在水里比在陆地上听得更清楚吗？或者为什么有些人会有酒窝？铁生锈后会不会变重？我觉得这些都很有趣、搞笑，令人感到惊喜。

同样令人惊喜的是，我发现新的儿童版百科全书仍在以厚重的印刷形式出版。2020 年，《大英百科全书》推出了一种新的单卷、全彩、设计新颖的版本，名为《儿童版百科全书》（Children's Encyclopaedia，英国版）和《儿童版百科全书》（Kid's Encyclopaedia，美国版）。该书的编辑克里斯托弗·劳埃德（Christopher Lloyd）在序言中写了一些不寻常的东西（以前很少有百科全书的编辑提到过）：他承认有很多东西他不知道。他认为，已知的未知事物可能与其他事物一样有趣，因为它们是后代（以及未来版本）的灵感来源。他希望一个拥有探究精神的人能以有序的方式得到回报——这难道不是迄今为止出版的百科全书的最大价值吗，即使是在这么晚近的时期？——这将是一个取代"在线旋涡"的可靠且令人满意的方案。

我学到了很多。和地球一样大的星云只有一小袋土豆那么重。我读到了晶体是如何形成的。我发现地球上年纪最大的生物是落基山脉大盆地的刺松（约 5000 岁）。我对"一个人可以做出超过 10000 个不同的表情"这一说法表示怀疑，并想知道这个数字是怎样得出的。我失望地发现，布加迪 La Voiture Noire 超跑的价值为 1870 万美元。当我看到第一个人工肾脏是由洗衣机改装而成的时候，我对人类的智慧重拾信心。其中很多内容是我成年后就不相信的，是深度学习后所得知识的替代品，但这些条目让我内心深处那个长不大的小孩想要获得更多的知识。

　　我将这套书放在了我书桌左侧的百科全书堆里。我数了数，一共有 87 卷，简直就是信息的篝火堆。飞速旋转的世界在书页中继续旋转着，尽管这些书看似已经过时。只要翻阅其中的一本书，你就会被带到一个充满奉献精神与专业知识的地方，在大部分情况下，那里通常都无人问津，不过偶尔你也能看到天才的故事。让我感到遗憾的是，这个世界已经不再需要其中的大多数百科全书，而这一非凡的历史一角本身也已成为历史。

致 谢

ACKNOWLEDGEMENTS

375 我要感谢所有帮助过我的人。这当中包括我多年来一直非常感激的一对搭档，我的经纪人罗斯玛丽·斯库拉（Rosemary Scoular）和我的编辑珍妮·洛德（Jenny Lord），她们为我的付出我都铭记于心。

魏登菲尔德和猎户座帝国的团队为我提供了数不胜数的专业知识。感谢史蒂夫·马金（Steve Marking）和阿诺克斯（Arneaux）为本书设计了精美绝伦的封面，感谢萨拉·富特（Sarah Fortune）、凯特·莫尔顿（Kate Moreton）、露西·卡梅隆（Lucy Cameron）和埃伦·特纳（Ellen Turner），感谢我的文字编辑塞恩·科斯特洛（Seán Costello），他发现了书稿当中存在的重复之处与可能的错误之处。

伦敦图书馆的工作人员为我找出了许多罕见的重要版本。本书的大部分内容都是在闭馆期间研究出来的，伦敦图书馆的邮政服务是这家卓越机构提供的另一项出色服务。

我还要感谢约翰尼·戴维斯（Johnny Davis）、利奥·罗布森（Leo Robson）和凯瑟琳·坎特（Catherine Kanter），他们为我提供了大量的灵感和一部分书籍。我与维基百科的许多编辑进行了交谈，我非常感谢他们肯花时间与我交流。安德鲁·巴德（Andrew Bud）一如既往地对我的书稿进行了细致的阅读，对此我深表感谢。丹尼尔·皮克（Daniel Pick）教授也提出了有说服力、有远见的意见。

有几位学者多年来致力于百科全书及其背景的研究，我在下文中列出了他们的一些主要著作。弗兰克·卡夫克（Frank Kafker）和塞雷娜·卡夫克（Serena Kafker）、杰森·柯尼希（Jason König）、格雷格·伍尔夫（Greg Woolf）、彼得·伯克（Peter Burke）、杰夫·乐福兰德（Jeff Loveland）和安·布莱尔（Ann Blair）的著作尤为有用，他们的著作既包括严谨的细节，又相当引人入胜，极具可读性。

这本书是献给我的妻子贾丝汀的，当又一套刺鼻的旧书寄来时，她没有叹气，自始至终，她都是我的索引与书脊。

扩展阅读

FURTHER READING

以下的进一步阅读指南中有一个明显的疏漏：各种百科全书。我已经写过很多内容引人入胜的百科全书了，在此再一一列举就会显得有些多余。

我在脚注中记录了自己的知识来源，特别是学术期刊上的宝贵文章。以下列举的书籍更为详细地介绍了我在前文中讨论的许多历史与争论点。所有这些都是我研究过程中的宝贵财富。

Arnar, Anna, *Encyclopedism from Pliny to Borges* (Chicago: University of Chicago Library, 1990)

Arner, Robert D., *Dobson's Encyclopaedia: The Publisher, Text, and Publication of America's First Britannica, 1789–1803* (Philadelphia: University of Pennsylvania Press, 1991)

Barney, Stephen et al., eds, *The Etymologies of Isidore of Seville* (Cambridge: Cambridge University Press, 2010)

Blair, Ann, *Information: A Historical Companion* (Princeton: Princeton University Press, 2021)

Blair, Ann, *Too Much to Know: Managing Scholarly Information Before the Modern Age* (New Haven, Connecticut: Yale University Press, 2010)

Boyles, Denis, *Everything Explained That Is Explainable: On the Creation of Encyclopaedia*

Britannica's Celebrated Eleventh Edition, 1910–11 (New York: Knopf, 2016)

Broughton, John, *Wikipedia: The Missing Manual* (Beijing; Cambridge: O'Reilly Media, 2008)

Burke, Peter, *A Social History of Knowledge: from Gutenberg to Diderot* (Cambridge: Polity, 2000)

Burke, Peter, *A Social History of Knowledge II: From the Encyclopédie to Wikipedia* (Cambridge: Polity, 2012)

Collison, Robert, *Encyclopaedias: Their History Throughout the Ages* (New York: Hafner, 1964)

Cooper, Helen, *The Structure of the Canterbury Tales* (London: Duckworth, 1983)

Courtney, Janet Elizabeth Hogarth, *Recollected in Tranquillity* (London: William Heinemann, 1926)

Darnton, Robert, *The Business of Enlightenment: A Publishing History of the Encyclopédie 1775–1800* (Cambridge, Massachusetts: Harvard University Press, 1979)

Einbinder, Harvey, *The Myth of the Britannica* (London: MacGibbon & Kee, 1964)

Evans, Philip and Wurster, Thomas S., *Blown to Bits* (Boston: Harvard Business Press, 2000)

Hankins, John Erskine, *Background of Shakespeare's Thought* (Hassocks: Harvester Press, 1978)

Jacobs, A.J., *The Know-It-All* (London: William Heinemann, 2005)

Kafker, Frank and Loveland, Jeff, *The Early Britannica* (Oxford: Voltaire Foundation, 2009)

Kafker, Frank and Serena, *The Encyclopedists as Individuals* (Oxford: Voltaire Foundation, 1988)

Kister, Kenneth F., *Kister's Best Encyclopaedias* (Phoenix, Arizona: Oryx Press, 1994)

Kogan, Herman, *The Great EB* (Chicago: University of Chicago Press, 1958)

König, Jason and Woolf, Greg, eds, *Encyclopaedism from Antiquity to the Renaissance* (Cambridge: Cambridge University Press, 2013)

Lih, Andrew, *The Wikipedia Revolution* (London: Aurum Press, 2009)

Lough, John, *Essays on the Encyclopédie of Diderot and D'Alembert* (London: Oxford University Press, 1968)

Loveland, Jeff, *The European Encyclopedia: From 1650 to the Twenty-First Century* (Cambridge: Cambridge University Press, 2019)

Lynch, Jack, *You Could Look It Up: The Reference Shelf from Ancient Babylon to Wikipedia* (New York: Bloomsbury, 2016) McHenry, Robert, How to Know (New Delhi: Corner Bookstore, 2005)

Murphy, James W., *Who Says You Can't Sell Ice to Eskimos?* (CreateSpace/Amazon, California, 2013)

Rosengard, Peter, *Talking to Strangers: The Adventures of a Life Insurance Salesman* (London: Coptic, 2013)

Salecl, Renata, *A Passion for Ignorance: What We Choose Not to Know and Why* (Princeton: Princeton University Press, 2020)

Smith, Reginald A., *Towards a Living Encyclopaedia: A Contribution to Mr. Wells's New*

378

379

Encyclopaedism (London: Andrew Dakars, 1941)

Thomas, Gillian, *A Position to Command Respect: Women and the Eleventh Britannica* (Metuchen, N.J.; London: Scarecrow Press, 1992)

Wells, H.G., *World Brain* (London: Methuen & Co, 1938)

Wilson, Arthur McCandless, *Diderot* (New York: Oxford University Press, 1972)

Wright, Alex, *Cataloguing the World: Paul Otlet and the Birth of the Information Age* (Oxford: Oxford University Press, 2014)

索引

INDEX

（索引中页码为英文原书页码，即本书页边码）

图书在版编目（CIP）数据

为什么会有百科全书：从《自然史》到维基百科 /
（英）西蒙·加菲尔德（Simon Garfield）著；李旭译 .
北京：社会科学文献出版社，2025.5. -- ISBN 978-7-
5228-4847-1

Ⅰ . G237.4

中国国家版本馆 CIP 数据核字第 20257D3H39 号

为什么会有百科全书：从《自然史》到维基百科

著　　者 /　[英]西蒙·加菲尔德（Simon Garfield）
译　　者 /　李　旭

出 版 人 /　冀祥德
责任编辑 /　王　雪　杨　轩
文稿编辑 /　邹丹妮
责任印制 /　岳　阳

出　　版 /　社会科学文献出版社（010）59367069
　　　　　　地址：北京市北三环中路甲29号院华龙大厦　邮编：100029
　　　　　　网址：www.ssap.com.cn
发　　行 /　社会科学文献出版社（010）59367028
印　　装 /　三河市东方印刷有限公司

规　　格 /　开　本：889mm×1194mm 1/32
　　　　　　印　张：14.375　字　数：284 千字
版　　次 /　2025年5月第1版　2025年5月第1次印刷
书　　号 /　ISBN 978-7-5228-4847-1
著作权合同
　　　　　 /　图字01-2025-1633号
登 记 号
定　　价 /　98.00元

读者服务电话：4008918866